수행 평가와 디베이트를 위한
쟁점 한국사 II

엮은이·행복한 논술 편집부

(주)이태종 NIE 논술연구소

수행 평가와 디베이트를 위한

쟁점 한국사 Ⅱ

발행일	2024년 12월 1일
발행처	㈜이태종NIE논술연구소
발행인	이태종
엮은이	행복한 논술 편집부
집필위원	이상춘 강미현
기획관리	류경영 임은숙
아트	이현정
주소	서울시 강남구 역삼로 531 청우빌딩 3층 ㈜이태종NIE논술연구소 (우)06184
대표전화	1577-3537
팩스	02-734-9974
홈페이지	www.niefather.com
ISBN	978-89-97524-74-7

※ 이 책을 무단 전재하거나 복제하면 법에 따라 처벌받습니다.
　무단 전재물이나 복제물을 이태종NIE논술연구소에 신고하시면 포상금을 드립니다.

Contents

- 01 고조선의 중심지는 어디였을까 7
- 02 한반도에서 벼농사는 언제 시작되었을까 15
- 03 삼한 시대인가, 원삼국 시대인가 23
- 04 낙랑은 우리 역사인가 31
- 05 신라 김씨 왕족은 우리 민족이 아니었나 39
- 06 신라 불교는 전제 왕권을 뒷받침했나 47
- 07 첨성대는 천문대일까 55
- 08 발해는 백두산 분화 때문에 멸망했을까 63
- 09 해상왕 장보고는 반역자였나 71
- 10 고려의 국교는 불교였을까 79
- 11 과거 제도는 평등한 기회 실현에 기여했나 87
- 12 서경 천도 운동은 자주 정신에서 나왔을까 95

Debate

Contents

13 판소리는 서민만을 위한 예술이었나 ············ 103

14 실학은 근대적 사상이었나 ············ 111

15 천주교 박해는 국가 주권의 정당한 행사인가 ············ 119

16 동학 농민군은 혁명을 추구했는가 ············ 127

17 갑오개혁은 근대적 개혁이었나 ············ 135

18 독립 협회는 자주독립적이었나 ············ 143

19 항일 의병 전쟁은 애국 전쟁인가 ············ 151

20 대한 제국은 근대 국가였나 ············ 159

21 일제가 우리나라 근대화에 기여했나 ············ 167

22 3·1 운동 비폭력주의는 타협적인 태도였나 ············ 175

23 물산 장려 운동을 어떻게 볼까 ············ 183

24 농지 개혁은 실패했나 성공했나 ············ 191

25 친일파 청산 계속되어야 할까 ············ 199

수행 평가와 디베이트를 위한 쟁점 한국사를 내면서

역사를 바라보는 시각은 다양할 수 있습니다. 동일한 사건도 시대적 맥락과 상황에 따라 평가가 달라지게 마련입니다. 옳고 그름을 판단하기도 쉬운 일이 아닙니다. 그래서 각 주제와 논쟁을 공부하면서 다양한 관점을 배우고, 이를 바탕으로 자신만의 해답을 찾을 수 있도록 돕는 것이 이 책의 목적입니다. 탐구 과정에서 비판적 사고력과 분석 능력을 키울 수 있습니다. 이는 미래에 닥칠 다양한 문제 상황에서도 자신만의 해답을 찾는 데 도움이 될 것입니다. 역사의 여러 얼굴을 마주하면서 학생들은 과거와 현재를 연결하는 흥미로운 발견을 하게 될 것입니다. 또 단순한 지식 전달을 넘어 역사를 공부하면서 삶의 가치와 철학을 탐구하도록 격려합니다. 이는 개인의 성장뿐 아니라 현재보다 더 나은 사회를 만드는 데도 기여할 것입니다.

1권은 한국사의 정치, 군사, 외교 등의 분야에서 꼭 돌아봐야 할 주제를 다뤘습니다. 신라의 삼국 통일을 어떻게 평가할 것인가, 연개소문은 영웅인가 독재자인가, 삼별초의 대몽 항쟁은 반란인가 등의 질문을 제시하여 당시의 복잡한 정치적 상황을 이해하고, 지금의 시각에서 재평가할 수 있도록 했습니다. 병자호란 당시 청나라에 대한 항복 여부 등 국가의 위기 상황에서 내린 결정이 오늘날 어떤 의미를 지니는지 성찰할 수 있는 기회도 제공합니다.

2권에서는 한국사의 사회, 경제, 문화적인 면을 중점적으로 다뤘습니다. 고조선의 중심지는 어디였는가, 신라의 불교는 전제 왕권을 뒷받침했는가, 판소리는 서민만의 예술이었는가 등의 질문은, 우리의 문화적 정체성과 자부심을 탐구하는 계기를 만들어 줄 것입니다. 일제 강점기에 관련된 역사적 논쟁, 예컨대 3·1 운동의 비폭력주의를 어떻게 평가할까, 친일파의 청산은 계속되어야 하는가 등의 질문에서는 근현대사의 아픔과 교훈을 되새길 수 있습니다.

이 책에서 다루는 50개의 주제는 단순히 답을 찾기 위한 질문이 아닙니다. 각 주제는 역사를 깊이 탐구하고 스스로 사고하는 힘을 기르도록 돕는 생각의 씨앗이 될 것입니다. 역사는 과거를 돌이켜보면서 현재를 이해하고 미래를 계획하는 데 필수 자양분이 됩니다. 이 책이 역사를 올바르게 이해하고 자신의 삶에 적용할 수 있는 눈을 뜨게 하는 데 도움이 되기를 기대합니다.

지식의 확장은 더 나은 사회를 만드는 지름길입니다. 역사를 배움으로써 과거의 실수를 되풀이하지 않고, 미래의 발전을 도모할 수 있습니다. 이제 역사를 단순한 시험 과목으로 보지 말고, 사회와 국가, 세계를 이해하는 중요한 창으로 볼 수 있기를 기대합니다. 또 이 책이 여러분의 역사 탐구 여정에 작은 등불이 되고, 즐거움의 광맥이 되기를 희망합니다.

행복한 논술 편집부

수행 평가와 디베이트를 위한
쟁점 한국사

01. 고조선의 중심지는 어디였을까

● 『삼국유사』에는 단군이 고조선을 세우고 평양성을 수도로 삼았다고 적혀 있다.

지난 2012년 11월 충북 청주에서 기원전 3세기경에 만들어진 세형동검이 출토되었다. 세형동검은 후기 고조선을 대표하는 유물로 알려져 있다. 한반도 중남부에서 세형동검이 나온 사실은, 이곳 사람들이 고조선 문화의 영향을 받았음을 증명한다. 그런데 고조선은 우리나라 최초의 국가이지만, 그 중심지를 놓고 견해가 엇갈리고 있다. 고조선의 건국과 발전 역사를 공부하고, 고조선의 중심지가 어디였는지 탐구한다.

교과서 이곳을 보세요

〈동아출판사 교과서를 기준으로 했습니다.〉
고등학교 한국사 1단원 전근대 한국사의 이해 • 1. 고대 국가의 지배 체제
중학교 역사2 1단원 선사 문화와 고대 국가의 형성 • 1. 선사 문화의 변천과 국가의 등장

청동기 문명 발판으로 고조선 건국

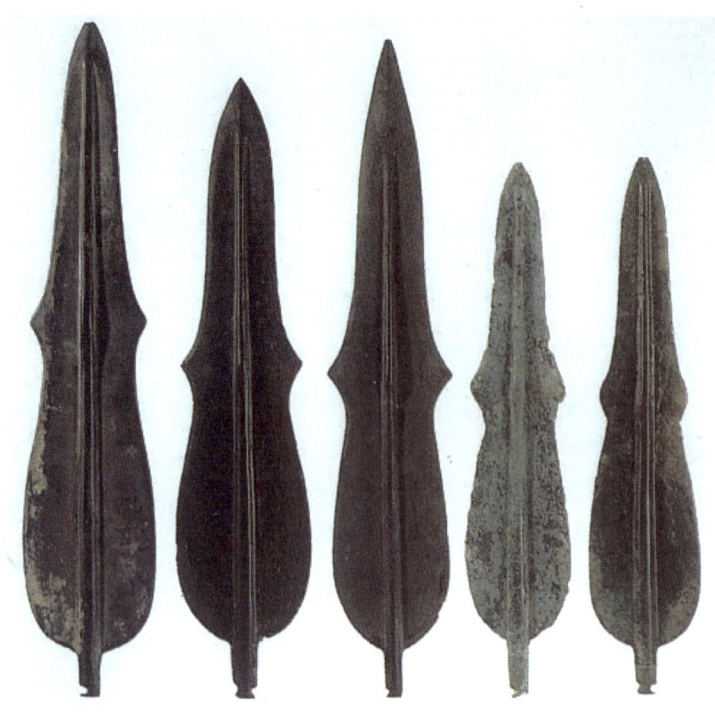

● 고조선 초기의 대표적인 유물인 비파형 동검. 악기인 비파와 비슷하게 생겨서 이러한 이름이 붙었다.

청동기 시대에 접어들어 농사가 발달하면서, 사유 재산 제도와 계급이 발생했다. 그 결과 부를 축적하고 권력을 가진 족장이 출현했다. 우세한 부족이 주변 부족들을 정복해 여러 부족을 통합하며 지도자인 군장도 등장했다.

청동기 시대에 계급이 생겼음을 나타내는 증거가 고인돌이다. 고인돌을 만들려면 무게가 수십 톤이 넘는 덮개돌을 운반해 무덤에 설치해야 하기 때문에 인력이 많이 필요하다. 따라서 고인돌은 지배층의 권력이 없이는 만들기 어려웠다. 군장의 권위를 상징하는 거대한 고인돌을 만들어 그의 주검을 묻은 것이다.

이 시기에 세워진 우리나라 최초의 국가가 고조선이다. 『삼국유사』에 따르면, 기원전 2333년에 단군이 고조선을 세웠다. 단군 이야기는 우리 민족의 시조 신화로 널리 알려져 있다. 이 이야기는 부족 통합에 의해 국가가 세워진 역사적 사실을 반영한다. 환웅 부족은 하늘의 자손임을 내세워 자기 부족의 우월성을 과시했다. 곰을 숭배하는 부족은 환웅 부족과 연합해 고조선을 형성했지만, 호랑이를 숭배하는 부족은 연합에서 제외되었다.

그런데 고조선이 기원전 2333년에 세워졌는지는 확실하지 않다. 국가는 청동기 문명이 발전한 시기에 등장했다. 그런데 지금의 중국 요령 지역과 한반도 서북부에서 청동기가 처음 쓰이기 시작한 시기는 기원전 2000~기원전 1500년경이기 때문이다. 동검은 지배층의 권위를 상징한다. 비파형 동검은 기원전 1000년경부터 제작되기 시작해, 기원 전후 무렵까지 사용되었다. 따라서 역사학자들은 이 무렵에 고조선이 세워졌다고 본다.

낱말 즐겨 찾기

군장 연맹 왕국 이전의 단계에서 여러 부족 사회를 통합해 다스린 지배자.
삼국유사 고려 충렬왕 때의 스님 일연(1206~89)이 삼국 시대의 역사를 정리한 책.
단군 고조선의 첫 번째 임금. 우리 민족이 시조로 받드는 인물이다.
환웅 단군 신화에서 단군의 아버지로 등장하는 인물.
요령 압록강과 이어진 중국의 지역 명칭. 중국 동북 지방의 남부 평원을 흐르는 강인 요하의 주변부에 해당한다.

요령과 한반도 서북부 지배

고조선은 기원전 4세기경에, 요령 지역을 중심으로 만주와 한반도 서북부를 잇는 지역을 지배하는 국가로 발전했다.

중국이 전국 시대 이후 혼란에 빠지자 많은 이주민이 고조선으로 유입되었다. 이주민 가운데 위만(재위 기원전 194~?)이라는 사람이 1000여 명의 무리를 이끌고 고조선으로 들어왔다. 위만은 준왕(재위 기원전 208?~기원전 194)의 신임을

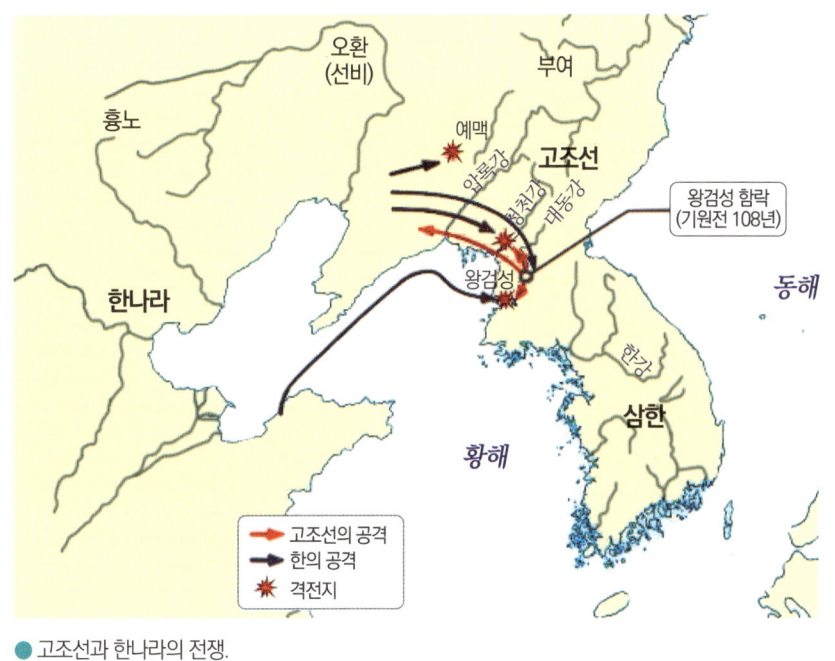

● 고조선과 한나라의 전쟁.

받아 서쪽 변경을 수비하는 임무를 맡았다. 기원전 194년 위만이 준왕을 몰아내고 왕위에 올랐다. 이 시기에 고조선은 철기 문화를 본격적으로 받아들였다.

고조선의 사회상을 알 수 있는 근거 가운데 하나로 '8조법'이 있다. 8조법 가운데 '도둑질한 자는 노비로 삼는다'는 조항 등 3개만 전해진다. 이를 통해 재산의 사유가 이루어졌음을 알 수 있다. 귀족의 무덤에는 100명이 넘는 사람이 순장된 흔적이 보인다. 순장된 사람들 중 다수는 노비였을 것으로 추정된다.

요령과 한반도 서북부에서 중국의 화폐인 명도전과 오수전 등이 많이 출토되었는데, 이는 중국과 활발하게 무역을 했음을 증명한다. 고조선은 동방의 예나 남방의 진이 중국의 한나라와 직접 교역하지 못하게 막고 중계 무역의 이익을 누렸다. 고조선은 이러한 경제적 발전을 기반으로 한나라와 대립했다. 이에 불안을 느낀 한나라의 무제(재위 기원전 141~기원전 87)는 고조선을 침략했다. 고조선은 약 1년 동안 항전했다. 하지만 기원전 108년 귀족들이 왕을 죽이고 적군에 항복하는 등 지배층의 내분이 일어나 멸망하고 말았다.

> **낱말 즐겨 찾기**
>
> **전국 시대** 중국의 여러 제후국이 패권을 다투던 혼란의 시대(기원전 403~기원전 221).
> **순장** 지배층이 죽었을 때 그가 거느리던 사람들을 함께 묻는 장례 방식.
> **명도전·오수전** 명도전은 중국 전국 시대의 연나라(기원전 11세기경~기원전 222)가 만든 동전이고, 오수전은 한나라 무제 때인 기원전 118년에 만들어져 당나라 초기까지 사용되었다.
> **한나라** 진나라에 이어지는 중국의 통일 왕조(기원전 202~서기 220).
> **중계 무역** 수입한 물자를 그대로 다른 나라에 수출해 매매 차액을 얻는 무역.

"평양 중심설" vs "중심지 이동설"

● 현대의 다수 학자는 고조선의 중심지 이동설을 지지한다.

지난 2012년 11월 청주에서 세형동검이 출토되었다. 세형동검은 고조선 후기의 대표적 유물이다. 기원전 300년경부터 기원 전후 무렵까지 사용되었다. 세형동검이 청주에서 나온 사실은 고조선의 문화가 한반도 남부까지 영향을 미쳤음을 뒷받침한다.

고조선의 중심지가 어디였는지를 놓고 몇 가지 학설이 맞서 있다. 북한의 역사학계는 1990년대 이후부터 평양 중심설을 주장한다. 고조선의 건립 이후 멸망할 때까지 줄곧 지금의 평양이 수도였다는 것이다. 이 주장에는 북한이 고조선 이래 우리 민족의 정통성을 이어받았음을 선전하기 위한 의도가 깔려 있다고 볼 수 있다.

남한 역사학자들의 학설은 평양 중심설과 요령 중심설, 중심지 이동설로 나뉜다. 요령 중심설은 일제 강점기에 민족주의 사관을 지닌 역사학자인 신채호(1880~1936)와 정인보(1893~1950) 등이 주장했다. 이들은 고조선의 중심지가 대릉하와 요하(랴오허강) 부근에 있었다고 본다. 하지만 현재 다수의 학자가 중심지 이동설을 지지하고 있다. 고조선이 요령을 중심으로 성장해 한반도 서북부로 영역을 넓혔고, 나중에 평양으로 중심지를 이동했다는 이야기다. 고조선 초기의 세력 범위를 추측할 수 있는 대표적인 유물로는 비파형 동검과 한반도 북부에서 주로 발견되는 탁자식 고인돌이 있다. 이러한 유물이 출토되는 곳은 요령과 한반도 서북부인데, 특히 요령에서 많이 나온다. 고조선은 기원전 280년경에 연나라의 침략을 받아 요령을 빼앗겼다. 이 무렵 중심지를 평양 부근으로 옮긴 것으로 보인다. 세형동검이 요령에서는 나오지 않고, 한반도 서북부에서 많이 출토되는 이유도 바로 이 때문이다.

낱말 즐겨 찾기

민족주의 사관 일제 강점기에 독립운동을 뒷받침하기 위해 우리 민족의 주체성과 독창성을 강조한 역사관.
대릉하 중국 요령성 서쪽에 있는 강.
탁자식 고인돌 지상의 판돌 위에 덮개돌을 얹어 놓은 탁자 모양의 고인돌.
연나라 중국 전국 시대에 베이징 부근에 있던 제후국(기원전 11세기경~기원전 222).

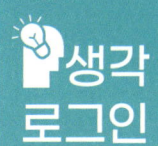

생각 로그인

01 아래 제시한 표에 나타난 해석을 뒷받침하는 역사적 사실을 제시해 보세요.

역사적 사실	해석
	청동기 시대에 계급이 발생했다.
	고조선은 기원전 1000년경에 세워졌다.
	고조선은 중국과 활발하게 무역을 했다.
	고조선은 지배층의 내분 때문에 멸망했다.

02 보기의 사오정은 고조선의 '8조법'에 따르면 무슨 처벌을 받고, 어떠한 처지에 놓일지 추측해 보세요.

> **보기**
> 사오정은 아직 총각이었다. 사오정이 고조선 관리들에게 체포된 곳은 평양 근처의 자기 집에서였다. 그의 죄목은 절도죄였다. 한 부잣집에서 번쩍거리는 옥 장신구와 말 모양의 세공품을 보고 눈이 뒤집혀 그만 실수한 게 꼬리를 밟혔다.

03 보기에 제시된 고조선 건국과 관련된 단군 탄생 신화에는, 역사적 사실이 어느 부분에서 어떻게 반영되었는지 설명해 보세요.

> **보기**
>
> ● 단군 표준 영정.
>
> 옛날 하늘나라의 왕 환인이 아들 환웅을 땅에 보내 인간을 다스리게 했다. 환웅은 3000명의 무리를 이끌고 태백산 꼭대기의 신단수 아래로 내려왔다. 그리고 풍백과 우사, 운사를 거느린 채 곡물과 목숨, 질병, 형벌을 주관하며 다스렸다. 그때 곰과 호랑이가 환웅에게 사람이 되기를 빌었다. 호랑이는 참을성이 없어 동굴 밖으로 뛰쳐나갔지만, 곰은 100일 동안 쑥과 마늘을 먹으며 햇빛을 보지 않아 여자가 되었다. 이에 환웅은 웅녀와 혼인해 단군을 낳았다.

정보 클릭

8조법

고조선에는 백성이 하지 말아야 할 8개 조항으로 이뤄진 법이 있었다. 지금은 3개 항만 전해진다.

남아 있는 조항은 '사람을 죽인 자는 죽인다', '남에게 상처를 입힌 자는 곡물로 갚게 한다', '도둑질한 자는 노비로 삼는다. 용서를 받으려면 한 사람에 50만 전을 내야 한다' 등이다.

이들 조항으로 미뤄 볼 때 살인과 상해를 금하고, 이들 범죄는 무겁게 처벌했음을 알 수 있다. 또 개인적인 복수를 금지하는 대신 국가가 대신 집행한다는 점에서 법률의 의의를 발견할 수 있다. 도둑질을 했을 경우 벌금을 내고 용서를 받아도 결혼 상대를 구하기 어려울 정도였다고 한다.

남아 있는 조항으로 추정해 봐도 고조선 사회에서는 생명과 노동력을 중시하고, 사유 재산을 보호하는 제도가 마련되어 있었음을 알 수 있다.

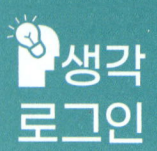

04 고조선의 중심지가 요령에서 평양으로 이동했다는 견해가 옳은 이유를 밝혀 보세요.

> **보기**
>
> 『삼국유사』에 따르면 단군은 평양을 도읍으로 삼았다. 하지만 고조선 시대에 평양이라는 지명이 여러 곳에 있어서, 지금의 평양이 고조선의 중심지였다고 볼 수는 없다. 고조선의 중심지가 어디인지 기록을 통해 정확하게 알기 어려우므로 유물과 유적 등을 참고해야 한다. 특히 고조선의 중심지를 추론하는 데는 비파형 동검과 탁자식 고인돌, 세형동검이 어디서 출토되는지를 따져 보는 일이 중요하다.

05 보기를 예로 들어 고조선의 중심지가 평양이라고 주장하는 북한 역사학계의 주장을 옹호해 보세요.

> **보기**
>
>
> ● 평양시 강동군에 있는 단군릉.
>
> 북한의 역사학계는 1993년 단군릉이라고 전해지는 무덤을 발굴했다. 이 무덤에서 나온 유골의 연대를 과학적으로 측정한 결과 5011년(±267년)의 수치가 나왔다고 발표했다. 따라서 이 무덤에 묻힌 사람이 5011년 전에 산 단군임을 입증했다는 것이다. 전통 사회에서는 왕의 무덤을 수도 부근에 쓰는 일이 관례였기 때문에 단군의 무덤이 있는 평양이 고조선의 중심지였다는 주장이다.

정보클릭

북한 사학계의 고조선 평양 중심설

북한의 역사학계는 1993년 단군릉이라고 전해지는 무덤을 발굴했다. 이 무덤에서 나온 유골의 연대를 과학적으로 측정한 결과 5011(±267)년의 수치가 나왔다고 발표했다. 따라서 이 무덤에 묻힌 사람이 5011년 전에 산 단군임을 입증했다는 것이다.

북한의 역사학계는 이를 바탕으로 5000여 년 전에 평양 일대에 고조선이 존재했다는 주장을 내세우고 있다. 전통 사회에서는 왕의 무덤을 수도 부근에 쓰는 일이 관례였기 때문에 단군의 무덤이 있는 평양이 고조선의 중심지였다는 주장이다.

남한의 역사학계는 북한이 사용한 연대 측정 방법이 정확하지 않다고 지적한다. 또 지금부터 5000년 전은 신석기 시대 말기여서 국가가 출현하지 못했다는 정설에도 어긋난다고 본다.

전문가들은 북한의 역사학계가 평양 중심론을 내세우는 배경에는 정치적 의도가 있다고 본다. 평양을 수도로 삼은 고조선과 고구려가 우리 민족의 역사적 정통성을 가지고 있으며, 북한이 그 정통성을 이어받았음을 내세우기 위함이라는 것이다.

한국사 논술

　청동기 시대 이후 사유 재산과 계급이 생겼다. 세력이 우세해진 부족이 주변 부족들을 정복해 여러 부족을 통합하면서 지도자인 군장이 출현했다. 이 시기에 세워진 우리나라 최초의 국가가 고조선이다. 고조선은 비파형 동검이 만들어지기 시작한 기원전 1000년경에 건국되었다. 고조선은 요령 지역을 중심으로 만주와 한반도 서북부를 잇는 지역을 지배하는 국가로 발전했지만, 기원전 108년 한나라의 침략을 받아 멸망했다. 고조선의 중심지를 놓고 북한의 역사학계는 평양 중심설을 내세운다. 이에 대해 남한의 역사학계는 요령 중심설과 중심지 이동설을 주장하고 있다. 대다수 역사학자는 비파형 동검과 세형동검이 출토되는 지역을 볼 때, 고조선의 중심지는 원래 요령이었는데, 나중에 평양으로 옮겼다는 이동설을 지지하고 있다.

고조선이 건국되어 발전한 역사를 설명하고, 고조선의 중심지가 어디였는지 논술해 보세요(500~600자).

수행 평가와 디베이트를 위한
쟁점 한국사

02. 한반도에서 벼농사는 언제 시작되었을까

● 1991년 가와지 유적 2지구 발굴 현장과 출토된 신석기 시대 볍씨(오른쪽 위). (사진: 한국 선사 문화 연구원)

쌀은 세계 인구의 40%가 주식으로 삼고 있으며, 세계에서 밀 다음으로 많이 심는 곡식이다. 한반도에서 벼농사를 시작한 시기는 청동기 시대인 기원전 1000년경부터라는 의견이 일반적이었다. 하지만 최근 벼농사의 기원을 신석기 시대인 기원전 2300년경까지 끌어올릴 수 있다는 의견이 나왔다. 1991년 경기도 고양시 가와지 마을에서 출토된 볍씨가 재배 벼일 가능성이 제기되었기 때문이다. 한반도에서 농사가 시작된 뒤 벼농사가 발달한 역사를 살펴보고, 벼농사의 기원을 탐구한다.

교과서 이곳을 보세요

고등학교 한국사 1단원 전근대 한국사의 이해 • 1. 고대 국가의 지배 체제
중학교 역사2 1단원 선사 문화와 고대 국가의 형성 • 1. 선사 문화의 변천과 국가의 등장

신석기 시대 한반도에서 농사를 짓기 시작

● 강원도 고성군 문암리에서 발굴된 신석기 시대의 밭 유적.

구석기 시대에는 사람들이 무리를 지어 떠돌아다녔다. 먹을거리는 사냥과 채집을 해서 얻었다. 한반도에서 신석기 시대는 기원전 6000년경에 시작되었다. 신석기 시대의 사람들은 정착 생활을 했다. 이 시기에 농사를 짓기 시작했기 때문이다.

지난 2011년 신석기 시대의 유적지인 부산시 영도구 동삼동에서 기장과 조의 흔적이 나왔다. 이곳에서 나온 토기 조각의 표면에 기장과 조를 누른 흔적이 나타났다. 기장의 흔적은 기원전 5000년경에, 조의 흔적은 기원전 4000년경에 만들어진 토기 조각에서 출토되었다. 역사학계에서는 지금까지 한반도에서 농경이 시작된 시기를 기원전 3500년경으로 보았다. 하지만 이보다 이른 시기부터 조와 기장, 피 등을 재배했을 가능성이 커졌다.

지난 2012년에는 강원도 고성군 문암리에서 기원전 3600년~기원전 3000년경에 만들어진 밭 유적이 나왔다. 우리나라에서 신석기 시대의 밭이 확인된 사례는 이 유적이 최초다. 지금까지 한반도에서 가장 오래된 밭 유적은 경남 진주시 대평리에서 발견된 청동기 시대의 유적이었다.

한곳에 머물러 살려면 가을에 거둔 곡물을 이듬해 수확할 때까지 저장해 두고 먹어야 했다. 토기는 곡물을 보관하고 음식을 조리하는 데 쓸모가 있었다. 빗살무늬토기는 이 시대를 대표하는 토기다.

신석기 시대에는 농사 외에도 고기잡이와 채집을 해서 먹을거리를 구해야 했다. 따라서 신석기 시대의 유적은 강가나 바닷가에서 많이 발견된다. 농사를 짓기 시작했지만, 아직 생산력이 약했기 때문이다.

낱말 즐겨 찾기

기장 볏과의 한해살이풀. 열매는 엷은 누런색이다. 떡과 술, 엿, 빵 등의 원료로 쓰인다.
조 볏과의 한해살이풀. 열매는 노란색의 작은 공 모양이다. 오곡의 하나이며, 밥을 지어 먹는다.
빗살무늬토기 표면에 빗살 같은 줄이 새겨진 신석기 시대의 토기.

철기 시대에 벼농사가 발달

인류는 처음에 야생 벼를 채집해 먹었다. 1988년 충북 청원군 소로리에서 1만 3000년 이전의 야생 벼가 발견되었다. 한반도에서도 1만 년 전부터 야생 벼를 채집해 먹었을 가능성이 크다.

1만 년 전 중국 양쯔강 하류 지역에서 벼를 재배하기 시작해 아시아의 다

● 대전에서 출토된 보물 농경문 청동기(2014). 논밭을 일구는 데 쓰인 농기구의 일종인 따비로 농사를 짓는 모습이 그려져 있다. (사진 : 국립 중앙 박물관)

른 지역으로 벼농사가 전해졌다. 시간이 흐르며 한반도에도 벼농사가 들어왔다. 처음 벼농사를 시작한 때가 신석기 시대인지 청동기 시대인지는 아직 분명하지 않다.

만주와 한반도에서 청동기 시대는 기원전 2000년~1500년경에 시작되었다. 청동기 시대에 일부 저습지에서 벼농사가 이뤄졌지만, 널리 퍼지지는 못했다. 벼농사가 널리 퍼지려면 많은 노동력을 동원해 물길을 만들 수 있어야 한다. 이는 철기 시대에 들어 공동체 규모가 커지면서 비로소 가능했다.

청동기 시대에는 먹을거리 중에서 벼와 조, 기장 등 곡물이 차지하는 비중이 50%를 넘지 않았다. 청동기 시대 초기까지는 곡물과 채소를 섞어 죽 형태로 끓여 먹었을 것으로 추측된다. 그런데 청동기 후기에 벼의 껍질을 벗기는 데 사용하는 절구와 곡물을 찌거나 삶는 시루가 등장했다. 시루를 사용해 지금처럼 밥을 지어 먹을 수 있었을 것으로 추정한다.

철기 시대에 들어 벼농사가 크게 발달했다. 삼한에서는 벼농사에 필요한 물을 얻기 위해 큰 저수지를 만들었다. 대표적인 것이 김제의 벽골제와 제천의 의림지, 밀양의 수산제다. 삼한의 초기 국가들은 공동체의 노동력을 대규모로 동원해 저수지를 만들 수 있었다. 삼국 시대에는 쌀이 밥의 주된 재료로 쓰였고, 통일 신라 시대부터는 쌀이 곡물 가운데 으뜸을 차지하게 되었다.

낱말 즐겨 찾기

저습지 땅이 낮고 습기가 많은 지역.
절구 곡식을 빻거나 찧는 도구. 통나무나 돌 등을 속이 우묵하게 만든다.
시루 쌀이나 떡 등을 찌는 데 쓰는 둥근 질그릇. 바닥에 구멍이 여러 개 뚫려 있다.
삼한 고대 한반도 남부에 존재한 마한, 변한, 진한 등 세 부족 연맹. 각 연맹체는 독립적인 작은 국가로 이루어졌으며, 농업과 철기 문화를 바탕으로 발전했다.

"청동기 시대에 시작" vs "신석기 시대에 시작"

● 지난 1976년 경기도 여주시 흔암리에 발견된 청동기 시대 탄화미.

한반도에서 벼농사를 짓기 시작한 시기를 놓고, 청동기 시대인 기원전 1000년경이라는 의견과 신석기 시대인 기원전 2300년경이라는 의견이 대립하고 있다.

대다수 역사책에는 기원전 1000년경에 벼농사를 짓기 시작했다고 쓰여 있다. 지난 1976년에 경기도 여주시 흔암리에서 탄화미가 발견되었다. 탄화미는 벼농사가 이뤄졌음을 입증하는 증거다. 또 반달돌칼도 함께 발견되었는데, 청동기 시대의 마을 유적이 근처에 있다는 점도 벼농사가 이뤄졌음을 뒷받침한다.

이들의 주장에 따르면 신석기 시대에는 조와 기장 등 잡곡을 재배했고, 청동기 시대에 들어 비로소 벼를 재배하기 시작했다고 본다. 벼농사와 관련된 가장 중요한 유적은 논이다. 논 유적은 벼농사가 이뤄졌음을 증명하는 현장이기 때문이다. 지금까지 신석기 시대의 논 유적이 발견되지 않은 점도 이런 의견을 뒷받침한다.

그런데 1991년 고양시 가와지 마을에서 신석기 시대의 볍씨들이 발견되었다. 이에 대한 연구가 진행되면서 한반도 벼농사의 기원을 기원전 2300년경으로 보는 주장이 나왔다. 야생 벼는 알곡이 익으면 줄기와 낟알을 연결하는 부분이 자연스럽게 떨어진다. 이에 비해 재배 벼는 익어도 낟알이 잘 떨어지지 않아서, 사람이 직접 손이나 도구를 이용해 수확해야 한다. 가와지 볍씨는 재배 벼에 가까운 모습을 띤다는 주장이다.

하지만 아직 가와지 볍씨를 재배 벼로 단정하기는 어렵다. 볍씨만으로는 야생종인지 재배종인지 분명하게 판단할 수 없기 때문이다. 재배 벼임을 입증하려면 당시 주민이 남긴 생활 유적이 함께 나와야 한다. 그런데 가와지 볍씨의 경우 이런 유적은 나오지 않았다.

낱말 즐겨 찾기

탄화미 불에 타거나 화학적 변화로 자연스럽게 탄소화된 쌀.
반달돌칼 청동기 시대에 낟알을 거두는 데 쓰인 농기구.

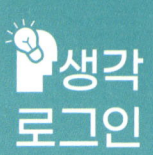
생각 로그인

01 아래 유적들이 한반도의 농업의 역사에서 어떤 의미를 지니는지 정리해 보세요.

부산시 영도구 동삼동 유적	
강원도 고성군 문암리 유적	
경남 진주시 대평리 유적	

02 아래 유물들이 각각 사용된 시대와 쓰임새를 말해 보세요.

유물	빗살무늬토기	따비	시루
시대			
쓰임새			

03 신석기 시대에 들어 인류의 의식주 생활이 어떻게 달라졌는지 이야기해 보세요.

경남 진주시 대평리 유적

 지난 1995년부터 99년까지 경남 진주시에서 남강댐을 확장하는 공사가 진행되면서 수몰 지역에 대한 발굴이 이뤄졌다. 이 지역에서는 구석기 시대부터 삼국 시대에 이르기까지 다양한 유적이 발견되어 역사학계의 주목을 받았다.

 특히 대평리에서는 청동기 시대(기원전 1500년~기원전 400년)의 유적이 발견되었다. 대규모 밭, 400동이 넘는 집터와 마을, 마을 주변을 둘러싼 목책과 깊은 도랑, 수많은 작업장과 화덕 자리, 그릇을 굽는 가마 등이 나왔다. 이를 바탕으로 당시 이곳에 살던 사람들의 생활을 복원할 수 있었다.

생각 로그인

04 한반도에서 벼농사 시작 시기가 청동기 시대라는 의견과 신석기 시대라는 의견이 있는데, 각 주장을 뒷받침하는 근거를 들어 보세요.

● 충남 논산시 연무읍 마전리에서 1999년 발굴된 청동기 시대의 논 유적.

05 고양시 가와지 마을에서 출토된 볍씨들을 근거로 한반도 벼농사의 기원을 기원전 2300년경이라고 주장할 때, 어떤 한계가 있는지 지적해 보세요.

● 고양시 가와지 마을에서 출토된 볍씨는 신석기 시대의 재배종으로 추정된다.

정보 클릭

야생종 벼와 재배종 벼

벼는 원래 야생 상태의 씨앗을 사람이 거둔 뒤 그 씨앗을 뿌려서 재배하기 시작하면서 야생종과 재배종으로 나뉘었다. 세계적으로 약 20종의 야생종 벼가 분포한다.

야생종은 인간이 심지 않아도 잡초처럼 잘 자라고, 일반종보다 키도 크다. 특히 벼의 줄기에서 낟알과 연결되는 부분이 어떤 상태를 보이느냐에 따라 재배종과 야생종이 구분된다.

야생종은 재배종과 달리 알곡이 다 익으면 줄기에서 저절로 떨어진다. 따라서 전자 현미경으로 관찰하면, 야생종은 줄기와 낟알을 연결하는 부분이 매끄럽다.

재배종은 사람이 손이나 도구를 이용해 수확해야 한다. 낟알이 익더라도 줄기에서 잘 떨어지지 않기 때문이다. 따라서 줄기와 낟알을 연결하는 부분이 거칠다. 수확을 위해 인위적으로 힘을 가하기 때문에 울퉁불퉁한 모습을 띠게 된다.

가와지 볍씨가 재배종임을 나타내는 증거가 벼의 줄기와 낟알을 연결하는 부분의 상태다. 가와지 볍씨를 전자 현미경으로 관찰한 결과 재배종의 특징인 거친 모습이 나타났다.

한반도에서 농경이 시작된 시기는 신석기 시대였다. 부산시 영도구 동삼동 유적에서 기장과 조의 흔적이 나왔는데, 기원전 5000년경과 기원전 4000년경에 만들어진 토기 조각에서 발굴되었다. 지금까지 한반도에서는 기원전 3500년경에 농사를 짓기 시작했다고 보았다. 그런데 이보다 이른 시기에 조와 기장 등을 재배했을 가능성이 커졌다. 1만 년 전 중국 양쯔강 하류에서 벼를 재배하기 시작했고, 한반도에도 벼농사가 전파되었다. 벼농사의 기원을 청동기 시대인 기원전 1000년경으로 보는 의견과 신석기 시대인 기원전 2300년경으로 보는 의견이 대립하고 있다. 청동기 시대라고 보는 의견은 경기도 여주 흔암리에서 탄화미와 함께 반달돌칼이 출토된 사례를 근거로 삼는다. 이에 비해 신석기 시대라는 의견은 경기도 고양시 가와지 마을에서 출토된 볍씨가 재배종에 가깝다는 사실에 주목한다.

한반도에서 농사가 시작되어 벼농사가 발달한 역사를 설명하고, 벼농사의 기원이 신석기 시대인지 청동기 시대인지 자신의 의견을 논술해 보세요(500~600자).

수행 평가와 디베이트를 위한
쟁점 한국사

03. 삼한 시대인가, 원삼국 시대인가

● 2014년 경북 의성의 조문국 사적지에서 발굴된 금동제 관모. 금동은 금과 구리의 합금을 말하고, 관모는 장식용 모자를 말한다.

기원전 108년 고조선이 멸망한 뒤, 4~6세기에 신라와 백제, 고구려가 중앙 집권 체제를 갖추기 전까지 한반도와 만주에는 작은 나라(이하 소국)들이 서로 힘을 겨루고 있었다. 이 시기를 '삼한 시대'로 불러야 한다는 의견과 '원삼국 시대'로 불러야 한다는 의견이 맞서 있다. 삼한 시대라는 명칭은 주로 남부 지역의 소국들을 중심으로 하지만, 원삼국 시대는 북부와 만주까지 포함해 전체적인 상황을 포괄한다는 차이점이 있다. 소국들이 성장한 과정과 사회 문화의 특징을 살펴보고, 이 시대를 어떻게 불러야 할지 탐구한다.

교과서 이곳을 보세요

고등학교 한국사 1단원 전근대 한국사의 이해 • 1. 고대 국가의 지배 체제
중학교 역사2 1단원 선사 문화와 고대 국가의 형성 • 1. 선사 문화의 변천과 국가의 등장

고조선 멸망 이후 여러 소국 일어나

● 고조선 멸망 이후 등장한 1세기경의 소국들.

기원전 108년 고조선이 멸망할 무렵 만주와 한반도 북부는 발달된 철기 문명을 가진 고조선의 지배를 받고 있었다.

고조선이 멸망한 뒤, 이 지역에는 여러 개의 소국이 일어났다. 부여는 만주의 평야 지대를 중심으로 성장했다. 1세기 초에 왕호를 사용했고, 왕 아래에 가축의 이름을 딴 마가, 우가, 저가, 구가 등의 군장이 있었다. 이들은 독자적인 행정 구역을 맡아 다스렸는데, 왕이 직접 통치하는 중앙과 합쳐 5부를 이뤘다.

기원전 37년 부여에서 한반도로 남하한 주몽(재위 기원전 37~기원전 19)이 압록강 중류에 고구려를 세웠다. 고구려도 부여처럼 왕 아래에 대가라는 군장들이 있었다. 이들은 각자 사자와 조의 등 관리를 거느리고 독립된 세력을 유지했다.

함경도의 옥저와 강원도 동해안의 동예는 선진 문화를 늦게 받아들였는데, 일찍부터 고구려의 압박을 받아 성장이 더뎠다. 읍락에는 읍군과 삼로라 불리는 군장들이 있어 자기 부족을 다스렸다.

한반도 남부는 철기 문명 수용이 늦었다. 따라서 국가의 성장도 더뎠다. 그러다가 고조선이 멸망한 뒤 유민이 이주하면서 마한과 진한, 변한이 세워졌다. 이들이 발달한 철기 문명을 바탕으로 한강 이남 지역의 토착민을 정복하는 과정에서 80여 개의 소국으로 이뤄진 삼한이 성립되었다. 삼한에는 신지와 읍차 등의 군장이 다스리는 소국들이 각자 자치를 하고 있었다. 이 가운데에는 경북 의성의 조문국도 있었다. 시간이 지나며 소국들은 맹주국을 중심으로 뭉쳤다. 마한의 목지국과 진한의 사로국, 변한의 구야국 등이 소국들을 이끈 맹주국이었다.

> **낱말 즐겨 찾기**
>
> **군장** 연맹 왕국 이전의 단계에서 여러 부족 사회를 통합해 다스린 지배자.
> **조문국** 진한 12국 가운데 경북 의성에 있었던 나라. 나중에 신라로 통합되었다. 1960년대부터 당시 고분이 발굴되면서 존재가 드러났다.
> **목지국** 마한 50여 개 소국들 가운데 하나. 충남 직산, 전북 익산, 전남 나주 등이 본거지로 추측된다.
> **사로국** 진한 12국 가운데 경주에 있었던 나라. 나중에 신라로 발전했다.
> **구야국** 변한 12국 가운데 김해에 있었던 나라. 나중에 금관가야로 발전했다.

정치와 종교가 분리되기 시작하다

이 시기의 생활 모습 가운데 두드러진 특징은 제천 행사다. 부여의 영고와 고구려의 동맹, 동예의 무천, 삼한의 계절제가 대표적인데, 하늘을 숭배하고 제사를 드리는 의식이었다. 삼한의 제천 행사는 봄과 가을에 거행된 계절제였지만 명칭이 전해지지 않는다.

● 중국 지린성 지안시에 있는 고구려 고분인 '장천 1호분' 벽화에는 제천 행사의 모습이 담겨 있다.

부여는 수렵 사회의 전통을 이어받아 음력 12월에 사냥이 잘되기를 비는 제천 행사를 치렀다. 고구려와 동예는 음력 10월에, 삼한은 음력 5월과 10월에 각각 거행했다. 5월은 씨를 뿌리고, 10월은 추수하는 시기다. 이는 제천 행사가 농사의 풍요를 기원하고, 추수를 감사하기 위한 목적이 있었음을 뜻한다.

왕이 제천 행사를 주관했다. 자신만이 하늘과 교감할 수 있는 존재임을 과시하며 권위를 높였다. 이때에는 남녀나 노소, 신분을 가리지 않은 채 백성이 모두 참가해 밤새도록 술을 마시고 축제를 즐겼다. 수십 명씩 무리를 지어 손과 발로 장단을 맞추고 노래를 부르며 춤을 추었다.

이 무렵에는 나라마다 사회 규모가 커지면서 빈부 격차가 심해지고, 집단 간에 갈등이 심해졌다. 제천 행사는 이러한 갈등을 풀고 같은 나라 백성이라는 의식을 다지는 역할도 했다. 제천 행사를 하는 시기에 죄수들을 풀어 준 이유도, 국가의 통합을 꾀하기 위해서였을 것으로 보고 있다.

삼한은 정치와 제사가 분리되어 있어 제사장인 천군을 두었다. 또 소도라는 곳을 지정했는데, 신성한 장소임을 알리기 위해 큰 나무에 방울과 북을 매달아 놓고 솟대를 세워 경계를 표시했다. 천군은 이곳에서 종교 의식을 주관했다. 소도에는 군장의 힘이 미치지 못해 죄인이 숨어도 잡아가지 못했다.

> **낱말 즐겨 찾기**
> 소도 삼한에서 하늘에 제사를 지내던 신성한 구역.
> 솟대 나무나 돌로 만든 새를 높은 기둥 위에 앉힌 전통 신앙의 상징물.

"삼한 시대" vs "원삼국 시대"

● 전남 나주 반남면에서 발굴된 금동관. 금동관의 주인은 이곳을 지배하던 최고 권력자였을 것으로 추정된다.

4~6세기에 삼국이 중앙 집권 체제를 갖춤에 따라 소국들은 신라와 백제, 고구려에 각각 편입되었다.

그런데 기원 무렵부터 삼국이 중앙 집권 체제를 갖추기 전까지의 시기를 '삼한 시대'로 불러야 한다는 의견과 '원삼국 시대'로 불러야 한다는 의견이 맞서 있다. 삼한 시대로 불러야 한다는 학자들은 아직 신라와 백제 등이 확고한 주도권을 쥐지 못했고, 마한과 진한, 변한에 속한 소국들이 서로 힘을 겨루던 상황에 주목한다. 하지만 이는 한반도 남부에만 해당하는 명칭이고, 만주와 한반도 북부의 소국들을 포함하지 못하는 단점이 있다.

원삼국 시대로 불러야 한다는 학자들은 만주와 한반도 전체의 상황을 표현할 수 있어야 한다고 강조한다. 이 용어는 '원초기의 삼국 시대'라는 뜻과 같이 삼국이 처음 형성되던 시기를 가리킨다. 우리 국민은 대개 『삼국사기』에 기록된 대로 고구려·백제·신라가 기원전 1세기경부터 존재했다고 여긴다. 하지만 원삼국 시대라는 용어를 지지하는 사람들은 『삼국사기』의 초기 기록이 정확하지 않을 가능성이 있다고 보기 때문에 이러한 사실을 받아들이지 않는다. 이 시기의 국가 체제를 놓고 왕권이 약했다고 보는 의견이 주류를 이루고 있다.

삼한 시대든 원삼국 시대든 둘 다 왕권이 약했다고 보는 점에서는 같다. 최근에는 삼국이 이른 시기에 왕권을 확립했다고 보는 학설도 나왔다. 이러한 입장에서 '열국 시대'로 불러야 한다는 의견이 제시되기도 한다. 소국들은 원래 고조선의 제후국이었는데, 고조선이 멸망한 뒤 각자 독립했고, 건국 초기부터 왕권이 제대로 갖춰진 고대 국가였다는 주장이다.

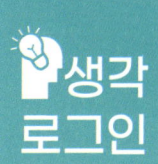

01 부여와 고구려의 정치 제도의 공통점을 제시해 보세요.

02 여러 나라에서 거행된 제천 행사의 명칭과 개최 시기를 정리해 보세요.

나라	명칭	시기
부여		
고구려		
동예		
삼한		

03 고대 국가가 형성되는 과정에서 삼한 지역에 소도가 만들어진 까닭을 추측해 보세요.

● 삼한 시대에는 소도를 정하고 신성한 곳임을 알리기 위해 솟대를 세워 경계를 표시했다.

소도를 만든 까닭

소도는 삼한 시대에 큰 나무가 있는 곳을 정해 제사장인 천군이 하늘에 제사를 올리던 신성한 장소였다. 그때 사람들은 큰 나무를 하늘에서 신이 내려와 머무는 곳으로 믿었다. 따라서 이런 신앙이 발전해 소도가 만들어졌다.

소도가 생긴 이유를 놓고, 고대 국가가 형성되는 과정에서 세력 간의 갈등을 완화시키는 제도적 장치로 해석하기도 한다. 고조선이 멸망한 뒤 유민들이 남쪽으로 내려오면서 토착민과 충돌했다. 고조선 유민은 발달된 철기 문명을 가졌지만, 토착민은 철기 문명의 수용이 늦었다. 따라서 고조선 유민은 토착민을 누르고 정치적 지배권을 잡았을 가능성이 크다.

이 과정에서 고조선 유민은 토착민과 타협해 갈등을 줄일 필요가 있었다. 따라서 자기네가 정치적 지배권을 잡는 대신 토착민 집단의 우두머리에게 제사장인 천군의 권한을 주었다. 토착민 집단의 우두머리들은 원래 정치적 지배자와 제사장의 역할을 함께 맡았다. 그런데 정치적 힘을 잃고 제사장의 권한만 가지게 된 것이다.

이때 소도는 정치적 지배에서 벗어난 신성 구역으로 자리를 잡았다. 토착민의 우두머리인 천군은 소도를 관리하면서 종교적 권위를 유지했고, 이를 통해 토착민의 자존심을 보호하면서 사회적 갈등을 줄였다.

정치적 권력과 종교적 권위의 분리로, 소도는 갈등을 완화하는 중립적 역할을 하면서, 고대 국가의 형성에 영향을 미쳤다.

04 기원 무렵부터 삼국이 중앙 집권 체제를 갖추기 전까지의 시기를 부르는 여러 명칭이 있습니다. 각각 어떤 특징이 있는지 정리해 보세요.

삼한 시대	
원삼국 시대	
열국 시대	

05 고조선 멸망 이후 삼국이 중앙 집권 체제를 갖추기 전까지의 시기를 '열국 시대'로 불러야 한다는 학설을 놓고 찬반 의견을 밝혀 보세요.

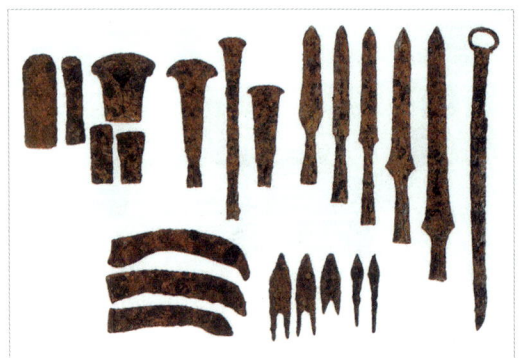

● 고조선 멸망 이후부터 삼국이 출현하기 전의 시기에 영남 지역에서 나온 각종 철기.

열국 시대

역사학자 윤내현(1939~)은 『한국 열국사 연구』(1999)에서 고조선 멸망에 이어지는 시기를 '열국 시대'라고 불러야 한다고 주장했다.

이 시기에 만주와 한반도에는 삼국 외에도 많은 나라가 있었는데, 이들은 건국 초기부터 왕권이 제대로 갖춰진 고대 국가였다는 것이다.

윤내현 교수는 각 소국이 단순한 부족 연맹체가 아니라 왕권을 기반으로 독립적인 정치 체제를 갖춘 고대 국가로 발전했다고 본다. 이는 삼국이 등장하기 전에도 각국이 고유한 왕권 체제를 형성하고 있었음을 전제한다.

이 학설은 왕권이 이른 시기에 확립되었다고 본다. 대다수 역사학자는 이 시기엔 왕이 나라를 대표하지만, 군장을 신하처럼 부리지는 못했다고 주장한다. 그러나 윤내현 교수는 고조선 멸망 이후의 소국들도 건국 초기부터 강력한 왕권을 중심으로 발전했다고 해석한다. 그리고 삼국 시대에 앞서 이미 왕권이 중요한 정치적 요소로 자리 잡았다고 주장한다. 그러다가 4~6세기에 중앙 집권 체제를 갖추는 과정에서 왕권이 확립되었다는 것이다.

이 시기의 특징을 정확하게 반영할 수 있는 새로운 명칭을 마련하는 것이 역사학계의 과제다.

한국사 논술

기원전 108년 고조선이 멸망한 뒤, 여러 소국이 일어났다. 만주에는 부여와 고구려가, 한반도 북부에는 동예와 옥저가 각각 성립되었다. 한반도 남부에는 마한과 진한, 변한이 일어나 삼한이라고 불렸다. 소국들은 왕이 있어도 힘이 약했고, 그 밑의 군장이 각자 자기 지역을 다스렸다. 이들 나라에는 해마다 다양한 제천 행사가 열렸다. 부여의 영고와 고구려의 동맹, 동예의 무천 등이 대표적이다. 기원 무렵부터 삼국이 중앙 집권 체제를 갖추기 이전까지의 시기를 '삼한 시대'로 불러야 할지, '원삼국 시대'나 '열국 시대'로 불러야 할지 학설이 엇갈린다. 이 시기의 특징을 정확하게 반영할 수 있는 명칭을 확립할 필요가 있다.

고조선이 멸망한 뒤 여러 소국이 성장한 과정을 설명하고, 이 시대를 어떻게 불러야 할지 '삼한 시대', '원삼국 시대', '열국 시대' 가운데 하나를 골라 옹호해 보세요(500~600자).

수행 평가와 디베이트를 위한
쟁점 한국사

04. 낙랑은 우리 역사인가

● 2012년도에 한국식 동검과 낙랑 토기가 발굴된 경기도 김포 운양동 유적지. 이 유적지는 삼국 시대 이전의 무덤들이 있던 곳이다.

낙랑군은 기원전 108년에 한나라의 무제가 한반도 서북부에 설치한 군현인데, 420년 동안 존속했다. 일제 강점기에 식민 사학자들은 낙랑군을 중국의 식민지로 규정하며, 우리의 역사를 축소하려고 했다. 해방 이후에도 이러한 관점이 이어졌다. 그러나 최근에는 낙랑군이 고대 한반도 사회의 중요한 일부로 기능했기 때문에 우리 역사로 받아들여야 한다는 주장이 나왔다. 낙랑군의 성립과 발전 과정을 살펴보고, 낙랑군을 우리 역사로 볼 수 있는지 탐구한다.

교과서 이곳을 보세요

고등학교 한국사 1단원 전근대 한국사의 이해 • 1. 고대 국가의 지배 체제
중학교 역사2 1단원 선사 문화와 고대 국가의 형성 • 1. 선사 문화의 변천과 국가의 등장

한 무제가 고조선 멸망시킨 뒤 낙랑군 설치

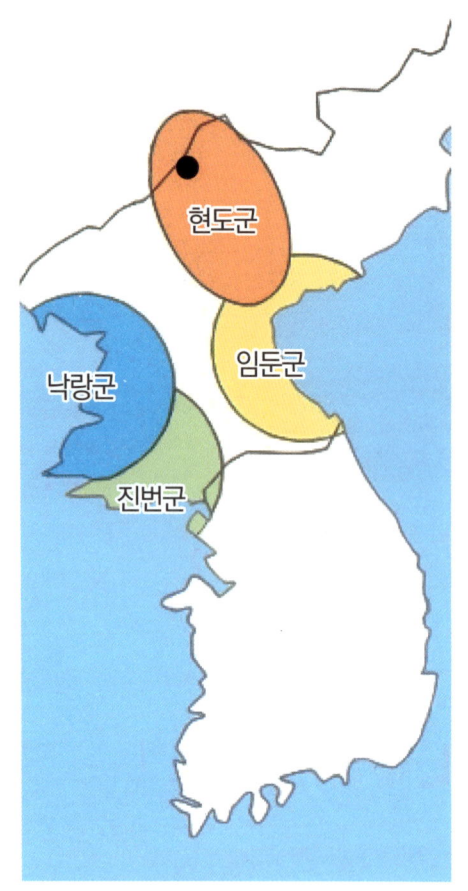

● 한사군의 위치(통설).

고조선은 한반도와 한나라 사이에서 중계 무역을 통해 이익을 얻었다. 따라서 고조선은 남쪽의 정치 세력이 한나라와 직접 교역하지 못하게 막았다. 또 북방의 흉노와 손잡고 한나라의 영향력에서 벗어나 독자적인 세력을 형성하려고 했다.

한나라 무제(재위 기원전 141~기원전 87)는 기원전 109년 고조선을 침략했다. 고조선에서는 화친 세력과 결사 항전 세력 간의 갈등이 일어났다. 한나라는 이러한 내부 갈등을 이용해 기원전 108년 고조선을 멸망시켰다.

한나라는 고조선의 옛 땅을 다스리기 위해 낙랑군 등 한사군을 설치했다. 만주와 한반도에는 당시 부족 연맹 수준의 정치 세력이 뒤얽혀 있었다. 한사군은 이 지역에서 독자적인 나라가 성장하지 못하도록 여러 정치 세력을 자신의 지배 아래 묶어 두려고 했다.

낙랑군은 고조선의 중심지였던 대동강 유역에 자리를 잡았다. 한나라는 관리를 파견했지만, 이들의 힘만으로는 고조선의 옛 땅을 지배할 수 없었다. 따라서 힘이 센 현지인들의 협력을 얻기 위해 이들을 하급 관리로 임명했다. 또 주변 지역의 족장들에게 읍군이나 읍장 등의 벼슬을 내리고, 이를 증명하는 도장과 의복 따위를 주었다.

낙랑군에는 관리 외에 상인과 기술자들도 이주했다. 이들은 주변 지역과 교역을 하며 이익을 챙겼다. 철제 농기구와 무기, 장신구, 토기 등을 팔고, 변한의 철 등 다양한 토산품을 샀다. 낙랑군은 교역의 거점 구실을 하며 번영을 누렸다. 한나라 사람들의 집단 거주지였던 평양의 낙랑 구역에서는 많은 무덤이 발견되었다. 이곳에서 나온 순금 허리띠 고리와 수레 장식 등을 보면, 당시 낙랑인의 생활이 얼마나 호화스러웠는지 알 수 있다.

낱말 즐겨 찾기

한나라 기원전 206년 유방이 세운 통일 왕조. 서기 9년 왕망에 의해 무너졌으나, 25년에 유수(광무제)가 다시 건립해 220년까지 유지되었다.
흉노 기원전 3세기 말부터 서기 1세기 말까지 몽골과 중앙아시아에서 활약한 유목 기마 민족.
부족 연맹 내부의 갈등을 조정하고 대외 관계에서 협력하기 위해 여러 부족이 결합한 정치 조직.
변한 지금의 낙동강 서쪽 경남 지역에 있던 부족 연맹체.

고조선과 한나라 문화 접목해 독자 문화 이루다

낙랑군이 성립된 초기에는 한나라 사람과 옛 고조선 사람이 뚜렷하게 구별되었다. 하지만 시간이 흐르며 양국 사람을 분간하기 어려워졌다.

낙랑군에 이주한 한나라 사람들의 후손은 스스로를 낙랑인으로 여겼다. 이들은 옛 고조선의 문화를 받아들였고, 옛 고조선 사람들은 한나라 문화를 받아들였다. 결국 1세기 후반에는 평양 지역을 중심으로 낙랑인으로 불리는 사람들이 나타났다.

● 평양 남정리의 귀틀무덤(11호). 귀틀무덤은 나무판을 가로세로로 짜서 널방을 만들고, 그 안에 나무관을 안치하게 만들었다.

낙랑인은 한나라 사람과 옛 고조선 사람이 서로 섞여 동질성을 갖춘 종족 집단이었다. 이를 확인시킨 사건이 왕조의 반란이다. 한나라가 흔들리며 낙랑군의 지배층이 자립하려는 움직임을 보였다. 서기 25년 낙랑군의 토호인 왕조(?~?)가 반란을 일으켜 7년 동안 낙랑군을 지배했다. 왕조는 낙랑인을 대표하는 인물이었다.

귀틀무덤도 낙랑인의 등장을 확인시키는 유적이다. 귀틀무덤에는 한나라의 유물이 많이 묻혀 있지만, 옛 고조선의 나무곽 무덤에서 발전한 것이다. 귀틀무덤에는 현지화된 한나라 사람과 옛 고조선 사람이 함께 묻혔다.

2세기 말부터 낙랑군은 점차 세력이 약해졌다. 중국 본토가 정치적으로 혼란스러워지면서 지원이 끊겼기 때문이다. 요동을 지배하던 공손씨는 204년 낙랑군 남쪽에 대방군을 설치했다. 이는 낙랑군의 세력권을 축소시켜 낙랑군을 더욱 약화시켰다.

낙랑군은 한반도와 만주의 정치 세력을 분열시키는 역할을 맡았지만, 중국의 선진 문화를 전달하는 역할을 하기도 했다. 이는 고구려와 백제를 성장시켜 낙랑군의 멸망을 초래했다. 낙랑군은 313년 고구려에 의해 멸망을 당했다. 고구려에 흡수된 낙랑인들은 고구려의 문화 발전에 기여했다.

낱말 즐겨 찾기

공손씨 후한 말기 요동을 지배한 군벌 가문. 공손강이 204년에 낙랑군 남쪽에 대방군을 설치하면서 낙랑군의 영토 축소와 정치적 쇠퇴가 가속화했다. 공손씨는 요동에서 자립 세력을 형성했으나, 결국 삼국 시대 위나라에 의해 몰락했다.
대방군 한나라가 흔들리던 시기에 요동을 지배하던 공손씨가 204년 황해도에 설치한 행정 구역.

"우리 역사가 아니다" vs "우리 역사다"

● 평안남도 대동군 대동면에 있는 낙랑군의 토성 일부. (사진 : 국립 중앙 박물관)

일제 강점기에 일본의 역사학자들은 우리 민족에게 자율적인 능력이 없음을 강조하기 위해 낙랑군 설치 이후에야 비로소 한반도에서 우리 민족의 역사가 시작되었다고 주장했다. 고조선 이전의 역사를 무시한 것이다.

낙랑군을 우리 역사가 아니라고 보는 입장은 낙랑군을 한나라의 식민지로만 간주하는 시각에서 비롯한다. 이들은 낙랑군의 지배층이 한나라 사람들이었고, 피지배층은 옛 고조선 사람들이었다고 본다. 그래서 한나라 사람들이 권력과 부를 독점하면서, 옛 고조선 사람들을 억압하고 수탈했다는 것이다. 이들은 또 낙랑군의 핵심 역할은 만주와 한반도에서 독자적인 정치 세력이 성장하지 못하게 억누르는 데 있었던 것으로 간주한다. 우리 역사에서 고대 국가 형성이 지연된 까닭도 낙랑군의 정치적·군사적 견제 때문이었다는 주장이다. 결국 낙랑군의 지배는 옛 고조선 사람들의 거센 저항을 불렀고, 고구려에 멸망을 당한 일도 이런 저항이 이어진 결과였다.

이에 맞서 최근 몇몇 역사학자는 낙랑군을 우리 역사로 판단한다. 이들은 낙랑 문화가 한나라와 옛 고조선의 문화가 혼합되어 독특하게 발전했다고 말한다. 예컨대 귀틀무덤은 옛 고조선의 나무곽 무덤에서 발전했는데, 그 안에는 한나라의 유물이 많이 묻혀 있다. 이러한 낙랑 문화의 주체는 한나라 사람과 옛 고조선 사람이 섞인 낙랑인이었다. 이들은 스스로 한나라 사람이나 옛 고조선 사람이 아니라 낙랑인이라는 정체성을 가지고 있다고 생각했다. 이러한 입장은 낙랑군이 우리 민족의 역사에서 선진 문화를 전달했던 역할에 주목한다. 만주와 한반도에 한나라의 철제 무기와 농기구 등을 전달해 고구려와 백제가 고대 국가로 성장하는 데 기여했고, 농경 문화를 이끌었다고 강조한다.

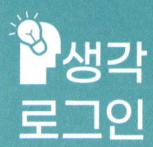

생각 로그인

01 한 무제가 고조선을 침략한 이유를 말해 보세요.

● 한 무제는 정치·군사적 안정을 확보하기 위해 고조선을 침략했다. (사진 : 위키피디아)

02 낙랑군이 주변 지역의 족장들에게 벼슬을 준 목적과, 족장들이 이를 통해 어떤 이익을 얻었을지 설명해 보세요.

03 한사군 가운데 낙랑군을 제외하고, 임둔군과 진번군, 현도군이 오래 유지되지 못한 이유를 추측해 보세요.

한 무제의 대외 정책

중화사상은 중국을 문명의 중심으로 보고, 자신에게 복종하지 않는 종족을 오랑캐로 여기는 세계관이다. 한 무제는 중화사상에 바탕을 두고 세계 질서를 잡으려 했다.

무제는 오랑캐에게 사신을 보내 복종하는 뜻을 표시하라고 요구했다. 자신의 요구를 따르는 종족의 우두머리에게는 벼슬을 주었다. 또 이들에게 권위를 상징하는 도장과 의복 등을 주어 주변의 정치 세력을 이끌 수 있도록 지원했다. 게다가 철제 무기와 농기구를 주어 군사력과 경제력을 강화할 수 있도록 했다.

무제는 한나라에 복종하지 않는 종족에게는 전쟁을 일으켜 무력으로 진압했다. 대표적인 사례가 고조선 침략이다.

고조선은 처음엔 한나라에 복종하겠다고 약속했다. 하지만 뒤로는 한나라에서 도망친 사람들을 받아들였다. 또 이웃 종족들이 한나라에 사신을 보내지 못하도록 방해했다. 이 때문에 무제의 분노를 사서 침략 전쟁의 희생양이 되었다.

무제는 기원전 108년에 고조선을 굴복시킨 뒤 점령 지역을 통치하기 위해 낙랑군(대동강 유역)과 진번군(황해도), 임둔군(함경남도), 현도군(압록강 중류) 등 한사군을 설치했다.

기원전 82년에는 진번군을 낙랑군에 합치고, 임둔군을 현도군에 합쳤다. 기원전 75년에는 현도군의 중심을 혼하(과거 랴오허강의 지류) 유역으로 옮기면서 전에 현도군에 합친 임둔군의 옛 땅을 낙랑군에 편입시켰다. 한사군은 설치 30년 만에 낙랑군만 빼고 모두 없어졌다.

생각 로그인

04 낙랑군이 멸망한 원인을 세 가지만 제시해 보세요.

05 보기 처럼 해방 이후 우리 역사학자들이 낙랑군을 외면한 이유를 말해 보세요.

> **보기**
> 우리나라 역사학자들은 낙랑군에 대한 언급을 기피했다. 역사 교과서에는 한나라가 고조선을 멸망시킨 뒤 낙랑군을 설치했고, 고구려가 낙랑군을 멸망시켰다는 사실만 간단하게 서술되어 있다.

06 일부 역사학자들은 낙랑군이 대동강 유역이 아니라 요하(랴오허강) 유역이나 요서(랴호허강 서쪽) 지방에 있었다고 주장합니다. 이러한 주장이 나온 이유와 문제점을 지적해 보세요.

● 낙랑군이 요서 지역이나 요하 유역에 있었다는 주장은 역사학자인 신채호(1880~1936)의 견해를 물려받았다.

정보 클릭

낙랑군의 위치

우리나라 역사학자들은 대개 낙랑군이 대동강 유역에 있었다고 본다.

하지만 북한의 역사학계와 남한의 일부 역사학자는 낙랑군이 중국의 요하 유역이나 요서 지역에 있었다고 주장한다. 일제 강점기에 신채호(1880~1936) 등의 민족 사학자들은 낙랑군이 만주의 요하 유역에 있었다고 주장했다.

해방 이후 북한의 역사학계와 남한의 일부 역사학자는 신채호의 주장을 이어받아 낙랑군이 대동강 유역에 있었음을 부정한다.

이들이 대동강 유역설을 부정하는 까닭은 낙랑군을 침략 세력이라고 보기 때문이다. 낙랑군의 위치가 대동강 유역임을 인정하면, 침략 세력이 우리 민족의 고대사에서 중요한 역할을 했음을 부인할 수 없다. 우리 민족이 자신의 힘으로 역사를 만들어 왔음을 내세우려면, 낙랑군의 역할을 되도록 축소할 필요가 있었다.

일제 강점기 이후 평양에서는 낙랑 계통의 유적과 유물이 많이 발굴되었다. 대동강 유역설을 부정하는 역사학자들은 이런 유적과 유물이 일제에 의해 조작되었다고 보거나, 고구려에 의해 포로로 끌려온 중국인들이 남겼다고 주장한다.

그러나 대동강 유역설을 부정하기 위해 이런 주장을 편다면 설득력이 부족하다. 수많은 유적과 유물이 뒷받침하고 있기 때문이다.

한나라는 기원전 108년 고조선을 멸망시킨 뒤 이 지역을 다스리기 위해 낙랑군 등 한사군을 설치했다. 낙랑군은 고조선의 중심지였던 대동강 유역에 자리를 잡은 채 주변의 정치 세력이 국가로 성장하지 못하도록 통제했다. 또 교역을 통해 경제적 번영을 누렸다. 세월이 흐르면서 낙랑 지역에 살던 한나라 사람과 옛 고조선 사람들은 서로 섞여 낙랑인이라는 동질성을 갖게 되었다. 이들은 한나라 문화와는 구별되는 독자적인 낙랑 문화를 형성했다. 낙랑군을 우리 역사가 아니라고 보는 입장에서는 낙랑군이 한나라의 식민지였으며, 지배층인 한나라 사람들이 옛 고조선 사람들을 억압하고 수탈했다고 말한다. 이에 맞서 낙랑군을 우리 역사로 보는 입장에서는 낙랑군이 선진 문화를 전파했음을 중시한다. 또 낙랑 문화는 한나라와 옛 고조선의 문화가 혼합되어 독특하게 발전했다고 주장한다.

낙랑군의 성립과 발전 과정을 설명하고, 낙랑군을 우리 역사로 볼 수 있는지 논술해 보세요(500~600자).

수행 평가와 디베이트를 위한
쟁점 한국사

05 신라 김씨 왕족은 우리 민족이 아니었나

● 경북 경주시 신라 시대 돌무지덧널무덤인 서봉총. 1926년에 발굴되었는데, 신라 시대의 금관이 나왔다. 2016~7년에 재발굴되었다.

김씨는 박씨나 석씨보다 뒤늦게 신라의 왕위에 올랐다. 하지만 나중에 왕권을 강화하는 과정에서 김씨 세습을 확립했다. 그런데 신라의 김씨 왕족이 우리 민족이 아니라 흉노족의 후예라는 의견이 제기되어 논란을 일으키고 있다. 문무왕의 비석에 기록된 내용과 돌무지덧널무덤의 양식이 흉노족의 무덤 양식과 유사하다는 점을 근거로 든다. 하지만 이를 외래문화의 수용으로 해석하는 반론도 있어 논쟁이 지속되고 있다. 이 문제를 놓고 논의되는 쟁점을 탐구한다.

교과서 이곳을 보세요

고등학교 한국사 1단원 전근대 한국사의 이해 • 1. 고대 국가의 지배 체제
중학교 역사2 1단원 선사 문화와 고대 국가의 형성 • 2. 삼국의 성립과 발전

경주평야에서 신라가 일어나다

● 경북 경주시 탑동에 있는 나정. 신라의 시조 박혁거세가 이곳에서 발견된 알에서 태어났다. 오른쪽 위는 나정 발굴 터.

옛날 경북 경주에 여섯 마을이 있었다. 한 마을의 촌장이 우물가에서 말이 꿇어앉아 우는 모습을 보고 그곳으로 갔다. 거기에 말은 사라지고 큰 알이 하나 있었다. 알을 쪼개자 아이가 나왔는데, 그가 박혁거세다. 박혁거세가 13세 되던 기원전 57년에, 촌장들이 그를 거서간으로 받들고 나라를 세웠다. 거서간은 '우두머리'라는 뜻으로, 왕의 칭호였다.

신라의 건국 설화다. 여기서 여섯 마을은 토착민이고, 박혁거세는 이주민임을 가리킨다. 신라의 건국 설화는 이주민이 토착민과 결합해 나라를 세웠음을 보여 준다.

박혁거세에 이어 남해왕(재위 4~24)이 왕위에 올랐다. 남해왕은 '제사장'이라는 뜻의 차차웅으로 불렸다. 남해왕은 석탈해를 사위로 삼고 높은 관직을 주었다. 석탈해는 나중에 왕위에 올라 탈해왕(재위 57~80)이 되었다. 그는 '지혜로운 연장자'라는 뜻의 이사금으로 불렸다.

설화에 따르면 석탈해는 외국의 어느 왕비가 낳은 알에서 태어났다. 임신한 왕비가 알을 낳자 불길하다고 여겨 궤짝에 넣어 바다에 버렸다. 그 궤짝이 경주 바닷가에서 발견되고, 그 알에서 석탈해가 나왔다.

초기 신라는 박씨와 석씨가 돌아가면서 왕위에 올랐다. 이는 혼인 관계로 맺은 두 부족이 연합해 나라를 이끌었음을 뜻한다. 신라는 처음에 지금의 경주평야에 자리 잡은 작은 나라였는데, 점차 울산과 동해안 쪽으로 세력을 넓혔다.

이러한 사실을 보여 주는 것이 석씨 집단의 등장이다. 석탈해 집단은 부족의 기반이 약했으므로, 곧 기존의 지배층에 의해 교체되었다. 그런데 2세기 후반 석탈해의 후손이라 일컫는 집단이 경주로 진출해 신라의 주도권을 잡았다.

낱말 즐거 찾기

건국 설화 한 민족이나 국가의 기원 또는 형성 과정에 관한 신화적 이야기.
제사장 하늘에 제사를 지내는 일을 담당하는 사람들의 우두머리.
부족 공통된 언어, 혈통, 문화적 요소, 혼인 관계 등을 통해 결합된 집단.

주도권 장악한 김씨가 왕위 세습

초기의 신라는 경주와 울산을 세력권으로 삼았다. 이때 경북 지역에는 12개의 작은 나라가 있었다. 신라는 정복과 동맹을 통해 점차 이웃 나라들을 자기 세력권에 편입시켰다. 이를 주도한 세력은 김알지를 조상으로 삼은 김씨 집단이었다.

탈해왕이 숲(계림)에서 닭이 우는 소리를 듣고 사

● '마립간'이라고 불린 왕들의 무덤이 밀집된 경주 대릉원. 이들 왕릉은 돌무지덧널무덤이다.

람을 보내 살피게 했다. 금빛 궤짝이 나무에 매달려 있었고, 궤짝 안에 아이가 있었다. 탈해왕은 이 아이를 거둬 기르고 이름을 '알지'라고 붙였다. 알지는 경주 김씨의 조상이다. 일부 학자는 알지 설화를 뒷날 김씨 집단이 자기 집안의 권위를 높이기 위해 꾸며낸 이야기로 보고 있다. 신라 역사에서 처음 등장한 김씨는 구도(?~?)다. 그는 이웃 나라를 정복하는 데 공을 세웠다. 그래서 박씨 왕족과 결혼하게 되었고, 그의 아들이 김씨로는 최초의 왕이 된 미추왕(재위 262~84)이다.

미추왕 이후에는 석씨들이 왕위를 이었다. 그 뒤 미추왕의 후손인 내물왕(재위 356~402)이 김씨로는 두 번째 왕이 되었다. 이때부터 김씨가 왕위를 독차지하고, 왕의 칭호도 '큰 우두머리'(최고 지배자)를 뜻하는 마립간으로 바꿨다. 내물왕 때부터, '왕'이라는 호칭을 쓰기 시작한 지증왕(재위 500~14) 때까지를 '마립간 시대'라고 부른다. 당시 마립간의 위세를 과시하기 위해 돌무지덧널무덤이라는 초대형 무덤을 만들었다.

이때 신라는 낙동강 동쪽의 경북 일대를 지배하는 규모가 큰 나라로 성장했다. 가까이 있는 청도와 경산, 영천뿐만 아니라 멀리 떨어진 대구와 의성을 자기네 세력권에 편입시켰다. 군사력을 앞세워 이웃 나라들을 굴복시켰고, 동맹을 맺어 스스로 맹주 자리를 차지했다.

낱말 즐겨 찾기

돌무지덧널무덤 신라 시대의 무덤 양식. 직사각형의 구덩이를 파고 나무판자로 방(덧널)을 만든 뒤, 그 안에 관을 넣었다. 그 위에는 돌을 쌓은 뒤 흙을 둥글게 쌓아 올렸다.
맹주 동맹을 맺은 사람이나 집단의 우두머리.

"흉노족 무덤 양식 닮아" vs "외래문화 수용"

● 문무왕릉 비석의 일부와 비문(왼쪽 위). 비문에는 문무왕의 조상이 흉노족이라는 기록이 있다.
(사진 : 국립 경주 박물관)

일부 역사학자는 김씨 왕족이 흉노족의 후예라고 주장한다. 흉노족은 기원전 3세기부터 서기 1세기까지 몽골 지역을 중심으로 활약한 유목 민족이다.

김씨 왕족이 흉노족의 후예라는 주장의 근거는, 문무왕(재위 661~81)의 비석에 그의 조상이 흉노족임을 밝힌 기록이다. 이 비석에는 김씨 왕족의 조상이 흉노족의 왕자였다고 적혀 있다. 김씨 왕족이 묻힌 돌무지덧널무덤도 흉노족의 무덤 양식과 비슷하다. 무덤 양식은 전통 신앙과 연결되어 있기 때문에 쉽게 변하지 않는다. 따라서 김씨 왕족이 흉노족과 연관되어 있음을 뒷받침한다고 본다. 금관과 금제 귀걸이, 금제 허리띠 장식 등 돌무지덧널무덤에서 나온 유물들이 흉노족의 무덤에서 나온 것과 비슷하다는 점도 근거로 든다.

하지만 김씨 왕족이 흉노족의 후예가 아니라는 학자들은 무덤 양식과 유물의 유사성을 외래문화의 수용이라는 관점으로 해석한다. 고대에도 다른 민족과 교류하며 외래문화를 받아들이는 일이 흔했다는 것이다. 그리고 문무왕의 비석에 조상이 흉노족이라고 밝힌 내용도 사실이 아니라 관념을 반영했다고 말한다. 즉, 과거에는 사실이 아닌데도 가문의 위상을 높이려고 조상이 중국에서 왔다고 주장하는 일이 흔했다. 문무왕의 비석에 기록된 내용도 그런 맥락에서 봐야 한다는 말이다. 또 김씨 왕족이 흉노족의 후예라는 의견을 비판하는 학자들은, 이러한 의견이 일제의 식민 사학과 연결되어 있다고 말한다. 식민 사학은 우리 민족이 혼자 힘으로 발전하지 못하고 외부 세력에 의존했다는 억지 주장이다. 흉노족의 후예가 신라 역사의 주역이 되었다는 말도 이와 비슷한 시각을 보여 준다.

낱말 즐겨 찾기

유목 민족 몽골과 중앙아시아, 러시아 남부의 초원 지대에서 가축을 기르고, 말을 타고 다니며 농경 지대를 약탈하던 민족.
식민 사학 일제의 식민지 지배를 정당화하기 위해 한국사를 연구한 역사학.

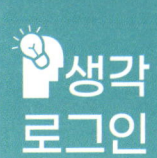

01 신라 시대에는 왕의 칭호가 여러 번 바뀌었는데, 각각의 의미를 정리해 보세요.

거서간	
차차웅	
이사금	
마립간	

02 '마립간 시대'에 돌무지덧널무덤이라는 초대형 무덤을 만든 까닭을 말해 보세요.

03 신라 등 고대 국가들의 지배층이 정복 전쟁을 일으킨 이유를 설명해 보세요.

● 경주 금령총에서 나온 기마 인물형 토기. 말을 탄 무사들이 신라의 정복 전쟁을 이끌었다. (사진 : 국립 중앙 박물관)

돌무지덧널무덤

경주의 돌무지덧널무덤은 규모가 거대하다. 신라의 마립간들이 자신의 권위를 과시하기 위해 조성한 상징적인 유적이기 때문이다. 특히 황남대총은 남북 120m, 동서 80m, 높이 22m로, 우리나라에서 가장 큰 무덤이다.

이처럼 초대형 무덤을 만든 이유는 마립간들이 사후에도 자신의 권위를 과시하려고 했기 때문이다. 마립간이 죽은 뒤 그 후계자는 무덤을 크고 화려하게 만들어 자신의 권력을 확립하고 지도력을 인정받았다.

이 과정에서 무덤은 단순한 안식처가 아니라 왕의 위엄을 상징하는 중요한 정치적 도구로 작용했다. 시신과 함께 금관, 귀금속 장신구, 무기 등 생전의 권위를 나타내는 물건들도 함께 묻혔는데, 이는 후계자가 물려받은 권위를 더욱 강조하려는 목적이 있었다. 또 이러한 부장품은 왕권의 상징으로서, 신라 왕실의 정통성을 더욱 공고히 하는 역할을 했다.

04 김씨 왕족이 흉노족의 후예라는 의견을 뒷받침하는 근거를 세 가지만 제시해 보세요.

05 일제의 식민 사학을 비판하는 입장에서, 김씨 왕족이 흉노족의 후예라는 의견의 문제점을 지적해 보세요.

● 일본 역사가들이 식민 사학의 입장에서 정리한 한국사.

일제의 식민 사학

일제 강점기(1910~45)의 식민 사학은 일제의 지배를 뒷받침하기 위해 한국사 연구를 이용했다. 즉, 우리 민족이 혼자 힘으로 역사를 발전시키지 못하고, 외부 세력에 의존했다는 역사관이다.

이러한 역사관에는 우리 민족이 자립 능력이 약하기 때문에 남의 지배를 받을 수밖에 없다는 시각이 깔려 있다.

식민 사학은 이러한 근거를 우리 민족의 터전이 반도라는 사실로 설명한다.

반도는 대륙 세력과 해양 세력이 교차하는 지점에 놓여 있기 때문에 독자 세력을 키우기 어렵다. 따라서 대륙 세력인 중국이 강할 때는 중국의 지배를 받았고, 해양 세력인 일본이 강할 때는 일본의 지배를 받았다는 것이다. 이를 통해 한국의 고대사부터 근대사까지 일관되게 외세의 지배에 종속된 역사로 왜곡했다.

초기 신라는 경주 중심의 작은 나라였다. 3세기 후반부터 4세기까지는 낙동강 동쪽의 경북 지역으로 세력을 넓혔다. 이를 주도한 세력이 김씨 왕족이다. 그런데 김씨 왕족이 흉노족의 후예라는 의견이 있다. 문무왕의 비석에 자기 조상이 흉노족임을 밝혀 놓았다는 점을 근거로 든다. 또 김씨 왕족이 묻힌 돌무지덧널무덤이 흉노족의 무덤 양식과 비슷한 데다, 이곳에서 나온 유물도 흉노족의 무덤에서 나온 유물과 비슷하다는 것이다. 이에 대해 김씨 왕족이 흉노족의 후예가 아니라는 사람들은, 무덤 양식과 유물의 유사성은 외래문화의 수용이라는 관점에서 봐야 한다고 주장한다. 또 문무왕의 비석에 자기 조상이 흉노족이라 밝힌 내용도 실제로는 사실이 아니고, 가문의 위상을 높이려는 의도에서 나왔다고 맞선다.

신라의 건국과 영토 확장 과정을 설명하고, 김씨 왕족이 흉노족의 후예라는 의견과 그렇지 않다는 의견 가운데 한 가지를 골라 자기 생각을 논술해 보세요(500~600자).

수행 평가와 디베이트를 위한
쟁점 한국사

06. 신라 불교는 전제 왕권을 뒷받침했나

● 선덕 여왕은 나라를 지키기 위해 황룡사에 9층 목탑을 세웠다.

신라가 불교를 수용한 배경에는 왕권 강화와 국가 통합의 필요성이 있었다. 초기 신라는 조상신과 자연신을 숭배하던 귀족들이 불교 수용에 반대했다. 그러다 법흥왕이 527년 이차돈의 순교를 계기로 불교를 공인하면서 불교가 신라에 자리를 잡았다. 후기에는 원효와 의상 같은 승려가 불교 사상을 발전시켰다. 그런데 신라의 불교가 전제 왕권을 뒷받침했다는 의견과, 백성 통합에 기여했다는 견해가 공존한다. 신라가 불교를 수용한 배경과 불교가 발전한 역사를 알아보고, 신라 불교의 성격에 대해 서로 다른 의견을 탐구한다.

교과서 이곳을 보세요

고등학교 한국사 1단원 전근대 한국사의 이해 • 2. 고대 사회의 종교와 사상
중학교 역사2 1단원 선사 문화와 고대 국가의 형성 • 3. 삼국의 문화와 대외 교류

삼국 시대 왕권 강화 위해 불교 수용

● 이차돈이 불교 수용을 위해 순교한 일을 기록한 돌기둥. (사진 : 국립 경주박물관)

삼국 시대에는 대개 옛날부터 내려오던 조상신과 자연신을 받들었다. 자기 조상이나 자기 고장의 강과 산을 신으로 믿었으므로, 같은 나라 사람이라는 일체감이 형성되기 어려웠다.

삼국이 영토를 넓히고 중앙 집권 체제를 갖추면서 상황이 달라졌다. 왕의 권위를 높이고 백성의 마음을 모으려면 새로운 신앙과 사상이 필요했다.

이 무렵 중국에서 불교가 전해졌다. 삼국은 4세기 후반에 왕실이 앞장서서 불교를 받아들이기 시작했다. 고구려가 가장 먼저 불교를 받아들였다. 372년 중국의 스님들이 불경과 불상을 고구려에 전했다. 뒤를 이어 백제도 384년에 불교를 수용했다.

신라는 불교를 가장 늦게 받아들였다. 5세기 중반 고구려의 스님들이 신라에 불교를 전했지만, 바로 인정받지는 못했다. 조상신과 자연신을 믿던 귀족들이 불교에 반대했기 때문이다. 법흥왕(재위 514~40)은 527년에 불교를 공인했다. 이차돈(506~27)이 왕과 불교를 위해 순교한 사건을 계기로 귀족의 반발을 물리칠 수 있었다.

삼국에 전해진 불교는 왕권 강화에 이바지했다. 법흥왕의 불교 공인도 왕권을 강화하기 위해서였다. 그때 중국의 불교에서는 '왕이 곧 부처님'이라고 여겼다. 이를 받아들인 삼국에서도 백성에게 부처님을 섬기듯 왕을 받들라고 요구했다.

삼국은 또 부처님의 힘을 빌려 나라를 지키려고 했다. 이를 호국 불교라고 한다. 신라의 선덕 여왕(재위 632~47)은 나라를 지키기 위해 황룡사에 9층 목탑을 세웠다. 이 탑을 세우면 부처님의 힘으로 외세의 침략을 막아 낼 수 있다고 믿었던 것이다.

낱말 즐겨 찾기

황룡사 경북 경주에 있던 큰 절. 신라 최대의 사찰이다.

원효와 의상이 불교 발전 이끌어

신라는 7세기 후반에 당나라(618~907)의 간섭을 물리치고 삼국을 통일했다. 그 뒤 왕권을 강화하고 백성의 마음을 모으기 위해 불교를 더욱 중요하게 여겼다.

이 시기에는 불경 연구를 바탕으로 불교 사상이 크게 발전했다. 신라는 삼국 불교의 유산을 물려받아 중국과 교류하며 불교 사상을 더 깊이 있게 이해할 수 있는 기반을 쌓았다.

당시 원효(617~86)와 의상(625~702)은 신라의 불교 사상을 발전시키고 후세까지 큰 영향을 미쳤다.

● 원효(왼쪽)와 의상의 초상화. (사진 : 일본 고산사)

원효의 불교 사상은 화쟁 사상으로 알려져 있다. 화쟁이란 '사상의 대립을 조화시킨다'는 뜻이다. 그는 부처님의 뜻이 관점에 따라 다르게 해석되지만, 결국에는 만물을 똑같이 가엾게 여기는 자비로 모아진다고 주장했다. 이 주장에는 서로 다른 이론을 내세우며 대립하던 여러 종파를 조화시키려는 뜻이 담겨 있다.

원효는 불교의 대중화에도 기여했다. 그때까지는 불경을 읽지 못하는 백성에게 불교의 힘이 미치지 못했다. 원효는 불교의 궁극적인 목표를 중생 구제로 여겨, 백성에게 불교를 퍼뜨리기 위해 애썼다. 그래서 '나무아미타불'이라는 여섯 글자만 정성껏 외면 누구나 극락에 갈 수 있다고 말했다. 또 부처님의 가르침을 쉽게 풀이한 노래를 지은 뒤 마을마다 돌아다니며 불렀다.

의상은 모든 존재가 서로 조화를 이룬다는 화엄 사상을 펼쳤다. 그는 "하나가 곧 여럿이고, 여럿이 곧 하나"라고 주창했다. 세상 만물이 겉으로는 여러 갈래이지만 실제로는 하나로 이어진다는 의미다. 의상은 이러한 사상을 바탕으로 교단을 만들어 많은 제자를 길러 냈다.

낱말 즐겨 찾기

나무아미타불 '아미타불에게 귀의한다'는 뜻의 염불. 아미타불은 극락에 머물며 중생을 구제하는 부처다.

"전제 왕권 뒷받침" vs "백성 통합에 기여"

● 석굴암 내부. 석굴암과 불국사를 세운 김대성(700~74)은 의상의 제자인 표훈에게 화엄 사상을 배웠다.

삼국을 통일한 신라 왕실은 귀족 세력을 억누르고 전제 왕권을 굳히려고 했다. 당시 불교계의 주류를 이룬 것은 화엄 사상이다. 화엄 사상의 성격을 놓고 전제 왕권을 뒷받침했다는 의견과 그렇지 않다는 의견이 맞서 있다.

역사학자들 사이에서는 전제 왕권을 뒷받침했다는 의견이 우세하다. 이들은 불교 사상을 사회 현상으로 이해한다. 주어진 사회적 조건 아래서 왕과 귀족, 백성이 실제로 품은 사상이나 신앙을 중요하게 여기기 때문이다.

의상의 화엄 사상도 같은 시각에서 접근한다. 의상이 어떤 생각을 가지고 있었느냐보다는 왕이 화엄 사상을 어떻게 활용했느냐에 주목해야 한다는 것이다. 이들의 경우 '여럿이 곧 하나'라는 말을 백성이 왕에게 복종해야 한다는 뜻으로 해석한다.

화엄 사상이 전제 왕권을 뒷받침하지 않았다는 의견은, 주로 불교학자들의 지지를 받는다. 종교는 자신의 영혼이나 중생을 구제하려는 목표를 갖고 있으므로, 종교 현상은 사회 현상과 구별되는 독자적인 영역이라는 것이다. 따라서 불교 사상을 사회 현상이 아니라 종교 현상으로 봐야 한다고 여긴다. 이들은 '여럿이 곧 하나'라는 말이 조화의 사상을 보여 준다고 해석한다. 서로 대립하는 세상 만물을 조화시키려 한 것이 화엄 사상의 핵심이라는 얘기다. 화엄 사상을 사회 현상과 연결시켜 해석할 경우에도 왕권 강화가 아니라 백성의 통합이라는 관점에서 봐야 한다고 말한다. 의상은 왕과 귀족, 백성이 서로 협력해야 한다는 뜻을 나타내기 위해 화엄 사상을 펼쳤다는 것이다.

낱말 즐겨 찾기

전제 왕권 귀족의 눈치를 보지 않고 자신의 뜻대로 통치할 수 있는 왕의 권력.

생각 로그인

01 삼국의 불교가 왕권 강화에 이바지할 수 있었던 까닭을 말해 보세요.

02 원효가 주창한 화쟁 사상이 무엇인지 밝히고, 그가 불교 대중화를 위해 어떤 방법을 사용했는지 설명해 보세요.

화쟁 사상의 의미	불교 대중화 방법

03 보기를 참고해 원광 법사가 '걸사표'를 지은 것을 놓고 찬반 의견을 밝혀 보세요.

보기

● 청도 운문사 대웅전 벽화에는 원광 법사가 세속오계를 지도하는 모습이 그려져 있다.

신라의 원광(?~?) 법사는 608년 진평왕(재위 579~632)의 부탁을 받고 '걸사표'(군대를 요청하는 글)를 지었다. 원광은 "자기가 살려고 남을 멸망시키는 것은 스님이 할 일이 아니다"라고 말했지만, 진평왕의 부탁을 거절하지 못했다. 이 글을 받은 수나라 양제(재위 604~18)는 30만 명의 군사를 이끌고 고구려를 침공했다. 하지만 을지문덕(?~?) 장군이 이끄는 고구려군에게 패하여 철수하고 말았다.

불교와 왕권 강화

중국 남북조 시대(420~589)에 북중국과 남중국의 불교는 황제를 대하는 태도를 달리했다. 북중국에서는 스님들에게 황제를 부처님처럼 받들라고 했다. 하지만 남중국에서는 스님은 황제에게 절을 해서는 안 된다고 했다.

남중국 동진(317~419)의 혜원은 스님은 중생을 구제하겠다는 뜻을 세우고 세속을 떠났기 때문에 부모나 황제에게 절할 필요가 없다고 주장했다. 이는 스님들이 독립된 지위를 유지할 수 있는 이론적 근거가 되었다.

북중국 북위(386~534)의 법과는 '황제가 곧 부처님'이라고 주장했다. 세상에 부처님의 가르침을 펴는 것은 황제이므로 자신은 황제에게 절하는 것이 아니라 부처님께 예를 올리는 것이라고 했다. 이는 스님들이 세속 권력에 복종해야 한다는 논리를 뒷받침했다.

삼국에 전해진 불교는 주로 북중국의 불교였다. 삼국의 왕들은 '왕이 곧 부처님'이라는 생각에 기대어 자신의 권위를 한껏 높일 수 있었다.

생각 로그인

04 화엄 사상이 전제 왕권을 뒷받침했다는 의견과 그렇지 않다는 의견을 뒷받침하는 근거를 세 가지씩 제시해 보세요.

전제 왕권을 뒷받침했다	전제 왕권을 뒷받침하지 않았다

05 보기를 참고해 화엄 사상이 전제 왕권을 뒷받침했다는 의견을 비판해 보세요.

> 보기
>
>
> ● 의상은 왕과 귀족, 백성이 서로 협력해야 한다고 보았다.
>
> 의상은 세상 만물이 겉으로는 여러 갈래이지만, 실제로는 하나로 이어진다고 보았다. 이는 세상 만물이 각자 독립적으로 존재하는 것이 아니라 긴밀하게 연결되어 있으며, 서로 의존하는 관계를 맺고 있음을 뜻한다. 이를 정치 사상과 연결시키면 왕과 귀족, 백성이 서로 협력해야 한다는 의미가 담겨 있다.

의상의 관음 신앙과 화엄 사상

관음 신앙은 관세음보살을 떠받드는 불교 신앙을 말한다. 관세음보살은 큰 자비심으로 중생을 구제하는 힘을 갖고 있다. 따라서 중생이 관세음보살을 진심으로 공경하면 고통에서 벗어날 수 있다.

신라에 관음 신앙을 널리 퍼뜨린 사람이 의상이다. 관음 신앙은 '나무아미타불'을 정성껏 외면 극락에 간다는 원효의 정토 신앙과 함께 불교의 대중화에 크게 기여했다.

의상은 당나라로 유학을 가서 화엄 사상을 공부했다. 의상의 화엄 사상이 전제 왕권을 뒷받침했다는 주장은 왕실이 화엄 사상을 어떻게 해석했느냐를 중시한다. 이는 실제로 의상이 생각한 바와 상관없이 왕실이 화엄 사상을 해석한 방식에 초점을 맞춘다. 왕실이 '여럿이 곧 하나'라는 말을 백성이 왕에게 복종해야 한다는 뜻으로 해석했다는 것이다.

화엄 사상이 전제 왕권을 뒷받침하지 않았다고 보는 의견은, 의상이 실제로 어떤 생각을 했느냐에 초점을 맞춘다. 이런 시각에서 보면, 의상은 화엄 사상을 통해 세상 만물이 긴밀하게 연결되어 있으며, 서로 의존하는 관계를 맺고 있음을 나타냈다고 해석할 수 있다. 이러한 맥락에서 볼 때, 화엄 사상이 전제 왕권을 뒷받침했다는 의견은 왕과 귀족, 백성이 서로 협력해야 한다는 의미를 놓쳤다고 지적할 수 있다.

신라 등 삼국의 불교 수용에는 왕권을 강화하고 백성의 마음을 하나로 모으기 위한 목적이 있었다. 삼국이 영토를 넓히고 중앙 집권 체제를 갖추면서 왕권을 강화하고 백성의 마음을 모을 수 있는 새로운 신앙과 사상이 필요했던 것이다. 신라가 삼국을 통일한 뒤 원효와 의상에 의해 불교 사상이 크게 발전했다. 원효는 이론 대립을 일삼던 종파들을 조화시키기 위해 화쟁 사상을 주창했다. 그리고 불교의 대중화에도 이바지했다. 의상은 모든 존재가 서로 조화를 이룬다는 화엄 사상을 펼쳤다. 화엄 사상을 놓고 전제 왕권을 뒷받침했다는 의견과 그렇지 않다는 의견이 맞선다. 전제 왕권을 뒷받침했다는 입장에서는 '여럿이 곧 하나'라는 말을 백성이 왕에게 복종해야 한다는 뜻으로 해석한다. 반대 입장에서는 '여럿이 곧 하나'라는 말이 조화의 사상을 나타낸다고 본다.

신라가 불교를 수용한 배경과 불교의 발전 역사를 설명하고, 이 시대 화엄 사상이 전제 왕권을 뒷받침했는지를 놓고 자신의 의견을 논술해 보세요(500~600자).

수행 평가와 디베이트를 위한
쟁점 한국사

07. 첨성대는 천문대일까

● 선덕 여왕의 첨성대 행차를 재연한 행사.

첨성대는 선덕 여왕(재위 632~47) 때 만들었는데, 현재 남은 천문대로는 동양에서 가장 오래되었다고 알려져 있다. 천문대는 별을 관측하고 연구하기 위해 설치한 시설을 말한다. 고조선과 삼국 시대에 천문학이 발달한 이유는 농업과 밀접한 관련이 있다. 천체 관측을 통해 계절을 예측하고 달력을 만들어 농사를 계획했기 때문이다. 천문학은 왕권의 정당성을 강화하는 도구로도 사용되었다. 첨성대에 대해서는 천체 관측을 위한 과학적 시설이라는 의견과, 선덕 여왕의 통치 정당성을 상징하는 정치적 의미를 지닌 구조물이라는 의견이 대립하고 있다. 고조선과 삼국 시대에 천문학이 발달한 까닭을 살펴보고, 첨성대의 성격에 대해 서로 다른 의견을 탐구한다.

교과서 이곳을 보세요

고등학교 한국사 1단원 전근대 한국사의 이해 • 2. 고대 사회의 종교와 사상
중학교 역사2 1단원 선사 문화와 고대 국가의 형성 • 3. 삼국의 문화와 대외 교류

고조선 때 농업 발달하며 천문학도 발전

● 황해남도 은천군 정동리 우녕동 별자리 고인돌. 북두칠성이 선명하다. (사진 : 한국의 정신과 문화 알리기회)

천문학은 해와 달, 별 등 천체를 연구하는 학문이다. 우리나라의 천문학 역사는 기원전 1000년경에 세워진 우리 역사상 최초의 국가인 고조선 시대로 거슬러 올라간다.

천문 관측의 흔적은 당시의 대표적인 무덤인 고인돌에 남아 있다. 고인돌은 기원전 1000년부터 기원전 100년까지 집중적으로 만들어졌는데, 다수의 덮개돌에 북두칠성과 같은 별자리가 새겨져 있다.

북두칠성은 북쪽 하늘에서 항상 밝게 빛나기 때문에 하늘을 대표하는 별자리다. 고조선 시대에는 하늘이 자연과 인간 세상을 관리한다는 관념이 생겼다. 그래서 이때부터 북두칠성이 인간 세상의 좋은 일과 나쁜 일, 날씨와 수명, 사후 세계 등을 다스리는 신령스러운 존재로 숭배되었다.

당시 세력이 큰 부족은 스스로를 하늘의 자손으로 믿고 천체 현상에 관심을 가졌다. 강화도 마니산(469m) 꼭대기에는 단군이 하늘에 제사를 지냈다는 참성단이 있다. 참성단에서 단군이 실제로 제사를 지냈는지는 알 수 없다. 하지만 고조선의 왕이 하늘의 뜻을 받들어 백성을 다스린다며, 통치 권력을 정당화한 행위는 사실이다.

고조선 시대에는 농업이 발달했다. 이때부터 경제에서 농업이 차지하는 비중이 매우 커졌다. 이에 따라 천문학도 크게 발전했다. 계절의 변화를 알려 줄 달력이 필요했기 때문이다. 달력은 1년의 시작을 언제로 하고, 어떤 시기에 농사를 어떻게 지을지 결정한다. 백성들은 달력에 따라 씨를 뿌리고 수확했다. 고조선 때부터 달력을 만들어 사용했을 것으로 추정되지만, 정확한 기록은 남아 있지 않다.

삼국 시대부터 나라에서 천문대 만들어 천체 관측

고조선이 기원전 108년에 망한 뒤, 중국에서 들어온 천문학의 영향을 받아 삼국 시대에는 천문학이 한층 더 발달했다.

당시 천체 관측 목적은 주로 나라의 운수를 점치기 위해서였다. 천체 현상은 왕의 정치 행위에 대한 하늘의 뜻을 나타낸다고 믿었기 때문이다. 정치를 잘하면 하늘이 복된 일로 답하고, 정치를 잘못하면 재앙을 내려 꾸짖는다는 것이었다.

따라서 왕이 정치를 잘하려면 천체 현상을 정확하게 알아야 했다. 이를 위해 천체 관측 결과를 표준화한 것이 천문도였다. 우리나라에서는 고구려가 최초로 천문도를 돌에 새겨 만들었다. 별을 관측하는 관리인 일자를 두고, 평양에 천문대도 설치했다. 조선 초에 제작된 천문도는 고구려의 천문도를 고쳐 만들었다. 고구려의 천문학은 일본에까지 영향을 주었다. 일본 나라현의 기토라 고분에 그려진 천문도에는 고구려 지역인 북위 38~39도(황해도~평안남도)에서 기원 전후에 관측한 별자리가 담겨 있다고 한다.

● 국립 고궁 박물관에 있는 천상열차분야지도. 1395년 제작되었는데, 고구려의 천문도를 고친 것이다.

백제는 4세기경에 천문대를 세워 별을 관측했다. 천체 관측을 담당하는 부서인 일관부를 두었다. 성왕(재위 523~54)이 왕권을 강화하기 위해 설치한 것으로 보인다. 백제의 천문학도 일본에 큰 영향을 미쳤다. 602년에 천문학자(역박사와 천문박사)가 천문 서적을 가지고 일본에 가서 천문대를 세우는 일을 도왔다.

신라는 일관이라는 관리에게 별을 관측하도록 했다. 중국의 천문학에 영향을 받았지만, 모방에 그치지 않고 나라의 실정에 맞게 고쳤다. 선덕 여왕은 첨성대를 세웠다. 첨성대는 지금까지 남아 있는 천문대로는 동양에서 가장 오래되었다고 알려져 있다.

낱말 즐겨 찾기

천문도 별자리를 그리거나 새겨 넣은 그림.
기토라 고분 일본 나라현 아스카 지역에 있는, 7세기 후반부터 8세기 초까지 만들어진 무덤. 이 고분의 벽화는 천문도와 사신도(동서남북을 상징하는 네 신령)가 그려져 있다. 특히 천문도에는 고구려의 영향을 받은 별자리가 포함되어 있어, 당시 고구려와 일본의 천문학적 교류를 보여 준다.

"천체 관측하던 천문대" vs "정치적 의미의 상징물"

● 첨성대

첨성대는 일반적으로 동양에서 가장 오래된 천문대이며, 우리 민족의 뛰어난 과학 전통을 보여 준다고 여긴다. 하지만 학자들 간에는 실제로 별을 관측하던 천문대였다고 보는 의견과 정치적 의미를 지닌 상징물이었다고 보는 의견이 맞서 있다.

천문대라는 의견은 '별을 바라보는 시설'로 기록된 『삼국유사』에 근거를 둔다. 첨성대는 한자로 '별을 바라보는 시설'을 뜻하므로, 별을 관측하던 천문대로 해석해야 한다는 것이다. 이에 따라 문화재청도 첨성대를 천체의 움직임을 관찰하던 천문대로 소개하고 있다. 첨성대 꼭대기에 혼천의 등의 관측기구를 설치하면, 천체 현상을 관측할 수 있는 점도 천문대라는 의견을 뒷받침한다. 또 다른 근거는 『삼국사기』를 보면 선덕 여왕 이후 천체를 관측한 기록이 갑자기 늘어난 점이다. 첨성대에서 실제로 천체를 관측했기 때문에 나타난 결과라는 것이다.

정치적 상징물이라고 주장하는 사람들은 우물처럼 생긴 첨성대의 모습에 주목한다. 우물은 생명과 풍요로움을 상징하며, 흔히 여성의 자궁에 비유된다. 첨성대는 여성으로 처음 왕이 된 선덕 여왕의 통치를 정당화하는 기능을 했다는 것이다. 그리고 첨성대가 별을 관측하는 시설로는 적합하지 않다고 주장한다. 첨성대의 높이는 9.17m인데, 그리 높지도 않은 곳에 올라가 별을 관측할 이유가 없다는 말이다. 첨성대의 구조가 꼭대기로 올라가기에 불편한 문제도 있다. 땅 위에서 약 4m 높이에 있는 창까지 사다리를 타고 올라갔다가, 내부에서도 다시 사다리를 타고 꼭대기까지 올라가야 한다.

생각 로그인

01 고조선에서 천체 현상에 관심을 가진 이유를 말해 보세요.

02 삼국 시대에 우리나라의 천문학이 일본에 큰 영향을 주었음을 증명하는 사례를 두 가지만 들어 보세요.

03 삼국 시대에 천문학이 정치적으로 중요한 의미를 가진 이유를 설명해 보세요.

● 삼국 시대부터 일식은 왕의 권위가 흔들리는 불길한 징조로 여겼다.

천문학의 정치적 의미

중국의 한나라 때 유학자인 동중서(기원전 176?~기원전 104)는 하늘과 인간이 서로 통하기 때문에 황제는 하늘의 뜻을 받들어 정치를 해야 한다는 학설을 내세웠다. 이에 따라 중국의 황제는 올바른 정치를 펴기 위해 해와 달, 별 등 천체의 변화를 읽어 하늘의 뜻에 따라야 했다.

삼국 시대에 우리나라에도 이러한 학설이 들어와서 천체 현상은 인간 사회에 보내는 하늘의 뜻이라고 믿었다. 특히 왕의 정치 행위를 하늘이 칭찬하거나 꾸짖는 것으로 해석했다. 정치를 잘하면 날씨가 좋아 풍년이 들고, 잘못하면 가뭄과 홍수 등이 일어나 흉년이 든다는 것이다.

하늘은 처음에는 비교적 작은 재해를 일으켜 경고를 내린다. 왕은 이를 받아들여 반성해야 한다. 경고를 무시하면 하늘이 더 큰 재해를 일으킨다. 따라서 왕은 천체 현상을 정확하게 알아야 했기 때문에 천문학이 발달했다.

삼국 시대에는 특히 일식에 대한 관심이 컸다. 『삼국사기』에는 일식이 모두 66차례 기록되어 있다. 일식은 지구에서 볼 때 해가 달의 그림자에 가려지는 현상이다. 전통 사회에서 해는 왕을 상징하므로 해가 가려지면 왕권이 흔들린다고 믿었다. 따라서 일식이 일어나면 왕은 하늘을 향해 기도하며 자신의 잘못을 반성하는 의식을 치러야 했다.

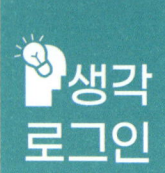

04 첨성대를 놓고 천문대라는 의견과 정치적 상징물이라는 의견을 뒷받침하는 근거를 각각 세 가지씩 제시해 보세요.

천문대다	정치적 상징물이다

05 첨성대가 정치적 상징물이자 제의 행사를 할 때 천문대 역할도 했다는 해석을 옹호해 보세요.

● 첨성대는 제사 의식 때 천체를 관측하는 역할도 했다.

첨성대의 본모습은 무엇일까

첨성대가 천문대라는 의견에 반대하는 학자들은, 첨성을 '별을 바라본다'는 뜻이 아니라, '별을 우러러본다'는 뜻으로 해석해야 한다고 주장한다. 첨성대가 실제로 천문대였다면 별이나 하늘을 본다는 뜻의 '관성대'나 '관천대'라는 이름을 붙여야 한다는 것이다.

이들은 대개 정치적 상징물로 여기는데, 우리 조상들이 별을 큰 인물의 탄생과 관련지어 생각한 사실에 주목한다. 예를 들면 신라 14대 왕인 유례 이사금(재위 284~98)의 어머니는 밤길을 가다가 별빛이 입으로 들어온 뒤 유례 이사금을 낳았고, 원효(617~86) 대사의 어머니는 별똥별이 품에 들어오는 꿈을 꾼 뒤 원효 대사를 낳았다고 전해진다.

그리고 우물은 여성을 상징하는데, 선덕 여왕이 별에 의해 탄생이 예고된 큰 인물임을 알리려는 목적에서 우물처럼 생긴 첨성대를 세웠다는 것이다.

선덕 여왕은 1년에 한두 번 첨성대에 들러 하늘에 제사를 지냈을 것으로 추측된다. 하지만 정치적 상징물이라는 입장에서도 첨성대에서 천체 관측이 이뤄졌음을 완전히 부정하지는 않는다. 다만 첨성대에서 평소에는 천체 관측이 이뤄지지 않았다고 본다. 선덕 여왕이 제사를 지낼 때만 제의 행사로 천체를 관측했다고 이해한다.

고조선 이후 우리나라에 천문학이 발달했다. 농업이 중요해지고, 왕이 하늘의 뜻을 받들어 나라를 다스린다고 믿었기 때문이다. 삼국 시대에는 특히 농업이 크게 발달하며 천문학의 중요성이 더욱 커졌다. 신라의 선덕 여왕은 천문 관측 시설인 첨성대를 세웠다. 그런데 첨성대를 놓고 천문대라는 의견과 정치적 상징물이라는 의견이 맞서 있다. 천문대라는 의견은 『삼국유사』에 별을 바라보는 시설로 기록되어 있으며, 첨성대 꼭대기에 관측기구를 설치하면 천체 운행을 관측할 수 있다는 점을 근거로 든다. 정치적 상징물이라는 의견은 첨성대가 선덕 여왕의 통치를 정당화하기 위해 여성의 상징인 우물처럼 만든 조형물이며, 실제로 천체 관측 시설로는 부적합하다는 점을 근거로 든다.

고조선과 삼국 시대에 천문학이 발달한 까닭을 설명하고, 첨성대를 천문대로 보는 의견과 정치적 상징물로 보는 의견 가운데 한 가지를 골라 자신의 의견을 논술해 보세요(500~600자).

수행 평가와 디베이트를 위한
쟁점 한국사

08. 발해는 백두산 분화 때문에 멸망했을까

● 발해의 수도인 상경 용천부로 추정되는 성터. 지금의 중국 헤이룽장성 닝안에 있다.

백두산은 10세기 전반에 대규모로 분화한 적이 있는데, 백두산 분화가 발해 멸망에 영향을 미쳤다는 주장이 있다. 발해는 대조영이 고구려 유민과 말갈족을 이끌고 698년에 건국한 나라다. 고구려 문화를 계승하고 당나라 문화를 받아들이며 발전해서, 한때 해동성국이라고 불릴 만큼 번영을 누렸다. 그런데 어느 날 갑자기 멸망해 그 원인을 놓고 의견이 다양하다. 발해의 건국과 발전의 역사를 살펴보고, 멸망의 원인을 탐구한다.

교과서 이곳을 보세요

고등학교 한국사 1단원 전근대 한국사의 이해 • 1. 고대 국가의 지배 체제
중학교 역사2 2단원 남북국 시대의 전개 • 2. 남북국의 발전과 변화

당나라 지배에서 벗어나 발해 건국

● 대조영이 발해를 세우기까지의 이동로.

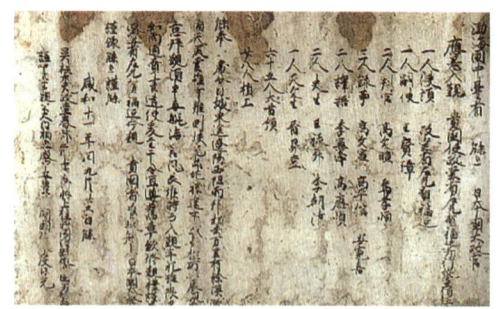
● 발해가 일본에 보낸 외교 문서. 발해는 스스로 고구려를 이었다고 생각했다.

668년 고구려가 멸망한 뒤 랴오허 서쪽의 차오양에는 고구려에서 강제로 이주를 당한 유민이 살았다. 유민 가운데는 나중에 발해를 세운 대조영(재위 698~719)이 있었다. 당나라의 역사를 기록한 『구당서』에는 대조영이 "본래 고구려의 또 다른 종족"이라고 적혀 있다.

그런데 차오양에서 당나라의 수탈에 시달리던 거란족의 추장이 696년 반란을 일으켰다. 이때를 틈타 대조영이 고구려인들과 말갈족을 이끌고 랴오허를 건너 동쪽으로 이동했다. 당나라는 군대를 보내 거란족을 진압하고, 고구려인과 말갈족을 추격했다. 이에 대조영은 당나라 군대를 천문령에서 격파한 뒤, 동모산 근처에 도읍을 정하고 698년에 발해를 세웠다.

발해의 주민은 소수의 고구려인과 다수의 말갈족으로 이뤄져 있었다. 지배층의 핵심은 고구려인이었고, 피지배층은 주로 말갈족이었다. 예를 들면 발해가 신라에 파견한 사신 85명 가운데 26인이 고구려식 이름이었고, 6인이 말갈계 이름이었다.

남송 시대(1127~79)에 나온 『송막기문』이란 책에도 '고씨, 장씨, 양씨, 이씨' 등이 발해 귀족의 성씨라고 기록되어 있다. 특히 고구려 왕족이던 고씨가 가장 많다고 해 놓은 것으로 보아 지배층의 다수가 고구려인이었음을 알 수 있다.

발해는 고구려를 계승하려는 의지가 강했다. 그래서 초기에 '고려'라는 이름을 썼다. 발해의 왕이 일본에 보낸 외교 문서에서도 '고려 국왕'이라는 호칭을 사용했다.

발해는 고구려 문화를 바탕으로 당나라 문화를 받아들였다. 그래서 발해 문화에는 고구려의 요소가 많았다. 발해 유적에서 나오는 온돌과 기왓장, 석등, 무덤 양식 등을 보면 고구려의 영향을 많이 받았음을 알 수 있다.

낱말 즐겨 찾기

차오양 중국 둥베이 지방 남부의 랴오닝성에 있는 도시.
거란족·말갈족 거란족은 퉁구스족과 몽골족의 혼혈로 이뤄진 유목 민족을 말하며, 말갈족은 만주 북동부부터 한반도 북부에 거주한 민족인데, 여진족과 만주족의 조상이다.
천문령 중국 랴오닝성과 둥베이 지역 중부의 지린성 경계에 있는 높은 고개.
동모산 지린성 둔화시에 있는 산.

해동성국의 명성을 얻다

719년 대조영이 죽자 무왕(재위 719~37)이 뒤를 이었다. 무왕은 영토를 크게 넓혔다. 이에 당나라는 신라와의 관계를 정상화하고, 발해 동북쪽에 있던 흑수말갈을 이용해 발해를 견제했다.

무왕은 732년에 수군을 보내 당나라의 산둥반도를 공격하는 한편 당나라와 연합한 신라군을 막아 냈다. 하지만 734년 발해와 동맹한 돌궐이 내분으로 무너지고, 거란도 당나라에 종속되었다. 이 바람에 상황이 불리하자, 무왕은 당나라에 펼친 강경책을 접었다. 3대 문왕(재위 737~93)은 당나라와 친선 관계를 맺고, 당나라의 선진 문화를 적극 받아들였다.

아버지 무왕이 넓힌 영토를 기반으로 중앙 관제인 3성 6부를 설치하는 등 국가 체제를 정비했다. 3성과 6부는 원래 당나라의 제도였다. 그런데 문왕은 이를 들여와 국내 실정에 맞게 바꿨다. 문왕은 지방 행정 제도도 정비해 전국을 5경과 15부, 62주로 나누었다. 15부를 지방 행정의 거점으로 삼고, 그중에서 특히 중요한 곳을 5경으로 승격시켰다.

● 전성기의 발해 영토.

발해는 국가 체제가 정비되면서 국력이 크게 신장되었다. 이에 따라 독자적인 연호를 사용하며, 당나라와 대등한 지위에 있다고 자부했다. 10대 선왕(재위 818~30)은 북쪽으로는 흑수말갈을 복속시키고, 서쪽으로는 랴오허 부근까지 영토를 넓혔다. 당시 발해의 영토는 대동강부터 요동성과 쑹화강, 연해주 일대까지 확장되면서 전성기를 누렸다. 영토만 넓은 게 아니라 여러 민족이 어울려 다양한 문화를 발전시켰다. 이 때문에 주변 국가들은 발해를 '동쪽의 융성한 나라'라는 의미의 '해동성국'이라고 불렀다.

낱말 즐겨 찾기

흑수말갈 지금의 중국 북동쪽 끝에 있는 헤이룽장성 북부에 살던 말갈족의 한 갈래.
산둥반도 중국 산둥성 동쪽에 있는 반도. 서해에 접해 있고, 한반도와 거리가 가깝다.
3성 6부 3성은 정당성(정책 집행)과 선조성(정책 심의), 중대성(황제의 명령 전달)이고, 6부는 충부(인사·행정), 인부(재무), 의부(의례·교육·외교), 지부(국방), 예부(사법), 신부(교통·건축)다.
연호 왕이 즉위한 뒤부터 물러날 때까지의 기간을 독자적인 칭호를 붙여 사용한 연대 표기 형태.

"내분 때문이다" vs "백두산 분화 때문이다"

● 발해의 멸망 원인이 10세기 백두산의 분화 때문이라는 주장이 나왔다.

발해는 925년 12월 말 거란군의 공격을 받았다. 그런데 보름도 되지 않아 갑작스럽게 항복하고 말았다. 거란의 역사책에는 발해의 민심이 흔들려 싸우지 않고 이겼다는 기록이 남아 있다.

역사학자들은 이 기록에 바탕을 두고 내분설을 주장한다. 지배층의 사치와 부패에 고구려인과 말갈족 사이의 갈등이 겹치면서 멸망하게 되었다는 것이다.

최근에는 멸망 원인이 백두산의 화산 폭발과 관련이 있다는 주장이 나왔다. 발해 멸망 시기에 백두산이 분화했는데, 그 규모가 지난 2000년 동안 인류 역사에서 가장 컸다고 한다. 화산 전문가들은 이때 발해가 막대한 인명 피해와 재산 손실을 당했을 것으로 추정한다.

문제는 백두산이 분화한 때가 명확하지 않다는 점이다. 화산이 폭발할 때 발생한 높은 열로 숯이 된 나무껍질을 통해 연대를 측정했더니, 분화 시기가 911~946년(오차 ±8년)이라는 결과가 나왔기 때문이다. 역사학자들은 이에 대해 백두산 분화가 발해 멸망에 영향을 끼쳤다는 주장을 부정한다. 백두산 분화에 관련된 기록이 발견되지 않았고, 분화 시기도 분명하지 않기 때문이다.

백두산 분화가 발해를 멸망시킨 직접적 원인이었다고 단정하기엔 아직 이르다. 하지만 10세기 전반에 백두산에서 대규모 분화가 일어난 사실은 부정할 수 없다. 화산이 대규모로 폭발할 때는 그 훨씬 전부터 지진이 자주 일어나고, 작은 규모의 분화가 여러 번 발생한다. 백두산 분화가 발해 멸망 이후에 있었다고 해도 이전부터 지진과 분화가 일어났을 것이고, 이에 따라 이상 기후와 자연재해가 발생했을 가능성이 크다.

낱말 즐겨 찾기

내분설 발해가 내부에서 자기편끼리 일으킨 분쟁 때문에 멸망했다는 학설.

01 발해를 우리 민족의 역사로 볼 수 있는 이유를 세 가지만 들어 보세요.

● 지난 2005년 러시아 연해주에서 발해의 온돌 유적이 발굴되었다.

02 문왕이 당나라와 친선 관계를 맺고 활발하게 교류하는 정책을 펼친 이유를 말해 보세요.

03 발해가 당나라의 지방 정권이었으므로 중국사의 일부라고 하는 중국 역사학자들의 주장을 비판해 보세요.

발해는 당나라의 지방 정권인가

중국의 역사학자들은 발해가 당나라의 지방 정권이었으므로 중국사의 일부라고 주장한다. 발해가 국호를 당나라에서 받았고, 발해의 왕이 당나라의 책봉(중국에서 사신을 보내 임금을 봉해 세우는 일)을 받은 일을 근거로 든다.

발해가 당나라에서 국호를 받았다는 주장은 '말갈'이라는 국호를 버리고 '발해'라는 국호를 처음 사용하기 시작했다는 『신당서』의 기록에서 나왔다. 그러나 이러한 자료만으로 발해라는 국호를 당나라가 내렸다고 주장하기에는 무리다. 발해는 '말갈'이라고 낮춰 부르는 이름을 국호로 사용하지 않았기 때문이다. 말갈에서 발해로 국호를 바꿔 부른 까닭은 현실적 판단에 따른 외교 행위일 뿐이다.

발해의 왕들이 당나라에서 책봉을 받은 건 사실이다. 그러나 이 때문에 발해가 당나라의 지방 정권이 되는 것은 아니다. 동아시아에서 고구려와 백제, 신라, 왜 등에 대한 당나라의 책봉이 지방 정권의 의미를 갖는 것이 아니라는 사실은 상식에 속한다.

책봉은 중앙과 지방 사이에 이뤄진 게 아니라 왕조 대 왕조 사이에 이뤄진 국제적 외교 행위였다. 당나라 중심의 동아시아 세계를 인정해도 책봉은 외교적 승인 행위로 봐야 한다.

발해가 당나라에 조공을 바친 일도 동아시아의 무역 차원에서 봐야 한다는 의견이 학계의 정설이다.

생각 로그인

04 역사학자들이 백두산 분화가 발해 멸망에 영향을 미쳤다는 주장을 받아들이지 않는 이유를 제시해 보세요.

● 백두산 천지는 10세기 전반기에 화산 활동으로 만들어졌다.

05 발해가 멸망하기 직전에 다수의 지배층과 주민이 고려로 망명했습니다. 백두산 분화가 발해 멸망에 영향을 미쳤다는 입장에서 대규모 망명이 이뤄진 이유를 설명해 보세요.

06 백두산이 다시 분화할 때 일어날 수 있는 보건과 산업, 난민 등 분야별 문제와 대책을 세워 보세요.

정보 클릭

백두산이 다시 분화한다면

백두산은 10세기 중반에 대규모 분화를 일으켰다. 화산재가 일본의 홋카이도와 혼슈까지 날아가 5cm 이상의 지층을 형성할 정도였다. 당시 백두산 분화로 나온 화산재의 양은 남한 전체를 1m 높이로 덮을 수 있는 규모였다.

백두산은 현재 천지 아래 2~3km 지점부터 용암이 끓는 활화산이다. 최근 백두산이 다시 분화할 조짐을 보인다는 주장이 나오고 있다. 천지 아래 2~5km 지점에서 지진이 잦고, 화산 가스 방출로 나무들이 말라죽고 있다. 용암의 활동이 활발해지고 있음을 나타내는 증거다. 지난 2012년 일본의 한 화산학자는 백두산이 20년 안에 분화할 확률이 99%라고 예상하기도 했다.

백두산이 분화하면 북한과 중국에 많은 인명 피해와 난민이 발생하게 된다. 엄청난 양의 화산재가 대기권으로 올라가 띠를 형성하면 햇빛을 가리게 된다. 이 때문에 일조량이 부족해지고 온도가 낮아져 농작물의 수확량이 감소할 수 있다.

이 밖에 화산재의 영향을 받아 호흡기 질환자와 노약자들의 건강이 위협을 받게 된다. 정밀 산업도 타격을 받을 것이다. 전자 산업이나 반도체 산업은 항상 먼지와의 전쟁을 벌인다. 따라서 백두산이 분화하면 화산재 때문에 불량품이 늘어나게 된다.

한국사 논술

고구려 유민이던 대조영은 698년 발해를 세웠다. 발해의 지배층은 주로 고구려인이었고, 피지배층은 말갈족이었다. 발해는 고구려를 계승하려는 의지가 강했고, 발해 문화에도 고구려 요소가 많았다. 무왕은 영토를 크게 넓혔고, 문왕은 그 기반 위에서 당나라와 친선 관계를 맺은 뒤 나라의 체제를 정비했다. 선왕 때에는 영토를 더욱 넓히고 문화를 발전시켜 '해동성국'이라고 불릴 정도였다. 하지만 926년 거란에 멸망했다. 역사학자들은 지배층의 사치와 부패에 더해 고구려인과 말갈족 사이의 갈등이 겹쳐 멸망했다고 본다. 하지만 최근에는 백두산이 10세기 전반에 대규모로 분화했는데, 이것이 멸망에 영향을 미쳤을 것이라는 주장이 나와 논란을 빚고 있다.

발해의 건국과 발전 역사를 설명하고, 멸망 원인을 내분설과 백두산 분화설 가운데 한 가지 입장을 정해 논술해 보세요(500~600자).

수행 평가와 디베이트를 위한
쟁점 한국사

09. 해상왕 장보고는 반역자였나

● 해상왕 장보고.

통일 신라의 장보고(?~846)는 동아시아의 바닷길과 국제 무역계를 장악해 '해상왕'으로 이름을 떨쳤다. 장보고는 청해진을 설치해 해적을 소탕하고 무역을 주도하며 강력한 군사력과 경제력을 바탕으로 왕위 계승 분쟁에 개입했다. 장보고를 두고 역모를 꾀한 반역자라는 의견과 권력 다툼의 피해자라는 의견이 맞서 있다. 장보고가 해상왕으로 성장해 권력 다툼에 휘말린 과정을 살펴보고, 그에 대한 평가를 둘러싼 상반된 의견을 탐구한다.

교과서 이곳을 보세요

고등학교 한국사 1단원 전근대 한국사의 이해 • 1. 고대 국가의 지배 체제
중학교 역사2 2단원 남북국 시대의 전개 • 3. 남북국의 문화와 대외 관계

당나라에서 귀국 후 청해진 설치

● 장보고가 청해진을 중심으로 동아시아 무역을 독점한 해상 무역로. 아래는 현재 복원된 전남 완도군 장도의 청해진.

장보고의 원래 이름은 활을 잘 다룬다는 뜻을 지닌 '궁복'이었다. 그러다 중국에 가서 장씨 성을 붙이고, 이름도 '보고'로 바꿨다. 장보고의 고향은 전남 완도 근처였을 것으로 추정된다.

그는 자신보다 몇 살 어린 정년과 성장기를 함께 보냈다. 두 사람 모두 헤엄을 잘 치고 무예도 뛰어났다. 하지만 신라에서는 골품제 때문에 장보고처럼 신분이 낮은 사람은 자신의 능력을 발휘할 수 있는 길이 막혀 있었다. 장보고와 정년은 결국 출세하기 위해 젊은 시절에 당나라로 건너갔다. 당나라는 유능한 인재라면 종족이나 신분을 가리지 않고 뽑아 썼다. 장보고는 활쏘기와 창 쓰기, 말 타기에 두루 능했고, 지도력까지 갖추고 있었다. 그래서 군대에 들어가 군사 1000명을 거느리는 장교가 되었다.

장보고는 양쯔강 하류의 해안 지역에서 근무했다. 그는 당나라의 해적들이 신라의 바닷가 마을과 무역선을 습격해 약탈하고, 신라인들을 납치해 당나라에서 노예로 파는 모습을 지켜보았다. 이에 장보고는 안정된 삶을 포기하고 신라로 돌아왔다. 그는 828년 흥덕왕(재위 826~36)을 만나 전남 완도군 장도에 청해진을 설치해서 해적을 소탕하자는 의견을 내놓았다. 흥덕왕은 장보고를 청해진 대사로 임명했다. 장보고는 청해진을 기지로 삼아 해적을 무찌르며, 바닷길과 국제 무역계를 장악해 '해상왕'으로 이름을 떨쳤다. 완도는 중국과 우리나라, 일본을 연결하는 바닷길에 자리를 잡고 있었다. 장보고는 당나라에서 책과 비단, 차 등을 사다가 일본에 파는 중개 무역에 힘썼다.

낱말 즐겨 찾기

양쯔강 중국 대륙의 중앙부를 가로지르는 중국에서 가장 긴 강. 전체 길이는 6300km이며, 티베트 고원에서 발원해 동중국해로 흘러든다.
청해진 통일 신라 때 지금의 전남 완도에 설치한 해군 기지.

왕권 다툼에 개입되어 암살당해

장보고는 군사력과 경제력이 막강해지면서 권력 다툼에 개입하게 되었다. 836년 흥덕왕이 죽은 뒤, 왕위 계승 분쟁에서 패한 김우징이 장보고에게 도와 달라고 요청했다. 이에 839년 장보고의 명령을 받은 청해진 군사들은 경주로 진격해 김우징을 왕위에 올렸다.

김우징은 신무왕이 되었으나 재위 4개월 만에 죽었다.

● 장보고는 청해진의 군사력과 경제력을 앞세워 신라의 왕위 계승 분쟁에 개입했다. (사진 : 해상왕 장보고 기념 사업회)

그리고 아들이 왕위에 올라 문성왕(재위 839~57)이 되었다. 문성왕은 아버지와 함께 청해진에 왔을 때, 장보고의 딸을 왕비로 맞아들이기로 약속했다. 왕위를 차지하고 왕권을 강화하는 데 장보고의 군사력과 경제력이 필요하다고 계산했기 때문이었다.

그런데 귀족들은 신분을 매우 중요하게 여겼다. 이들은 신분이 낮은 장보고에게 높은 관직을 내리는 일도 옳지 않고, 딸이 왕비가 되는 일은 더욱 부당하다며 반대했다. 귀족들은 장보고가 중앙 정부에 영향력을 행사하는 행위가 못마땅했으므로, 반대는 더욱 심해졌다. 이에 문성왕은 귀족들의 뜻을 따랐는데, 이 소식을 들은 장보고는 크게 분노했다.

문성왕은 장보고에게 두려움을 느꼈다. 언제 청해진의 군사력을 동원해 반란을 일으킬지 알 수 없었기 때문이었다. 이때 정부군에 속해 있던 염장(?~?)이라는 사람이 문성왕을 찾아와 장보고를 자신의 손으로 죽이겠다고 제안했다. 왕의 명령을 받은 염장은 장보고에게 거짓으로 항복했다. 장보고의 환심을 산 뒤, 함께 술을 마시다가 그를 암살했다. 이로써 해상왕 장보고의 야망은 꺾이고 말았다. 장보고가 암살당하고 5년 뒤 청해진은 해체되었다. 군사와 백성들은 강제로 전북 김제로 옮겨졌다.

"역모를 꾀한 반역자" vs "권력 다툼의 피해자"

● 장보고가 당나라 적산포(현재 산동성 석도항)에 보낸 배에 짐을 싣는 모습을 상상해 그린 그림. (사진 : 해양 수산부)

동아시아의 바닷길을 주름잡던 장보고는 권력 다툼에 휘말려 죽음을 맞았다. 청해진도 폐지되었다.

장보고를 놓고 역모를 꾀한 반역자였다는 의견과 권력 다툼의 피해자였다는 의견이 맞서 있다. 반역자였다는 의견은 장보고가 역모를 꾀했다고 서술된 『삼국사기』의 기록에 바탕을 둔다. 『삼국사기』는 삼국 시대와 통일 신라 시대의 역사가 담긴 중요한 역사책이므로, 장보고에 관한 기록도 믿어야 한다는 주장이다. 장보고가 자신의 공로에 걸맞은 대우를 해 주지 않는 중앙 정부에 반감을 품었을 것이라는 추측도 근거로 든다. 장보고는 신무왕과 문성왕이 왕권을 차지하는 데 큰 공을 세웠다. 그런데 중앙 정부는 그가 신분이 낮다는 이유로 푸대접했다. 이런 상황 때문에 장보고가 반란을 일으킬 수 있는 조건이 되었다는 것이다. 장보고는 중앙 정부에 대항할 만큼 독자적인 군사력과 경제력도 갖추고 있었다.

중앙 정부의 권력 다툼에 휘말린 억울한 피해자였다는 의견은, 장보고가 군사력을 동원해 역모를 꾀했다는 증거가 없다고 주장한다. 『삼국사기』에는 장보고가 실제로 군사 행동을 했다는 기록이 없다. 『삼국사기』의 기록이 중앙 정부의 입장에서 왜곡되었을 가능성이 크다는 점도 이를 뒷받침한다. 권력 다툼에서 이긴 쪽은 자신에게 유리하게 역사를 기록하기 때문이다. 장보고를 미리 제거하고 죄를 뒤집어씌웠을 가능성이 크다는 주장도 있다. 문성왕은 장보고의 군사력과 경제력에 두려움을 느꼈고, 반란을 일으키지 않아도 그를 제거해야 안심할 수 있었기 때문이다.

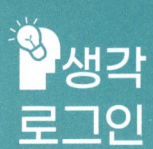

생각 로그인

01 장보고가 어떻게 경제력을 키울 수 있었는지 말해 보세요.

02 문성왕이 청해진에 들렀을 때, 장보고의 딸을 왕비로 삼겠다고 약속한 까닭을 설명해 보세요.

03 출셋길이 막힌 장보고가 당나라로 건너간 이유를 근거로 들어 골품제의 문제점을 지적해 보세요.

● 통일 신라 때의 평민 모습. 평민은 관직에 나갈 수 있는 자격이 없었다.

골품제

골품제는 신라의 신분 제도다. 성골과 진골, 6두품, 5두품, 4두품으로 나뉘었다. 원래 3두품에서 1두품까지도 있었다. 그런데 이들은 능력이 뛰어나도 관직에 오를 수 없는 평민으로 간주된다.

골품제는 신라가 성장하는 과정에서 여러 족장의 세력을 통합할 때 등급을 나눠 신분을 구분한 데서 나왔다. 법흥왕(재위 514~40) 시대를 전후해 성립한 것으로 보인다.

골품마다 관직에 나갈 수 있는 길은 물론, 사회생활을 할 때 장신구와 주거의 크기까지 규정했다. 신라의 17관등 가운데 5등급 대아찬 이상에 오를 수 있는 골품은 진골과 성골뿐이었다. 6두품은 왕족의 혈통이 아닌 일반 귀족 가운데 가장 높은 신분이었는데, 6등급인 아찬까지 오를 수 있었다.

장보고는 청해진 대사라는 관직에 임명되어 해적을 소탕했다. 또 김우징을 왕위에 올린 뒤에는 감의군사라는 관직을 받았고, 문성왕이 즉위한 뒤에는 진해장군에 임명되었다.

청해진 대사와 감의군사, 진해장군은 종전의 신라에는 없던 관직이다. 장보고에게 관직을 내린 행위는 골품제 규정에서 벗어났다. 골품제에 따르면 백성은 관직에 나갈 수 없었으므로, 장보고도 관직을 받을 수 없었다.

04 장보고를 놓고 역모를 꾀한 반역자라는 시각과 권력 다툼의 억울한 피해자라는 시각을 뒷받침하는 근거를 세 가지씩 제시해 보세요.

반역자다	피해자다

05 역사는 승자의 기록이라는 관점을 바탕으로, 『삼국사기』에 역모를 꾀했다고 서술되어 있기 때문에 장보고가 반역자라는 의견을 비판해 보세요.

 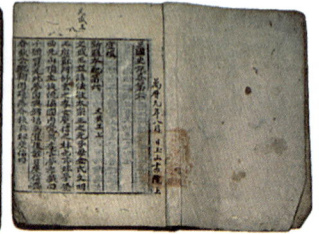

● 『삼국사기』에는 장보고가 역모를 꾀한 반역자라고 기록되어 있다.

역사는 승자의 기록

역사를 연구하려면 과거의 기록을 살펴 실제 사실을 복원해야 한다. 그런데 과거의 기록에는 실제 사실이 있는 그대로 담기지 않는다. 기록한 사람이 주관을 넣어 해석한 내용이 포함되기 때문이다. 따라서 기록한 사람의 입장에 따라 같은 사건도 다르게 서술되는 일이 생긴다.

어떤 사건을 서술한 내용이 서로 다르면, 역사학자들은 이들 기록을 비판적으로 검토해 실제 사실이 어떠했는지 판단한다. 그런데 기록이 한 가지밖에 없는 예가 있다. 특히 고대로 올라갈수록 기록이 부족하다. 이때는 사료를 비판적으로 검토하기 어렵다.

삼국 시대와 통일 신라 시대의 역사가 기록된 사료는 『삼국사기』와 『삼국유사』가 있다. 특히 『삼국사기』는 왕명을 받아 편찬한 역사책이어서 공식적 가치를 지닌다. 하지만 『삼국사기』의 내용도 그대로 믿을 수는 없다. 『삼국사기』를 펴낼 때 이용한 기록이 서술자의 입맛에 맞게 재단되었을 가능성이 있기 때문이다. 게다가 『삼국사기』를 쓴 사람이 자신의 역사관에 따라 앞서의 기록을 재편집했을 수도 있다.

흔히 역사를 승자의 기록이라고 말한다. 과거의 기록과 역사책은 대개 권력자의 입맛에 맞게 서술되기 때문이다. 권력 다툼에서 이긴 쪽은 자신을 정당화하는 수단으로 역사를 활용한다. 따라서 과거의 기록과 역사책은 권력 다툼에서 패한 쪽을 부정적으로 서술한다는 점을 고려해야 한다.

　　장보고는 젊은 시절 신분의 제약 때문에 출셋길이 막혔다. 그래서 신라를 떠나 당나라 군대에 들어가 장교로 일했다. 하지만 당나라 해적이 신라인들을 잡아다 노예로 파는 모습을 보고 나서, 귀국한 뒤 청해진을 세우고 해적을 소탕했다. 그런 뒤 바닷길을 장악하고 국제 무역을 주도하며 '해상왕'으로 이름을 떨쳤다. 하지만 신라의 왕권 다툼에 개입하는 과정에서 암살을 당하고 말았다. 장보고를 놓고 평가가 엇갈리는데, 반역자로 보는 의견은 『삼국사기』에 장보고가 역모를 꾀했다고 적혀 있다는 사실을 근거로 든다. 또 자신의 공로에 걸맞은 대우를 받지 못해 중앙 정부에 반감을 품고 있었다는 점도 역모를 뒷받침한다고 말한다. 장보고가 권력 다툼의 억울한 피해자였다고 주장하는 사람들은, 그가 군사력을 동원해 역모를 꾀했다는 증거가 없고, 『삼국사기』의 기록이 중앙 정부의 입장에서 왜곡되었을 수 있다는 사실을 예로 든다.

장보고가 해상왕으로 성장해 중앙 정부의 권력 다툼에 개입하는 과정을 설명하고, 장보고를 역모를 꾀한 반역자로 보는 의견과 권력 다툼의 피해자로 보는 의견 가운데 한 가지를 골라 자신의 의견을 논술해 보세요(500~600자).

수행 평가와 디베이트를 위한
쟁점 한국사

10. 고려의 국교는 불교였을까

● 경남 합천군 가야면 해인사에 보관된 팔만대장경판. 1236년부터 1251년까지 강화도에서 제작되었다.

고려의 불교는 국가의 보호를 받으며 백성의 생활에 큰 영향을 미쳤다. 태조 왕건은 훈요 십조에서 불교를 국가 운영의 중요한 기반으로 삼았다. 광종은 승과를 실시하고 국사와 왕사 제도를 도입해 불교의 권위를 높였다. 그러나 시간이 지나면서 불교는 교종과 선종으로 나뉘어 분열이 심화되었다. 의천은 교관겸수를 강조하며 천태종을 창시해 통합을 시도했다. 고려 중기에는 불교가 권력자와 결탁해 경제적 특혜를 누리면서 타락했다. 이에 지눌은 부패한 불교계를 비판하며 개혁 운동을 전개했다. 고려 불교의 변천 과정을 살펴보고, 불교가 정말 국교였는지를 두고 상반된 의견을 탐구한다.

교과서 이곳을 보세요
- 고등학교 한국사 1단원 전근대 한국사의 이해 · 4. 고려의 사회와 사상
- 중학교 역사2 3단원 고려의 성립과 변천 · 4. 고려의 생활과 문화

교종과 선종으로 나뉘어 분열상 심해져

삼국 시대 불교는 정신을 확립하고 왕권의 강화에 기여했다. 통일 신라 초기에는 경전 공부를 하면서 깨달음을 추구하는 교종이 발달했다. 말기에는 참선을 하면서 깨달음을 얻으려는 선종이 널리 퍼졌다.

고려를 세운 태조(재위 918~43)는 왕위에 오른 직후 선종을 지원했다. 그러다 후삼국 통일 이후에는 교종에 더 많은 관심을 뒀다. 유언으로 남긴 '훈요십조'에서는 불교를 숭상하고 절을 보호하라고 당부했다. 또 연등회와 팔관회 등 불교 행사를 성대하게 열라고 부탁했다.

광종(재위 949~75)은 과거 제도를 실시할 때 스님을 대상으로 뽑는 승과도 함께 시행해서, 합격자에게 별도의 관직을 주었다. 국사와 왕사 제도도 도입해서 불교의 권위를 높였다. 국사는 '나라의 스승', 왕사는 '왕의 스승'이라는 뜻이다. 명칭은 달라도 실제로 하는 일은 비슷했는데, 국사와 왕사는 불교계를 대표하는 최고 지도자 역할

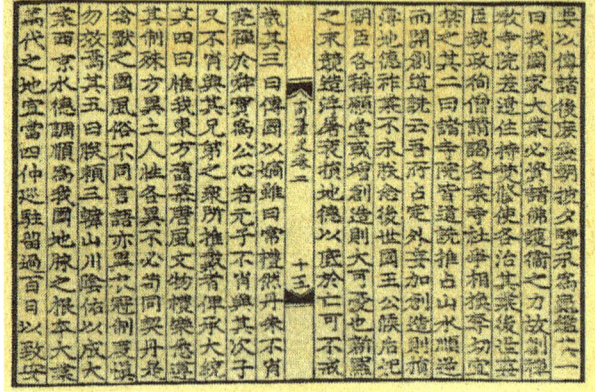

● 태조 왕건은 훈요십조(아래 사진)에서 불교를 숭상하라고 했다.

을 했다. 이들은 백성의 존경을 받으며 민심을 아울렀다. 중요한 정책에 대해 왕에게 충고하는 역할도 했다.

11세기에도 불교계는 교종과 선종으로 나뉘어 중앙 귀족은 교종을, 지방 세력은 선종을 주로 믿었다. 문벌 귀족 사회가 자리 잡으면서 교종이 교세를 떨치는 바람에 선종은 세력이 약해졌다. 게다가 교종과 선종은 각각 여러 종파로 나뉘어 분열이 더욱 심해졌다. 대각 국사 의천(1055~1101)은 불교계의 분열을 극복하고 통합하려는 운동을 펼쳤다. 이를 뒷받침할 사상으로 '교관겸수'를 강조했다. 경전 공부와 참선을 함께 수행해야 한다는 뜻이다. 의천은 천태종을 만들어 교종을 중심으로 선종까지 아우르려고 했다.

> **낱말 즐겨 찾기**
>
> **참선** 부처님의 성품을 꿰뚫어 보기 위해 스님이 앉아 수행하는 행위.
> **훈요십조** 태조 왕건이 후대의 왕들에게 국가 운영의 지침으로 삼도록 남긴 10가지 유훈. 불교 숭상, 절 보호, 연등회와 팔관회 등 불교 행사를 성대하게 열 것 등의 내용이 포함되어 있다.

권력자와 결탁해 여러 특혜 받으며 타락

고려 중기에 불교는 권력자와 결탁해서 경제적 특혜를 받으며 타락했다. 왕실과 귀족들은 절에 땅을 기증했으며, 국가는 스님의 세금을 면제했다. 절은 넓은 땅을 소유하고 상업과 고리대금에 종사하며 경제력을 키웠다. 술을 팔아 돈을 버는 절도 있었다.

1170년 무신 정변이 일어나자, 문신 귀족들과 결탁한 교종이 쇠퇴하고, 무신의 지원을 받는 선종이 부흥했다. 이와 함께 타락한 불교를 깨끗하게 만들자는 움직임이 일어났다.

보조 국사 지눌(1158~1210)은 부와 권력을 추구한 불교계의 타락상을 비판했다. 그는 송광사에 중심을 두고 개혁 운동을 펼쳤다. 스님 본래의 자세로 돌아가 수행과 노동에 힘쓰자고 주장했다. 지

● 경남 양산시 통도사의 장생표(1085년 제작). 고려 때 절이 넓은 땅을 소유했음을 알려 준다.

눌은 개혁 운동을 뒷받침할 사상으로 '돈오점수'를 내세웠다. 돈오는 내 마음이 부처임을 단박에 깨닫는 것이고, 점수는 깨달음을 확인하기 위해 꾸준히 수행하는 태도다. 지눌은 선종을 중심에 놓고 교종을 껴안으려 했다는 점에서 의천의 불교 통합 운동과 방법상의 차이가 있었다. 지눌의 사상은 뒷날 우리나라 불교에 큰 영향을 미쳤다. 지눌의 영향을 받아 조계종이 불교의 중심 종파가 되었고, 그의 가르침 아래 뛰어난 스님이 많이 배출되었다.

원의 간섭기(1259~1356)에는 불교가 권문세족과 연결되며 개혁 의지가 약해졌다. 불교는 다시 경제적 특권을 누리며 부패했다. 고려 말기가 되자 신진 사대부들은 불교를 비판과 극복의 대상으로 삼았다. 1392년 신진 사대부들을 주축으로 조선 왕조가 건국되자, 유교가 국가의 중심 사상으로 받들어지며 불교 시대가 저물었다.

낱말 즐겨 찾기

고리대금 높은 이자를 받고 돈을 빌려 주는 일.
송광사 전남 순천에 있는 큰 절. 뛰어난 스님을 많이 배출한 절로 유명하다.

"불교가 나라 운영의 중심" vs "다른 종교도 널리 믿어"

● 무학(1327~1405)은 고려의 마지막 국사였다. 무학 외에도 의천과 지눌 등 훌륭한 스님들이 국사로 추대되었다. (사진 : 국립 중앙 박물관)

고려에서 불교의 영향력이 매우 컸다는 사실은 부정할 수 없다. 하지만 불교가 국교였는지를 놓고는 의견이 맞선다. 국교란 국가 운영의 중요한 원리로 인정된 종교를 말한다.

국교였다는 사람들은 나라에서 불교를 숭상했다는 사실에 바탕을 둔다. 특히 태조는 '훈요십조'에서 불교를 보호하라고 당부했다. 역대 왕들은 이를 받들어 국가를 운영했다. 또 대다수 국민이 불교를 믿었다. 왕실과 귀족, 백성이 모두 불교를 믿었으므로 불교는 국민을 정신적으로 통합시키는 기반이 되었다. 국사와 왕사 제도를 설치한 점도 불교가 국교였음을 뒷받침한다. 왕도 무릎을 꿇고 절을 할 만큼 국사와 왕사는 지극한 공경을 받았다. 이처럼 불교의 최고 지도자에게 높은 권위를 부여한 이유는 불교를 국가 운영의 중요한 원리로 삼았기 때문이었다는 것이다.

국교가 아니었다는 사람들은 고려에서는 불교 외에도 여러 종교와 신앙이 함께 존중을 받았다고 주장한다. 태조가 불교를 숭상하라는 유훈을 남긴 까닭은 전쟁으로 지친 민심을 달래기 위함이었다. 그리고 백성은 불교 외에도 전통 신앙과 풍수지리 사상을 널리 믿었다. 또 불교를 국가 운영의 중요한 원리로 삼지도 않았다고 말한다. 불교는 몸과 마음을 수련하는 원리로 받아들였으며, 법과 제도를 운영하는 원리와는 상관이 없었다. 국가의 통치 이념으로 유교가 더 중요한 역할을 했다는 사실도 불교가 국교가 아니었다는 의견을 뒷받침한다. 이는 태조가 '훈요십조'에서 유교 경전을 통치의 거울로 삼으라는 유언을 남긴 사실에서도 나타난다.

> **낱말 즐겨 찾기**
> 풍수지리 사상 산수의 형세를 파악해 인간에게 좋은 터전을 찾는 사상.

01 국사와 왕사의 공통된 역할을 말해 보세요.

지눌의 불교 개혁 운동

지눌은 여덟 살 때인 1165년 스님이 되었고, 1182년에 승과에 합격했다.

이 시대의 불교는 권력과 부를 추구하며 타락한 모습을 보였다. 스님들은 왕실이나 귀족들과 가깝게 관계를 맺은 뒤 경제적 특혜를 누렸다. 넓은 땅을 소유하면서도 세금을 면제 받았다. 많은 노비가 절에 소속되었는데, 이들의 노역도 면제되었다. 절은 더 많은 부를 쌓기 위해 고리대금업까지 하며 백성을 괴롭혔다.

지눌은 참된 스님이 되기 위해 불교 개혁 운동을 펼쳤다. 스님의 본분은 부처님의 가르침에 따라 깨달음을 얻기 위해 수행을 실천하는 삶이라고 여겼기 때문이다. 깨달음을 얻으려면 세속적인 욕망에서 벗어나야 하므로, 권력과 부를 추구하면 깨달음에서 멀어진다고 보았다.

02 의천과 지눌은 불교 통합 운동을 펼쳤다는 공통점이 있는데, 둘의 사상과 실천 방법의 차이점을 정리해 보세요.

	의천	지눌
사상		
방법		

03 지눌의 입장에서, 불교 개혁 운동을 벌인 까닭을 밝혀 보세요.

● 지눌은 부와 권력을 추구한 불교계의 타락상을 비판하면서 불교 개혁 운동을 펼쳤다.

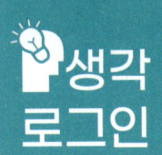

생각 로그인

04 불교가 고려의 국교였다는 의견과 그렇지 않다는 의견을 뒷받침하는 근거를 세 가지씩 들어 보세요.

국교였다	국교가 아니었다

05 고려에서 불교가 국가 운영의 중요한 원리였다고 보는 의견에 대해, 국교가 아니었다는 입장에서 비판해 보세요.

● 최승로(927~89)는 성종(재위 981~97)에게 올린 시무 28조에서 "불교는 몸을 닦는 근본이고, 유교는 나라를 다스리는 근본"이라고 주장했다.

최승로

최승로(927~89)는 신라 말기에 경주에서 태어났다. 아홉 살 때 신라가 망하자, 고려의 서울 송도(개성)로 이사했다.

어릴 적부터 학문적 재능을 인정받았다. 열두 살 때 태조 왕건을 만나 『논어』를 줄줄 외는 총명함을 보였다. 그는 광종(재위 949~75) 때 관직에 나갔지만, 큰 역할을 하지는 못했다. 광종이 쌍기 등 중국에서 귀화한 학자들을 중용했기 때문에 자신의 재능을 펼칠 기회를 잡지 못한 것이다.

그러다 성종(재위 981~97)이 즉위하며, 최승로는 유교적 통치 이념에 따라 제도를 정비하는 데 이바지했다. 그는 성종에게 '시무 28조'라는 글을 올렸다. 이 글에서 불교는 몸을 닦는 근본이고, 유교는 나라를 다스리는 근본이라고 주장했다. 불교의 역할을 정신적 영역으로 한정하고, 통치 이념으로는 유교의 역할을 강조했다. 이는 '훈요십조'에서 유교의 경전을 통치의 거울로 삼으라고 한 태조의 유언과 일치한다.

고려에서 불교는 대다수 국민에게 큰 영향을 미치는 종교였다. 불교는 단순한 종교적 역할을 넘어 국민의 정신적 통합과 국가의 안정을 도모하는 데 중요한 역할을 했다. 특히 왕실과 귀족들이 불교를 숭상하고 국가 차원에서 불교를 보호하며 지원했다는 점에서 중요성을 확인할 수 있다. 하지만 불교가 국가 운영의 원리 역할을 한 국교였는지를 놓고 의견이 맞선다. 국교였다는 입장은 국가가 불교를 숭상했고, 대다수 국민이 불교를 믿었다는 점에 근거를 둔다. 또 국사와 왕사 제도를 설치한 사실도 국교였다는 의견을 뒷받침한다. 국교가 아니었다는 의견은 고려에서는 여러 종교나 신앙이 함께 존중을 받았다고 본다. 또 불교는 국가 운영의 원리가 아니라 수양의 원리였으며, 통치 이념으로는 유교가 더 중요한 역할을 했다고 본다.

고려에서 불교의 변천 과정을 설명하고, 불교가 국교였는지를 놓고 자신의 의견을 논술해 보세요(500~600자).

수행 평가와 디베이트를 위한
쟁점 한국사

11. 과거 제도는 평등한 기회 실현에 기여했나

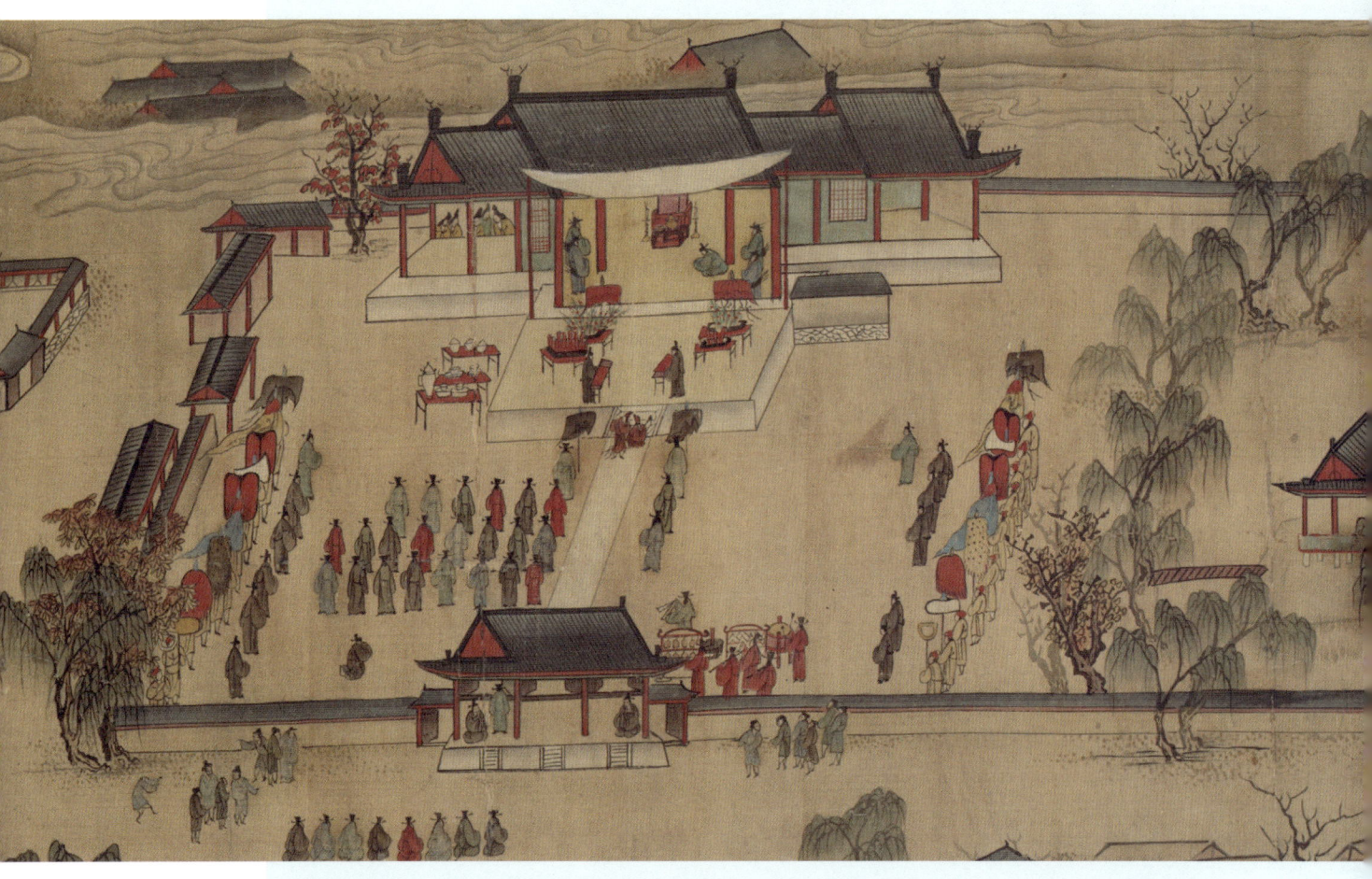

● 조선 시대 화원 화가인 한시각(1621~91)이 1664년 함경도 길주목에서 실시된 문무과 과거 시험 장면을 그린 기록화.

과거 제도는 고려 초기부터 조선 말기까지 시행된 관리 선발 제도다. 과거는 관리를 공정하게 뽑던 시험으로 가치가 높이 평가된다. 그런데 실제로는 일부 계층만 응시할 수 있었다는 의견도 있다. 준비 과정에서의 경제적 부담이 커서 가난한 양인은 응시가 어려웠고, 첩의 자녀나 재혼한 여성의 자손에게는 응시 자격이 제한되었다. 그런데 과거에 합격한 사람들은 음서로 관직을 얻은 사람들보다 왕에게 더 충성하며 왕권 강화에 기여했다. 하지만 시간이 지나면서 부정행위가 늘어나 과거 제도의 공정성에 대한 비판이 제기되었고, 1894년 갑오개혁 때 폐지되었다. 과거 제도가 시작되어 변화한 과정을 살펴보고, 이에 대한 상반된 평가를 알아본다.

교과서 이곳을 보세요
고등학교 한국사 1단원 전근대 한국사의 이해 • 3. 고려의 통치 체제와 국제 질서의 변동
중학교 역사2 3단원 고려의 성립과 변천 • 1. 고려의 건국과 정치 변화

왕권 강화 위해 고려 때 도입

● 북한 개성시의 삼거리에 있는 고려 광종의 무덤인 헌릉.

과거는 옛날 우리나라와 중국에서 시험을 쳐 관리를 뽑던 제도다. 중국에서는 수나라 문제(재위 581~604) 때인 587년에 과거를 처음 치렀다. 우리나라에서는 고려 광종(재위 949~75) 때인 958년에 처음 시행했다.

광종이 과거 제도를 도입한 까닭은 왕권을 강화하기 위해서였다. 고려 초기에는 건국에 공로가 큰 호족 출신의 공신들이 왕권을 위협할 만큼 힘이 강했다. 따라서 공신들을 견제하려면 왕에게 충성심이 깊은 관리들이 필요했다.

당시 관리를 뽑는 방법에는 음서와 과거 제도가 있었다. 음서는 공신과 고위직 관리의 자식들에게 관직을 주는 제도였다. 과거로 뽑힌 관리들은 음서로 관직에 진출한 관리들보다 수가 적었지만, 왕에 대한 충성심이 강해 왕권을 다지는 데 기여했다.

과거는 예비 시험인 감시와 향시를 통과한 수험생을 대상으로 본고사를 치러 최종 합격자를 뽑았다. 감시는 국립 대학인 국자감의 학생이 대상이었고, 향시는 지방 고을의 학생을 대상으로 실시했다. 과거는 제술과와 명경과로 나누어 치렀다. 제술과는 한자로 시와 산문을 짓는 능력을, 명경과는 유교 경전을 이해하는 능력을 각각 평가했다. 고려 때는 제술과 합격자가 명경과보다 훨씬 더 많았다. 관리의 업무 중에는 글을 써야 할 일이 많았으므로 문장력을 중요하게 여겼기 때문이다.

양인 신분은 과거에 응시할 자격이 있었지만, 향·소·부곡과 같은 특수 행정 구역에 사는 사람과 노비는 자격이 없었다. 실제로는 경제적 여유가 있는 관리나 향리의 자제가 응시했고, 이들 가운데 합격자가 많이 나왔다.

낱말 즐겨 찾기

호족 신라 말기에서 고려 초기까지 독자적인 경제력과 군사력을 갖추고 지방을 다스린 세력.
국자감 고려 시대에 국가에서 필요한 인재를 기르기 위해 설치한 국립 교육 기관.
양인 고려·조선 시대에 신분적으로 국가나 귀족에 얽매이지 않던 사람.
향·소·부곡 고려 시대에 천민 대우를 받은 사람들이 집단으로 거주한 특수 행정 구역.
향리 고려·조선 시대에 지방 행정을 맡아 보던 관리.

왕권 강화 성공했으나 부정행위 늘어

고려 말기에 많은 향리의 자제들이 과거에 합격해 관리가 되었다. 이들을 신진 사대부라고 한다. 이 시기에는 권문세족이 권력과 부를 독차지해 농민은 땅을 잃었고, 국가의 재정은 무척 어려웠다. 이에 신진 사대부들은 나라의 질서를 바로잡기 위해 권문세족을 몰아내고 조선을 세웠다.

조선을 건국한 세력은 유교의 원리에 충실한 나라를 만들려고 했다. 그래서 유교적 교양을 갖춘 사람을 관리로 뽑는 과거를 더욱 중요하게 여겼다. 결국 과거에 합격해 관직에 진출한 관리가 음서로 뽑힌 관리보다 많아졌다. 과거에 합격하지 않으면 높은 관직에 오르기도 어려웠다.

평가 방식도 유교 경전을 이해하는 능력을 중시했다. 본고사에서는 문장력과 유교 경전의

● 조선 시대 화가 김홍도(1745~?)의 '평생도'의 과거 시험장 모습. 시험 보는 사람들을 나들이 나온 사람들처럼 자유롭게 그려서 부정행위가 심했음을 풍자했다.

해석 능력을 함께 평가했다. 따라서 유교 경전에 통달하지 못하면 과거에 합격할 수 없었다.

양인 신분에 응시 자격을 준 원칙은 고려 시대와 같았다. 그런데 첩의 자식과 재혼한 여성의 자손에게는 응시를 금지했다. 향리도 국가의 허락을 받도록 응시를 제한했다. 향리의 자제가 과거 공부에 매달리면 지방 행정을 맡을 사람이 없기 때문이었다.

과거에 합격하면 출셋길이 열리므로 경쟁이 치열했다. 조선 전기에는 부정행위를 엄격히 단속했으나, 임진왜란 이후에는 국가 기강이 흔들리며 부정행위가 잦았다. 돈을 주고 대리 시험을 치르게 하고, 답안지를 바꿔치기도 했다. 시험관에게 뇌물을 주고 문제를 미리 건네받거나, 답안지에 몰래 표시를 해서 높은 점수를 받기도 했다. 이에 따라 과거는 유능한 인재를 뽑지 못한다고 비판을 받다가 1894년에 갑오개혁 때 폐지되었다.

낱말 즐겨 찾기

권문세족 고려가 원나라의 지배를 받던 시기에 음서로 관직을 받고 권력과 부를 대물림한 세력.
첩 혼인했지만 본부인이 아닌 여자.
임진왜란 1592년부터 1598년까지 일본이 우리나라를 침략해 일어난 전쟁.
갑오개혁 조선이 근대화를 이루기 위해 전통적인 법과 제도를 서양식으로 바꾼 개혁 정책.

"평등한 기회 부여" vs "부자들만 위한 시험"

● 김홍도(1745~?)의 '논갈이'. 대다수 가난한 양인은 생계도 잇기 어려웠으므로, 과거 공부를 할 경제적 여유가 없었다.

과거 제도는 우리나라에서 1000년 가까이 관리를 뽑는 제도로 자리를 굳혔다. 그런데 과거 제도를 놓고 긍정적인 평가와 부정적인 평가가 엇갈린다.

긍정적으로 보는 입장은 과거가 많은 사람에게 평등한 기회를 주었다는 사실에 근거한다. 전체 인구의 50~70%에 이르는 양인에게도 기회를 주고 능력 위주로 관리를 뽑은 점을 높이 평가해야 한다는 것이다. 유능한 인재를 관리로 선발할 수 있었다는 점도 긍정적 평가의 요인이다. 전통 사회에서 문장력과 유교 경전을 이해하는 능력은 관리 업무를 수행하는 데 필수적이었다. 관료제를 효과적으로 뒷받침했다는 점도 긍정적 입장의 배경이다. 관료제는 국정을 체계적으로 운영하는 기반이었는데, 과거는 관료제에 인적 자원을 공급하는 역할을 했다.

부정적인 입장의 근거는 첩의 자식과 재혼한 여자의 자손에게는 응시 자격을 주지 않는 등 실제로는 평등한 기회를 주지 않았다는 것이다. 또 과거 공부에는 많은 비용이 들기 때문에 대다수 가난한 양인은 응시할 엄두조차 내지 못했다. 유능한 인재를 뽑는 시험도 아니었다고 본다. 훌륭한 관리가 되려면 나라와 백성을 사랑하는 마음과 좋은 정책을 세우고 집행할 수 있는 능력을 갖춰야 한다. 그런데 과거만으로는 관리의 자질과 능력을 정확하게 평가하기 어려웠다. 다양한 학문의 발달을 막은 문제도 지적된다. 나라가 발전하려면 문학과 경학 외에도 역사와 정치, 경제, 자연 과학 등 다양한 학문이 골고루 발달해야 한다. 그런데 유능한 인재들이 과거에만 매달리는 바람에 문학과 경학은 크게 발전했지만 다른 학문은 뒤처졌다.

> **낱말 즐겨 찾기**
> 관료제 국가 통치의 업무를 여러 부서로 나눠 수행하고, 고위 관리의 명령에 하급 관리들이 복종하는 조직 체계.
> 경학 유교 경전의 뜻을 해석하는 학문.

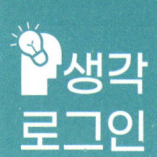
생각 로그인

01 고려 광종이 과거 제도를 도입한 까닭을 말해 보세요.

02 음서와 과거의 공통점과 차이점을 설명하고, 관리를 선발할 때 어느 제도가 더 공평하다고 생각하는지 정리해 보세요.

	음서	과거
공통점		
차이점		
더 공평한 제도와 그 이유		

정보 클릭

'학문을 권하는 글'

중국 송나라의 진종은 '학문을 권하는 글'을 지었다. 진종은 자신의 글을 통해 책 속에서 '천 석 곡식'과 '황금으로 지은 집'이 나온다고 했다. 책을 많이 읽으면 부귀를 누릴 수 있으니, 학문을 열심히 닦으라는 뜻이다.

이는 송나라 때 과거 제도가 관리로 출세하는 통로가 되었던 사실과 밀접한 관련이 있다. 과거에 합격하면, 부모의 사회적 지위가 높지 않아도 관직을 얻어 부와 권력을 누릴 수 있었기 때문이다.

진종이 권장한 학문은 곧 과거 준비에 필요한 문학과 경학을 말했다. 과거는 문장을 쓰는 능력과 유교 경전을 이해하는 능력을 평가했다. 문학은 시와 산문을 감상하고 창작할 수 있는 능력을 길러 주었고, 경학은 유교 경전을 이해하는 능력을 향상시켰다.

03 보기는 중국 송나라의 황제인 진종(재위 997~1022)이 지은 '학문을 권하는 글'입니다. 이를 과거 제도와 관련지어 해석해 보세요.

보기

● 송나라의 진종 황제.

부자가 되려고 기름진 밭을 살 필요가 없느니
책 속에서 천 석 곡식이 절로 쏟아져 나올 것이다.
편안하게 살기 위해 큰 집을 지을 필요도 없느니
책 속에서 황금으로 지은 집이 절로 솟아 나올 것이다.

생각 로그인

04 과거제를 긍정적으로 평가하는 의견과 부정적으로 평가하는 의견을 뒷받침하는 근거를 세 가지씩 제시해 보세요.

긍정적 평가의 근거	부정적 평가의 근거

05 과거제를 부정적으로 보는 입장에서 과거를 통해 유능한 인재를 관리로 선발할 수 있었다는 의견을 비판해 보세요.

● 과거 제도의 한계를 보완하는 현량과를 도입하도록 조선 중종(재위 1506~44)에게 건의한 조광조.

현량과

현량과는 조선 중종(재위 1506~44) 때 개혁을 주도했던 조광조(1482~1519)의 건의에 따라 시행된 관리 선발 제도다.

조광조는 과거 제도가 유능한 관리를 뽑는 데 적합하지 않다고 여겼다. 문장력과 경전 이해력을 평가하는 데만 치우쳐, 국가와 백성을 사랑하는 마음이나, 정책을 세우고 집행하는 능력을 평가하지는 못한다고 보았기 때문이다.

그래서 과거 제도의 한계를 보완하기 위해 만든 것이 현량과였다. 현량과는 덕행과 학문이 뛰어난 인재를 천거 받은 뒤 중요한 사회 문제의 대책을 논술하도록 해서 최종 합격자를 가렸다.

이 제도는 당시 보수 세력의 반발을 불러일으켰다. 이에 따라 조광조가 이끄는 개혁 세력이 힘을 잃은 뒤에는 폐지되었다.

한국사 논술

　　과거 제도는 고려 시대인 958년에 처음 시행되어 조선 시대까지 1000년 가까이 관리 선발 시험으로 자리를 잡았다. 과거를 긍정적으로 보는 입장에서는 많은 사람에게 공평한 기회를 주었다고 평가한다. 또 능력이 있는 인재를 관리로 뽑을 수 있었고, 관료제를 효과적으로 뒷받침했다고 본다. 특히 신분에 상관없이 양인에게도 응시 기회를 제공해서 계층 이동의 가능성을 열어 주었다는 점에서 사회적 평등을 추구했다고 주장한다. 부정적으로 보는 입장에서는 실제론 공평한 기회를 주지 못했고, 유능한 인재를 뽑기도 어려웠다고 말한다. 과거 시험이 유교 경전에만 치중되어 자연과학이나 기술 분야 등 다양한 학문의 발전을 가로막았다는 비판도 제기된다. 유능한 인재들을 과거에만 매달리게 만들어 그들의 재능이 다른 분야에서 제대로 활용되지 못했다는 주장도 있다.

우리나라 과거 제도의 도입부터 폐지까지의 변화 과정을 설명하고, 과거 제도를 어떻게 평가하는지 자신의 의견을 논술해 보세요(500~600자).

수행 평가와 디베이트를 위한
쟁점 한국사

12. 서경 천도 운동은 자주 정신에서 나왔을까

● 서경 천도 운동이 일어났을 때 지은 대화궁의 옛터.

북한 평양의 대화궁 옛터가 북한 역사학자들에 의해 2008년에 발굴되었다. 대화궁의 건축 양식은 고구려의 왕궁이던 안학궁과 비슷한데, 규모는 55만 ㎡(16만 6000여 평)로 밝혀졌다. 대화궁은 고려 시대의 서경 천도 운동 때 세워졌다. 이 운동은 고려 중기에 수도를 개경에서 서경으로 옮기려던 정변을 말한다. 서경 천도 운동을 긍정적으로 보는 의견과 부정적으로 보는 의견이 맞서 있다. 서경 천도 운동의 원인과 전개 과정을 살펴보고, 이 운동에 대한 서로 다른 시각을 탐구한다.

교과서 이곳을 보세요

고등학교 한국사 1단원 전근대 한국사의 이해 • 3. 고려의 통치 체제와 국제 질서의 변동
학교 역사2 3단원 고려의 성립과 변천 • 1. 고려의 건국과 정치 변화

고려는 초창기에 고구려 계승 의식 강해

● 고려 후기에, 문벌 귀족의 생활을 그린 '아집도'. (사진 : 호암미술관)

신라 말에는 귀족들이 왕권을 차지하려고 다투는 바람에 사회가 어지럽고, 백성은 생활고에 시달렸다. 이에 왕건(재위 918~43)이 혼란을 수습한 뒤 고려를 세웠다.

왕건이 나라 이름을 고려라고 한 까닭은, 고구려를 이으려는 의식이 강했기 때문이었다. 그는 지금의 개성 출신이었고, 황해도와 평안남도를 기반으로 권력을 잡았다. 이 지역은 과거 고구려의 영토여서, 고구려를 그리워하는 정서가 남아 있었다. 왕건은 고구려의 수도인 평양을 중시해 서경으로 삼은 뒤, 이곳을 전진 기지로 북진 정책을 펼쳤다.

고려의 건국에 기여한 공신들은 대개 장군 출신이어서 무예를 숭상했다. 또 세력의 기반이 고구려의 옛 땅이었으므로 고구려 계승 의식이 강했다.

그런데 고려가 국가 체제를 갖추는 과정에서 공신 세력이 몰락하고, 새로운 지배층인 문벌 귀족이 득세했다. 이들은 중앙 정부에서 고위 관직을 대물림했고, 서로 혼인 관계를 맺으며 특권적 지위를 굳혔다. 문벌 귀족 가운데는 신라를 계승하려는 유학자도 적지 않았다. 경주 김씨와 경주 최씨 등 신라의 지배층을 조상으로 둔 세력이 유학을 익혀 고위 관리가 되었기 때문이었다.

하지만 고려 초기까지만 해도 고구려를 잇자는 사람이 더 많았다. 태조 왕건이 고구려 계승 의식을 이어받으라고 당부했기 때문에, 서희(942~98)처럼 문벌 귀족도 고구려 계승 정신이 강했다. 예를 들어 993년 요나라가 침략했을 때, 적장이 "고려는 신라 땅에서 일어났고, 고구려의 옛 땅은 요나라의 것"이라고 주장하자, 협상에 나선 서희는 고구려 계승 의식을 바탕으로 이러한 주장을 반박했다.

낱말 즐겨 찾기

북진 정책 만주와 요동 등 고구려의 옛 땅을 되찾겠다는 정책.
요나라 중국 북방에서 거란족이 세운 왕조(916~1125).

고구려 옛 땅 되찾자는 서경 천도 운동 일어나

중기에 이르자 신라 계승 의식을 지닌 문벌 귀족의 세력이 더욱 강해졌다. 이러한 세력을 등에 업고 대표적인 문벌 귀족이던 이자겸(?~1126)이 1126년 왕위에 오를 욕심으로 반란을 일으켰다. 이 사건 이후 왕의 권위가 약화되었다. 게다가 금나라가 세력을 떨치며, 고려의 대외 정책은 더욱 어려워졌다.

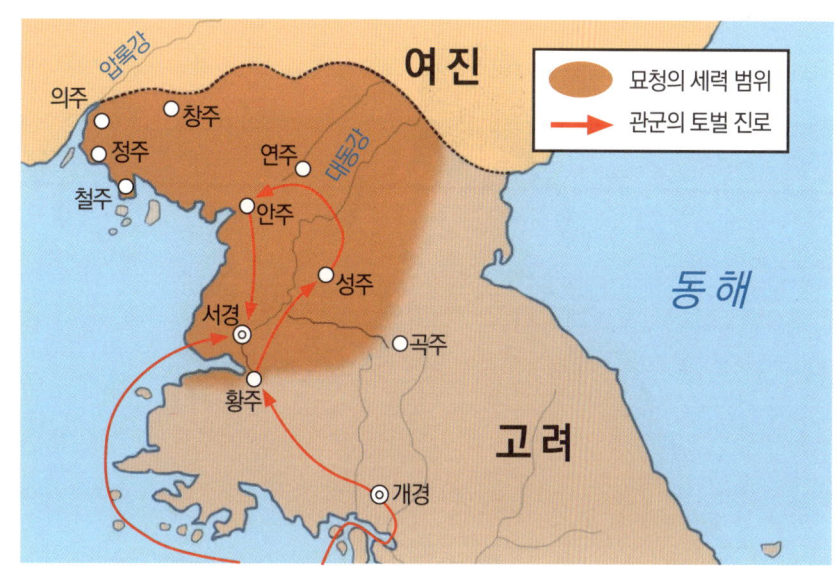

● 묘청이 반란을 일으킨 뒤 장악한 지역과 관군의 토벌 진로.

인종(재위 1122~46)은 이자겸의 반란을 진압한 뒤, 왕권 강화와 민생 안정을 위해 정치 개혁을 추진했다. 이 과정에서 김부식(1075~1151) 중심의 문벌 귀족이 묘청(?~1135)과 정지상(?~1135) 중심의 신진 세력과 대립했다.

개경을 기반으로 한 문벌 귀족은 기존의 질서를 유지하며, 금나라를 큰 나라로 섬기려 했다. 서경을 근거지로 한 신진 세력은 풍수지리설을 내세워 수도를 서경으로 옮기고 대화궁을 지으려고 했다. 이들은 금나라를 공격해 고구려의 옛 땅을 되찾자고 주장했다. 왕의 칭호도 황제로 바꾸려고 했다. 황제는 중국 문화권의 최고 통치자를 일컫는 명칭인데, 왕은 황제의 승인을 얻어야 정통성을 인정받았다. 따라서 왕의 칭호를 황제로 바꾸자는 의도에는 고려가 중국에 매이지 않는 자주국이라는 뜻이 담겨 있다.

서경 천도 문제를 놓고 개경 세력과 서경 세력의 갈등이 커졌다. 서경 세력은 결국 개경 세력의 반대에 밀려 수도를 옮기지 못하자, 1135년 반란을 일으켰다. 반란군은 지금의 평안도를 차지하고 한동안 기세를 올렸다. 하지만 1년 뒤 김부식이 이끄는 관군에게 진압을 당했다.

낱말 즐겨 찾기

금나라 여진족이 세운 왕조(1115~1234). 1125년 요나라를 멸망시켰으며, 1127년 송나라의 수도를 점령한 뒤 북중국을 차지했다.
풍수지리설 산수의 형세와 방위 등이 인간의 운수에 영향을 미친다는 사상.

"진취적 자주 정신 표현" vs "내부 권력 다툼의 결과"

● 개경 세력의 우두머리인 김부식은 '우리는 작고 금나라는 큰데, 어떻게 그들을 이길 수 있겠는가'라고 생각했다.

서경 천도 운동을 보는 역사학자들의 시각은 엇갈린다. 신채호(1880~1936)는 서경 천도 운동을 삼국 시대 이후의 1000년 역사에서 가장 중요한 사건이라고 긍정적 평가를 내렸다. 그는 자주 의식을 가진 서경 세력이 패해 우리 역사가 중국을 큰 나라로 섬기는 쪽으로 굳어졌다고 주장한다.

서경 천도 운동을 이처럼 긍정적으로 보는 의견은 이 운동이 진취적인 자주 의식을 표현했다는 사실을 근거로 든다. 금나라를 공격하고, 왕의 칭호를 황제로 바꾸려던 시도가 그 증거다. 정치 개혁을 추진하려던 의도 뒷받침이 된다. 부패한 문벌 귀족에 대항해 왕의 권위를 높이고 민생을 안정시키려 했다는 것이다. 서경 천도 운동의 사상적 기반이던 풍수지리설을 미신으로 봐서는 안 된다는 점도 중요하게 여긴다. 풍수지리설에는 자연과 조화를 이루며 살려던 전통적인 지혜가 담겨 있기 때문이다.

서경 천도 운동을 부정적으로 보는 시각은 금나라를 공격하겠다는 주장이 비현실적이었다고 평가한다. 힘에서 워낙 차이가 크기 때문에 금나라는 고려가 이길 수 없는 상대였다. 따라서 나라를 지키려면 이러한 현실을 그대로 받아들여야 했다는 말이다. 지배층 내부의 권력 다툼으로 보는 것도 또 다른 근거가 된다. 서경 세력의 개혁 방향이 분명하지 않았기 때문이다. 따라서 지배층 내부에서 권력을 잡지 못한 세력이 권력을 잡은 특권 세력을 몰아내려던 사건으로 봐야 한다는 말이다. 풍수지리설이 백성을 속이고 세상을 어지럽히는 미신이었다고 보는 시각도 서경 천도 운동을 부정적으로 보는 의견을 뒷받침한다.

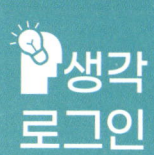
생각 로그인

서희의 외교

01 고려 초기에 고구려 계승 의식을 지닌 세력과 신라 계승 의식을 지닌 세력이 대립했는데, 이들의 특징을 구분해 보세요.

고구려 계승 세력	신라 계승 세력

02 묘청이 왕의 칭호를 황제로 바꾸자고 주장한 까닭을 설명해 보세요.

03 요나라의 장군이 "고려는 신라 땅에서 일어났고, 고구려의 옛 땅은 요나라의 것"이라고 주장했는데, 서희는 이 주장을 어떻게 반박했을지 추측해 보세요.

● 서희(왼쪽에 앉은 사람)가 요나라 장군과 협상하는 모습. (사진 : 우리역사넷)

서희는 중국 송나라(960~1279)에 여러 번 사신으로 파견된 외교관이었다. 그는 송나라와 정식으로 외교 관계를 맺고, 국익을 지키기 위해 노력했다.

요나라는 그때 만주와 몽골 등을 차지한 뒤 세력을 떨치고 있었다. 993년에 요나라가 고려를 침략하자, 기세에 눌린 관료들은 항복하자는 의견과 서경 이북의 땅을 떼어 주고 화의하자는 의견으로 나뉘었다.

서희는 외교적 담판을 벌이기 위해 요나라의 장군을 만났다. 요나라 장군이 "고려는 신라 땅에서 일어났고, 고구려의 옛 땅은 요나라의 것"이라고 주장했다. 이에 서희는 고려라는 국호에서 알 수 있듯, 고려는 고구려를 계승한 나라라는 근거를 내세워 그 주장을 반박했다.

서희는 요나라가 송나라를 공격할 때 고려에 협공을 당할 상황을 우려해 미리 고려를 자기네 편으로 끌어들이기 위해 쳐들어왔음을 꿰뚫어 봤다.

요나라의 장군이 다시 "고려가 바다 건너 송나라와는 가까이 지내면서 요나라와는 국교를 맺지 않고 멀리하는 이유가 뭐냐"라고 물었다. 이에 서희는 여진족이 중간에서 길을 막고 방해하기 때문이라고 대답했다.

서희가 앞으로 요나라와도 국교를 맺겠다고 약속하자, 요나라는 강동 6주(압록강 남쪽과 청천강 북쪽에 있는 지역)를 고려의 영토로 인정한 뒤 군대를 돌려 자기 나라로 돌아갔다.

생각 로그인

04 서경 천도 운동을 긍정적으로 보는 시각과 부정적으로 보는 시각을 뒷받침하는 근거를 세 가지씩 제시해 보세요.

긍정적 시각의 근거	부정적 시각의 근거

05 신채호는 왜 서경 천도 운동을 삼국 시대 이후 1000년 역사에서 가장 중요한 사건이라고 주장했는지 그의 역사관과 관련지어 이야기해 보세요.

● 신채호 선생(오른쪽 아래)과 그의 저서인 『조선상고사』 표지.

신채호의 역사관

역사가는 자기 나름의 역사관을 기준으로 삼아 과거의 사실을 해석한다. 역사가의 역사관은 자신의 시대가 풀어야 할 과제를 어떻게 설정하느냐에 따라 달라진다.

신채호는 민족주의 역사관을 가지고 있었다. 역사란 한 민족이 자신을 지키기 위해 외부 세력과 투쟁한 기록으로 본 것이다. 이는 그가 역사를 연구한 때가 일제 강점기라는 사실과 밀접하게 연결되어 있다. 신채호가 우리 역사를 연구한 목적은 일제에 맞서 독립을 되찾으려는 데 있었기 때문이다.

신채호는 우리 역사를 사대주의 세력과 자주 세력의 대결이라는 관점에서 보았다. 자주 세력이 사대주의 세력을 극복해야 독립을 되찾을 수 있다고 믿었기 때문이다.

이러한 의미에서 신채호는 서경 천도 운동을 삼국 시대 이후 1000년 역사에서 가장 중요한 사건이라고 주장했다. 서경 천도 운동을 자주 세력이 사대주의 세력에 맞서 싸운 사건으로 보았기 때문이다.

신채호는 서경 세력을 자주 세력으로, 개경 세력을 사대주의 세력으로 규정했다. 그리고 서경 세력이 이겼다면 중국에 무릎을 꿇지 않고 만주와 요동 등 고구려의 옛 땅을 되찾았을 것으로 보았다.

하지만 서경 세력이 패하는 바람에 우리 역사가 사대주의 세력에게 지배를 당했는데, 이에 따라 서경 천도 운동이 우리 역사에서 매우 중요한 의미를 지녔다고 본 것이다.

고려 중기에 고구려 계승 의식을 지닌 서경 세력은 신라 계승 의식을 지닌 개경 문벌 귀족에 맞서 수도를 서경으로 옮기려고 했다. 이들은 1135년 반란을 일으켰지만 관군에게 진압을 당했다. 서경 천도 운동을 긍정적으로 보는 시각은 이 운동이 고려의 진취적인 자주 의식을 표현했고, 정치 개혁을 추진하려 했다는 점을 근거로 든다. 서경 천도 운동의 사상적 기반이던 풍수지리설을 미신으로 봐서는 안 된다는 점도 중요하게 여긴다. 서경 천도 운동을 부정적으로 보는 시각은, 금나라를 공격하겠다는 주장이 비현실적이라고 주장한다. 개혁의 목적도 분명하지 않아 지배층 내부의 권력 다툼으로 보는 것이 타당하며, 풍수지리설도 미신으로 생각해야 한다는 것이다.

서경 천도 운동의 원인과 전개 과정을 설명하고, 이 운동을 진취적 자주 정신의 표현으로 봐야 할지 내부 권력 다툼의 결과로 봐야 할지 자신의 의견을 논술해 보세요(500~600자).

수행 평가와 디베이트를 위한
쟁점 한국사

13. 판소리는 서민만을 위한 예술이었나

● 판소리는 한 명의 소리꾼이 고수(북치는 사람)의 장단에 맞춰 창(소리), 말(아니리), 몸짓(너름새)을 섞어 가며 긴 이야기를 노래로 부르는 장르다. (사진 : 국가 유산청)

판소리는 소리꾼이 북 장단에 맞춰 이야기와 노래를 엮어 가는 민속 음악이다. '판'은 여러 사람이 모이는 공간을 뜻하고 '소리'는 노래를 가리킨다. 따라서 판소리는 여러 사람이 모이는 곳에서 부르는 노래라는 의미를 지닌다. 초기 판소리는 서민의 애환을 담아내며 양반을 풍자하는 내용을 주로 다뤘다. 19세기 이후에는 양반과 부유층의 후원을 받으며 점차 그들의 취향에 맞게 변모했다. 이 과정에서 유교 윤리가 들어가 서민 예술의 요소가 희석되었다는 분석이 나온다. 그래서 예술 형식이 조선 후기 서민이 즐긴 대표적인 예술이라는 의견과, 그렇지 않다는 의견이 맞서 있다. 판소리의 형성과 변화 과정을 살펴보고, 판소리가 서민의 예술이었는지 탐구한다.

교과서 이곳을 보세요

고등학교 한국사 1단원 전근대 한국사의 이해 • 6. 양반 신분제 사회와 상품 화폐 경제의 발달
중학교 역사2 5단원 조선 사회의 변동 • 3. 학문과 예술의 새로운 경향

전라도 무당들이 부르던 서사 무가가 기원

● 전남 고흥의 혼맞이굿. 판소리의 기원은 17세기 전라도의 무당들이 굿판에서 부르던 노래에서 찾을 수 있다. (사진 : 국가 유산청)

판소리는 소리꾼과 고수, 구경꾼이 어우러져 펼치는 노래극이다. 소리꾼이 부르는 노래를 소리라 하고, 말로 풍경을 묘사하거나 장면 변화를 설명하는 사설을 아니리라고 한다. 소리꾼이 상황에 맞춰 하는 몸짓은 발림이다. 이 밖에 고수는 북을 치며 때때로 '얼씨구', '좋다' 등 추임새를 넣는다. 구경꾼도 고수처럼 추임새를 넣으며 공연에 참여한다.

판소리의 기원은 전라도의 무당들이 부르던 서사 무가에서 찾을 수 있다. 무당들은 굿판을 벌일 때 춤을 추고 노래를 부른다. 이 가운데는 이야기 구조를 지닌 노래가 적지 않다. 무당은 굿을 할 때 노래와 이야기를 섞고 몸짓을 곁들인다. 이는 판소리의 소리와 아니리, 발림과 비슷하다. 또 무당과 판소리는 모두 목쉰 소리를 구사한다. 게다가 대다수 판소리 소리꾼은 무당 가계에서 나왔는데, 집안 대대로 이어지는 성격이 강했다.

기록을 통해 판소리의 존재를 맨 처음 확인할 수 있는 시기는 18세기 중반이다. 유학자인 유진한(1711~91)의 문집인 『만화집』(1754) 가운데 '춘향가'가 실려 있다. 이 기록이 지금 확인할 수 있는 가장 오래된 판소리다. 이를 근거로 볼 때, 판소리는 17세기 후반부터 18세기 초반에 형성되기 시작해 18세기 후반에는 완성된 틀을 갖췄다고 볼 수 있다.

판소리는 처음에 무당의 예능이었다. 하지만 서민의 사랑을 받으면서 점차 독자적인 노래극으로 발전했다. 판소리의 가장 큰 특징은 즉흥성이다. 여러 상황을 예상하다가 적절히 대처한다는 뜻이다. 소리꾼은 분위기에 따라 이야기를 빼거나 더할 수 있었다. 따라서 판소리는 고정된 대본 없이 이야기가 다양하게 변형될 수밖에 없었다.

낱말 즐겨 찾기

서사 무가 굿판에서 부른 노래들 가운데 이야기 구조를 갖춘 노래.

양반 후원 받으며 유교 윤리에 맞게 바뀌어

판소리가 정착된 18세기 후반에 전문적인 소리꾼이 나오기 시작했다. 19세기에는 여러 명창이 나타나 판소리가 빠르게 발전했다.

명창들은 큰 인기를 누렸다. 이들은 부자와 양반의 잔치에 자주 불려 다녔다. 예를 들어 양반의 아들이 과거에 급제하면 부모가 축하 잔치를 벌였다. 이때 소리꾼이 초대를 받는 예가 많았다. 심지어

● 순조(재위 1800~34)와 철종(재위 1849~63) 시대에 활동한 판소리 명창 모흥갑이 평안감사 부임 축하 잔치에서 판소리를 공연하는 장면. (사진 : 서울대학교 박물관)

권력자의 집과 왕궁에 불려가기도 했다. 모흥갑(?~?)이라는 명창은 헌종(재위 1834~49) 앞에서 판소리를 공연한 뒤 벼슬을 받기도 했다. 모흥갑이 평안감사 부임을 축하하는 잔치에 초대되어 판소리를 공연하는 모습이 담긴 그림도 남아 있다.

판소리는 부자와 양반의 경제적 후원을 받으며 내용이 달라졌다. 후원자의 입맛에 맞춰야 더 많은 돈을 받을 수 있었기 때문이다. 그래서 판소리 사설에 서민은 이해하기 어려운 한자 문구가 많이 포함되었다. 또 유교 윤리에 맞지 않는 내용은 빼내고, 임금에게 충성하고 부모에게 효도하며 의리와 절개를 지키자는 내용을 많이 넣었다.

이러한 변화는 신재효(1812~84)의 판소리 정리에 잘 나타난다. 신재효는 향리 출신이었지만, 천석꾼 소리를 듣는 부자였다. 그는 소리꾼을 경제적으로 후원하면서, 판소리 사설을 수집해서 정리했다. 이 과정에서 유교 윤리에 맞는 방향으로 판소리 사설을 개작했다. 신재효는 '춘향가'와 '심청가', '흥부가', '수궁가', '적벽가', '가루지기타령' 등 여섯 마당을 정리했는데, 오늘날에는 '가루지기타령'을 제외한 다섯 마당만 전해지고 있다.

낱말 즐겨 찾기

명창 노래를 뛰어나게 잘 부르는 사람.
가루지기타령 신재효가 정리한 판소리 여섯 마당 가운데 하나. 변강쇠타령이라고도 한다.

"서민의 예술" vs "지배층과 함께 향유"

● 탈춤은 양반에 대한 비판 의식이 뚜렷하다. 사진은 강령탈춤의 한 장면. (사진 : 국가 유산청)

한국사 교과서들에는 판소리가 탈춤과 한글 소설, 사설시조 등과 함께 조선 후기에 서민이 즐긴 대표적 예술로 기술되어 있다. 그런데 판소리를 서민 예술로 볼 수 있는지를 놓고 의견이 맞서 있다.

판소리를 서민 예술로 보는 의견은, 소리꾼이 모두 서민이었다는 사실에 초점을 둔다. 대다수 소리꾼은 사회적으로 천대를 받던 하층민 출신이었다. 판소리의 기원이 굿에 가까우므로 무당 출신의 소리꾼이 많았다. 판소리를 즐긴 구경꾼도 주로 서민이었다. 따라서 소리꾼과 구경꾼은 판소리를 통해 정서적으로 결합되어 있었다. 판소리에 나타난 주제 의식도 판소리를 서민 예술로 보는 의견을 뒷받침한다. 판소리에는 서민이 겪는 삶의 고단함이 나타나 있고, 양반에 대한 풍자가 들어 있었다. '춘향가'에서는 춘향의 어미 월매의 입을 빌려 양반의 허위의식을 꼬집었고, '배비장 타령'에서는 양반을 바보로 만들어 골려 주었다.

판소리가 서민 예술이 아니라 지배층과 함께 향유한 예술이었다는 의견은, 소리꾼이 부자와 양반, 권력자의 경제적 후원을 받은 점을 강조한다. 소리꾼과 구경꾼이 서민이었어도 후원자의 취향이 판소리의 성격에 더 큰 영향을 미쳤다는 얘기다. 이는 판소리 사설에 후원자의 입맛에 맞는 내용이 많이 포함된 점을 통해 입증된다. 19세기 이후에 유교 윤리에 맞도록 사설이 개작되었다. 서민 예술로 평가를 받으려면, 탈춤처럼 지배층과 지배 체제에 대한 비판 의식이 뚜렷해야 한다. 그런데 판소리는 18세기까지는 서민 예술로 볼 수 있지만, 19세기부터는 부자와 양반의 영향을 많이 받아 지배층과 지배 체제에 대한 비판 의식이 무뎌졌다.

낱말 즐겨 찾기

사설시조 초장·중장이 제한 없이 길며, 종장도 길어진 시조.
허위의식 개인이나 집단이 자신들의 사회적 위치나 현실을 왜곡해서 인식함. 판소리 '춘향가'에서 월매가 양반의 위선적 태도와 권력 남용을 풍자하는 장면은 허위의식을 비판하는 예로 볼 수 있다.
배비장 타령 배비장이 제주 목사를 따라갔다가 기생인 애랑에게 홀려 망신을 당한다는 내용의 판소리.

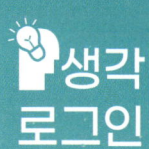

생각 로그인

01 판소리를 구성하는 4요소인 소리와 아니리, 발림, 추임새의 개념을 각각 정리해 보세요.

소리	
아니리	
발림	
추임새	

02 판소리가 전라도 무당들의 서사 무가에서 비롯했다는 근거를 네 가지만 들어 보세요.

03 판소리와 오페라를 비교해 공통점과 차이점을 말해 보세요.

● 1875년 3월 3일 초연된 프랑스 조르주 비제(1838~75)의 오페라 '카르멘'의 석판 인쇄물. (사진 : 위키 미디어 커먼스)

정보 클릭

판소리와 오페라

오페라는 근대 유럽에서 발달한 노래극이다. 17세기 초에 이탈리아에서 일어나 여러 나라로 전파되었는데, 나라마다 독특한 모습으로 발전했다.

대표적인 작품으로는 오스트리아 모차르트(1756~1791)의 '피가로의 결혼'(1786), 이탈리아 베르디(1813~1901)의 '아이다'(1871), 이탈리아 푸치니(1858~1924)의 '토스카'(1900), 프랑스 비제(1838~75)의 '카르멘'(1875) 등이 있다.

노래를 중심으로 이야기를 풀어 간다는 점에서는 판소리와 비슷하다. 그런데 오페라에는 많은 배우가 등장해 각자 맡은 배역을 소화한다. 판소리는 '1인 오페라'라고 하는 데서 알 수 있듯, 한 명의 소리꾼이 모든 등장인물의 역할을 도맡는다. '춘향가'의 경우, 춘향이부터 이몽룡, 변학도나 아전들까지 모든 역할을 혼자 해낸다.

판소리의 가장 큰 특징은 즉흥성이다. 여러 상황을 예상하다가 그때그때 적절하게 대처한다는 뜻이다. 한 시간 예정의 공연도 청중의 반응이 좋으면 두 시간으로 늘릴 수 있다.

관객의 수준에 따라 소리의 형식을 조금씩 바꾼다. 판소리를 모르는 관객이 많으면 아니리를 많이 넣고 연극적인 요소도 강화한다. 고정 대본이 있는 오페라와 달리, 판소리는 고정 대본 없이 다양한 변형이 이뤄진다.

오페라는 객석과 분리된 무대에서 공연한다. 판소리는 무대와 객석이 분리되어 있지 않다. 구경꾼이 추임새를 넣으며, 공연에 적극 참여한다는 점도 오페라와 구별된다.

04 판소리가 서민 예술이었다는 주장에 찬성하는 의견과 반대하는 의견을 뒷받침하는 근거를 각각 세 가지씩 제시해 보세요.

찬성하는 의견	반대하는 의견

05 판소리가 서민 예술이라는 관점에서, 신재효가 판소리 사설을 유교 윤리에 맞도록 개작한 행위를 비판해 보세요.

● 조선 말기 평민 출신 풍속화가 김준근(1853?~?)이 그린 '판소리 연행도'. (사진 : 독일 함부르크 박물관)

판소리 사설의 개작

　신재효의 작업 가운데 가장 높은 평가를 받는 업적이 판소리 사설을 고쳐 정착시킨 일이다. 관점에 따라 이러한 작업이 논란을 불러일으킬 수도 있다. 하지만 그의 판소리 사설은, 오늘날까지 전해지는 작품들 가운데 사설의 정착과 개작 과정에 관련된 확실한 정보를 제공하는 자료라는 점에서 이의를 제기하기 어렵다.

　판소리 여섯 마당의 개작에는 오랜 시간이 걸렸다. 개작 작업은 1864년경 '토별가'의 정리를 시작으로, 1884년 죽을 때까지 이어졌다.

　보통의 판소리 '수궁가'에서 토끼는 당시 서민을 상징하며, 용왕과 자라는 지배층으로 형상화된다. 그래서 둘 사이의 갈등 심화는 그대로 당대 사회 현실을 반영한다. 토끼 우위의 입장에서 용왕과 자라를 모욕하고 조롱하는 경우, 주제가 양반과 지배층을 향한 서민의 비판으로 나타난다.

　그러나 신재효 본의 경우 충성을 주제로 내세우는 방향으로 개작되었는데, 자라는 열렬한 충신으로 바뀌었다. 끝부분에서 신재효는 자라의 충성심을 본받아야 한다고 말했다. 이는 서민 의식보다 양반과 지배층의 이념을 주제로 삼으려는 의도가 강하다고 볼 수 있다.

판소리는 17세기 후반부터 18세기 초반에 형성되기 시작해 18세기 후반에는 완성된 틀을 갖추었다. 19세기에는 여러 명창이 나타나 판소리가 빠르게 발전했다. 그리고 부자와 양반의 경제적 후원을 받으면서 판소리의 내용도 그들의 입맛에 맞추어 바뀌었다. 판소리를 서민 예술이라고 보는 의견은 소리꾼과 구경꾼이 모두 서민이었다는 사실에 초점을 맞춘다. 서민이 겪는 삶의 고단함을 노래하고 양반을 풍자한 주제 의식도 판소리를 서민 예술로 보는 의견을 뒷받침한다. 이에 비해 판소리를 서민과 지배층이 함께 향유한 예술로 보는 의견은 소리꾼이 부자와 양반, 권력자의 경제적 후원을 받은 점을 강조한다. 소리꾼과 구경꾼이 서민이어도 후원자의 취향이 판소리의 성격에 더 큰 영향을 미쳤다는 것이다. 따라서 19세기부터는 부자와 양반의 영향을 크게 받아 지배층과 지배 체제에 대한 비판 의식이 무뎌졌음을 지적한다.

판소리가 형성되어 변화한 과정을 설명하고, 판소리가 서민 예술이었는지에 대한 자신의 의견을 논술해 보세요 (500~600자).

수행 평가와 디베이트를 위한
쟁점 한국사

14. 실학은 근대적 사상이었나

● 대표적 실학자인 정약용. 그는 농업과 정치, 법률 등 다양한 분야에서 개혁안을 제시하며 개혁 사상가로 활동 했다.

조선 후기는 사회적 혼란과 경제적 어려움이 겹치며 새로운 변화를 요구하는 시대였다. 농민의 삶은 피폐해졌고, 지배층 내부의 갈등도 심화되었다. 전통적인 사회 체제의 한계가 드러나기 시작한 것이다. 특히 토지 문제와 세금 제도의 불평등이 심화되어 개혁의 필요성이 절실했다. 이러한 상황에서 등장한 실학은 당시의 사회 문제를 개혁하려고 노력했다. 실학을 평가하면서 근대적 성격을 갖췄다는 의견과 그렇지 않다는 의견이 맞서 있다. 실학자들이 제시한 사회 개혁론을 살펴보고, 이를 근대적 사상으로 볼 수 있는지에 대해 서로 다른 의견을 탐구한다.

교과서 이곳을 보세요
- 고등학교 한국사 1단원 전근대 한국사의 이해 • 6. 양반 신분제 사회와 상품 화폐 경제의 발달
- 중학교 역사2 5단원 조선 사회의 변동 • 3. 학문과 예술의 새로운 경향

실생활에 도움이 되는 실학 등장

● 서울 마포나루의 옛 모습. 조선 후기 상인들은 마포와 송파 등 한강의 포구를 활동 무대로 삼았다.

조선 사회는 17세기에 들어 큰 변화를 겪었다. 변화의 바람은 경제 발전의 가능성을 낳기도 했지만, 적응하지 못한 사람들에게는 고통을 주었다. 농촌에서는 모내기 농법이 보급되면서 농업 생산력이 발달했다. 그 덕에 일부 지주와 농민은 더 넓은 땅을 차지했다. 하지만 대다수 농민은 땅을 잃은 채 소작농으로 전락하고, 농토가 없는 농민은 농촌을 떠나야 했다.

당시에는 상업도 빠르게 발달했다. 전국 각지에서 5일장 형태의 정기 시장이 열렸다. 상인은 이들 시장을 서로 연결해 물건을 거래했다. 또 국내에서 넓은 지역을 무대로 활동하거나 국제 무역에 종사하는 상인도 나타났다. 1678년에 처음 발행된 상평통보도 상업의 발달에 큰 도움이 되었다.

유학자들은 변화에 대응하지 못했다. 이들은 임진왜란(1592~8)과 병자호란(1636년 12월~1637년 2월) 등 전란을 겪은 뒤 흐트러진 유교 질서를 바로잡기 위해 예의범절을 강조했다. 17세기 후반에는 성리학이 형식에만 치우치자, 현실 문제를 해결하는 데 도움이 되지 못한다는 비판이 나왔다. 따라서 현실을 똑바로 보고 사회 문제에 적극 대응하려는 학자들이 나타났다. 이들이 제시한 새로운 학문이 바로 실학이다. 실학은 '실제 생활에 도움을 주는 학문'이라는 뜻이다. 실학의 선구자는 이수광(1563~1628)과 김육(1580~1658) 등이었다. 이수광은 일종의 백과사전인『지봉유설』을 지어 조선은 물론 중국의 문화와 전통을 폭넓게 정리했다. 김육은 대동법의 확대 실시와 동전(화폐)의 보급을 주장했다.

> **낱말 즐겨 찾기**
>
> **소작농** 다른 사람의 토지를 빌려 농사를 짓고, 그 대가로 소작료를 내는 농민.
> **상평통보** 조선 후기에 널리 사용된 동전.
> **성리학** 인간의 심성을 탐구하고 인격 수양을 중요하게 여긴 유학의 한 계통.
> **대동법** 공물(특산물)을 쌀로 통일해 바치게 한 조세 제도.

토지 개혁과 상업 통해 사회 발전 꾀해

실학은 18세기 영조(재위 1724~76)와 정조(재위 1776~1800) 때 크게 발달했다. 실학자들은 사회 개혁에 관심이 컸는데, 농업 중심의 개혁론을 펼치는 중농학파와 상공업 중심의 개혁론을 펼치는 중상학파로 나뉘었다.

유형원(1622~73)과 이익(1681~1763) 등은 농업을 중시해 토지 제도의 개혁을 주장했다. 유형원은 국가가 모든 토지를 소유하고, 신분에 따라 차등을 두어 일정 면적의 토지를 나누어 주자고 주장했다(균전론). 이익은 농민들에게 일정 면적의 토지를 대물림하게 한 뒤, 이를 매매하지 못하게 하자고 했다(한전론). 정약용(1762~1836)은 토지 개혁론을 더 치열하게 연구했다. 젊었을 때 그는 농민이 공동으로 경작하고 수확물도 공동으로 분배하게 하자고 주장했다(여전론). 그런데 나이가 들자 자신의 주장을 현실에 적용하기 어려움을 깨닫고, 가족 노동력을 기준으로 토지를 고르게 나누어 주자고 수정했다(정전론). 이들의 토지 개혁론은 세부적인 면에서는 차이가 있었지만, 농민을 중심으로 농촌 문제를 해결하려던 점에서는 의견이 일치했다.

● 박지원과 그가 지은 『열하일기』. 박지원은 상공업 진흥을 강조하면서, 수레와 배, 화폐 이용의 필요성을 주장했다.

홍대용(1731~83)과 박지원(1737~1805), 박제가(1750~1805) 등은 상공업 중심의 개혁론을 폈다. 이들은 청나라에 갔다가 그 나라의 문화가 조선보다 훨씬 발전했음을 알았다. 그래서 청나라의 문화를 받아들여야 한다고 주장해 북학파라고 불렸다. 이들은 나라를 부강하게 만들려면 기술 개발로 생산력을 높여야 한다고 강조했다. 또 상품의 유통을 원활하게 하려면 수레와 배 등 교통수단을 발전시켜야 한다고 밝혔다.

낱말 즐겨 찾기

북학파 18세기 실학자들 가운데 청나라의 선진 문물을 받아들이자고 주장한 학파.

"지주제 해체 시도" vs "전통 지배 질서 용인"

● 김득신(1754~1822)의 '반상도'. 전통 사회에서는 양반과 평민의 신분 격차가 심했는데, 실학자들은 신분제 폐지를 주장하지는 않았다.

대다수 역사학자는 실학이 변화하는 사회 현실에 적극 대응한 실용적인 학문이었다는 데는 동의한다. 하지만 실학을 평가할 때 근대적 사상이었다는 의견과 그렇지 않다는 의견이 맞서 있다.

근대적 사상으로 보는 의견은, 실학자들이 지주제를 개혁하려고 했다는 점을 근거로 든다. 지주제가 경제적인 면에서 전통 사회를 떠받치는 기둥이었기 때문이다. 중농학파 실학자들은 농민이 토지를 가져야 한다는 원칙 아래 토지 개혁론을 펼쳤다. 그들의 주장대로 실행되었다면 지주제가 해체되는 결과를 가져왔을 것이다. 상공업의 발전을 추구했으며, 우리 민족의 독자성을 중요하게 여긴 점도 또 다른 근거가 된다. 전통 사회는 농업을 중시하고 상공업을 천시했다. 그런데 중상학파에 속한 실학자들은 상공업을 억누르는 정책에서 벗어나려고 했다. 또 전통 사회는 중국 중심의 세계관을 가지고 있었지만, 우리 민족의 독자적인 문화와 역사에 관심을 가진 실학자가 많았다.

근대적인 사상이 아니었다고 보는 의견은, 신분제와 군주제가 전통 사회를 유지하는 뼈대라고 보기 때문이었다. 조선 사회에는 양반과 평민, 노비의 신분 차별이 엄격했다. 실학자들이 신분제의 문제점을 인식하지 못한 것은 아니지만 이를 없애야 한다고 주장하지도 않았고, 군주 중심의 지배 질서를 부정하지도 않았다. 그리고 전통 사회에서는 국가가 모든 토지를 관리한다는 관념이 강했다. 이런 입장에서 보면 전통적 지배 질서 안에서도 지주제의 개혁이 가능하다고 본 것이다.

낱말 즐겨 찾기
지주제 넓은 토지를 소유한 지주가 소작농에게 농사를 짓게 하는 대가로 소작료를 받는 제도.

01 조선 사회는 17세기 들어 큰 변화를 겪었는데, 농업의 변화를 설명해 보세요.

● 18세기의 모내기 모습. 모내기는 못자리에서 기른 모를 논에 옮겨 심는 일을 말한다.

02 아래 제시한 다양한 토지 개혁론을 정리해 보세요.

균전론	
한전론	
여전론	
정전론	

03 실학자의 입장에서 성리학의 학문적 태도를 비판해 보세요.

성리학과 실학

조선 시대에는 성리학이 학문의 주류를 이뤘다. 성리학은 인간의 심성을 탐구하고 인격 수양을 중요하게 여겼다.

조선 후기에는 인간과 사물의 본성을 탐구하는 문제에 관심을 갖는 학자가 늘어났다. 흐트러진 사회 질서를 바로잡기 위해 예의범절을 강조하는 경향도 나타났다. 이처럼 성리학은 관념과 형식에 치우치는 문제를 드러냈다.

실학은 사회 현실을 똑바로 보고 사회 문제에 적극 대응하는 학문적 태도를 중요하게 여겼다. 실학자들은 성리학자들이 관념과 형식에 치우친다고 비판했다. 관념에 치우치면 사회 현실을 똑바로 볼 수 없다. 또 예의범절을 강조하는 태도는 사회 문제에 적극 대응하지 못하게 만든다.

실학자들은 현실 문제를 해결하기 위해 경제, 농업, 상업 등의 분야에서 구체적인 개혁 방안을 제시했다. 그들은 백성의 생활 수준 향상과 국가의 부강을 목표로 삼았다.

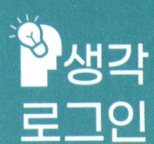

04. 실학이 근대적 사상이라는 의견과 아니라는 의견을 뒷받침하는 근거를 세 가지씩 제시해 보세요.

근대적 사상이다	근대적 사상이 아니다

05. 실학이 근대적 사상이 아니라는 입장에서 토지 제도 개혁론에 근거해, 실학이 근대적 사상이라고 보는 입장을 비판해 보세요.

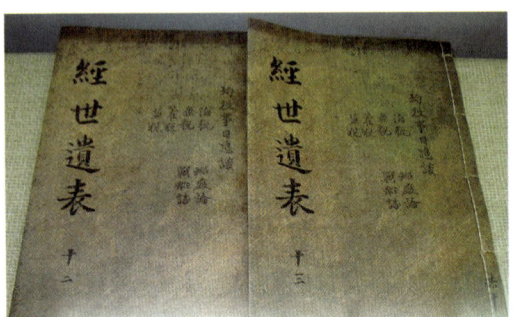

● 정약용이 지은 『경세유표』. 이 책에서 정전론을 주장했다.

실학의 토지 개혁론

중농학파에 속한 실학자들은 농민을 중심으로 농촌 문제를 해결하려고 했다. 이들은 농민의 생활 안정을 주된 관심사로 삼았다. 토지 개혁론을 주장한 까닭도 농민의 생활을 안정시키기 위함이었다.

토지 개혁론의 밑바닥에는 국가가 모든 토지를 관리한다는 관념이 깔려 있었다. 유형원은 국가가 모든 토지를 소유하고 농민에게는 경작권을 줘야 한다고 생각했다. 이익은 토지 매매를 금지해야 한다고 주장했다. 이는 토지 관리의 최종 권리가 국가에 있다고 본 데서 비롯했다.

우리나라는 전통적으로 왕토 사상의 관념이 강했다. 이 사상은 "천하의 토지는 왕의 토지가 아닌 것이 없고, 천하의 신하는 왕의 신하가 아닌 것이 없다"라는 『시경』(춘추 시대의 민요 등을 모은 중국에서 가장 오래된 시집)의 구절에서 나왔다. 토지를 관리하는 최종 권리가 국가에 있다고 보는 것은 이 사상과 관련되어 있었다.

왕토 사상은 현실과는 거리가 먼 관념이었다. 현실에서는 토지 사유제가 존재하였고, 개인이 소유한 토지를 국가가 마음대로 빼앗을 수는 없었다.

그러나 전통 사회에서 토지 사유제의 폐단을 바로잡으려고 할 때는 이 사상이 중요한 명분으로 작용했다. 고려 말에 사전을 개혁해 과전법을 실시할 때도 왕토 사상이 기반이 되었다.

실학은 조선 후기의 사회 변화에 적극 대응하려고 한 새로운 학문이다. 실학자들 가운데 중농학파는 농민을 중심으로 농촌 문제를 해결하려고 했는데, 이를 위해 토지 개혁론을 주장했다. 중상학파는 기술을 개발하고 상품의 유통을 원활하게 해 상공업을 발달시켜야 한다고 강조했다. 실학을 평가할 때 근대적 사상이었다고 보는 의견은, 지주제 개혁을 시도했다는 점을 중요한 근거로 든다. 또 상공업의 발전을 추구했으며, 우리 민족의 독자성을 중요하게 여겼다는 점도 지지 요소다. 실학이 근대적 사상이 아니었다고 보는 의견은, 실학자들이 신분제와 군주제를 부정하지 않았고, 전통 지배 질서 안에서도 지주제 개혁이 가능하다고 생각했다는 점을 근거로 든다.

조선 후기 실학자들이 제시한 중요한 사회 개혁론을 설명한 뒤, 이를 근대적 사상으로 볼 수 있는지 논술해 보세요 (500~600자).

수행 평가와 디베이트를 위한
쟁점 한국사

15. 천주교 박해는 국가 주권의 정당한 행사인가

● 1780년대 현재 명동 성당 자리에 있던 명례동(현재의 명동) 김범우의 집에서 신앙 집회를 갖는 모습.

천주교는 18세기 후반 중국 사신들을 통해 우리나라에 전해졌다. 천주교는 평등과 박애를 강조하며 빠르게 퍼졌다. 그러나 유교적 사회 질서와 충돌했고, 특히 조상 제사를 거부하는 교리가 문제로 떠올랐다. 이 때문에 조정은 천주교를 국가에 대한 위협으로 보아 지속적인 박해를 가했다. 천주교는 어려운 환경에서도 꾸준히 성장했다. 천주교 박해에 대해서는 국가 주권의 정당한 행사로 보는 입장과 신앙의 자유에 대한 부당한 탄압으로 보는 입장이 대립하고 있다. 우리나라에 천주교가 들어온 역사를 살펴보고, 천주교 박해를 어떻게 평가할지 탐구한다.

교과서 이곳을 보세요

고등학교 한국사 2단원 근대 국민 국가 수립 운동 • 1. 서구 열강의 접근과 조선의 대응
중학교 역사2 6단원 근·현대 사회의 전개 • 1. 국민 국가의 수립

중국 통해 들어와… 신앙으로 받아들여

● 이승훈(앉은 사람)이 중국의 베이징에서 프랑스인 신부에게 한국인 최초로 세례를 받고 있다. (사진 : 한국 천주교 순교자 박물관)

천주교는 중국에 다녀온 사신들에 의해 조선에 알려졌다. 이수광(1563~1628)은 명나라에 사신으로 갔을 때, 베이징의 천주교회를 방문해 서양인 선교사들과 만났다. 그는 이때의 경험을 바탕으로 자신이 지은 책에서 천주교의 교리를 담은 『천주실의』를 소개했다.

18세기 후반에 사회를 개혁하려고 한 학자들이 천주교 서적을 읽고 호감을 가졌다. 당시 조선 사회는 조세 제도가 문란하고 신분제가 흔들리며 혼란을 겪었다. 이런 상황에서 이들은 유교의 틀로 세계를 이해하는 데 한계를 느꼈다. 그래서 유교를 뛰어넘는 사상과 학문을 찾으려고 했다. 이 과정에서 서양의 뛰어난 과학 기술에 관심을 가졌고, 천주교를 새로운 사상과 학문으로 받아들였다.

이벽(1754~85)은 천주교를 학문이 아니라 종교로 받아들였다. 그는 이승훈(1756~1801)과 정약용(1762~1836) 등과 함께 경기도 광주의 천진암에 모여 천주교의 교리를 연구했다. 이들은 모든 사람이 천주 앞에서 평등하고, 서로 사랑하라는 교리에 매력을 느꼈다.

우리나라 천주교는 자발적 신앙 공동체로 출발했다는 점에서 남다르다. 선교사들에 의해 전파된 게 아니라, 평신도들이 스스로 교회를 세웠기 때문이다. 이승훈은 1783년 사신인 아버지를 따라 베이징에 갔는데, 천주교회를 방문해 서양인 신부에게서 영세를 받았다.

우리나라 천주교의 역사는 1784년 이벽이 수표교 부근에 있던 집에서 이승훈에게서 영세를 받으며 시작되었다. 이벽과 이승훈 등은 1785년 지금의 명동 성당 자리에 있던 김범우(1751~86)의 집에서 신앙 집회를 열며 포교 활동을 했다.

낱말 즐겨 찾기

천주실의 마테오 리치(1552~1610)가 한문으로 쓴 천주교 교리서.
영세 죄를 씻고 천주교 신자의 자격을 주는 의식.

유교와 부딪치며 도입 초기부터 박해 받아

우리나라 천주교는 탄압을 당하면서 1만 명에 이르는 순교자를 냈다는 점에서도 세계 천주교의 역사에서 남다르다.

천주교는 초창기부터 탄압을 받았다. 신해박해(1791) 때 첫 순교자가 나왔다. 전라도 진산에서 윤지충(1759~91)이 어머니가 돌아가신 뒤 신주를 불태우고 제사를 지내지 않았다는 이유로 처형을 당했다. 하지만 1794년 중국인 신부 주문모

● 서울 서소문 순교 성지. 신유박해 때 초기 천주교 지도자들이 처형을 당한 곳이다.

(1752~1801)가 입국해 교회를 이끌었고, 비밀리에 포교 활동을 이어 가 1800년에는 교인이 1만 명에 이르렀다.

천주교에 너그러운 정조(재위 1776~1800)가 죽고 순조(재위 1800~34)가 즉위하며 천주교를 심하게 탄압했다. 집권 세력은 반대파에 천주교 신자가 많음을 알고, 신유박해(1801)를 일으켰다. 이때 이승훈과 정약종(1760~1801) 등이 서소문 밖 네거리(지금의 서소문 공원)에서 처형을 당했다. 당시 300여 명이 순교했다.

천주교는 큰 타격을 입었지만, 살아남은 신도들이 산간벽지로 숨어들어 천주교를 전국으로 확산시켰다. 조정에서 금지 조치를 내렸지만, 천주교는 백성들 사이에 널리 퍼졌다. 1836년 이후 서양인 신부들이 들어와 포교에 힘썼다. 이런 과정에서 기해박해(1839)가 일어나 프랑스인 신부 3명과 119명의 신자가 순교했다.

하지만 천주교의 교세는 갈수록 커졌다. 김대건(1821~46)이 마카오에 가서 신학교를 졸업하고 조선인으로는 처음 신부가 되었다. 신도도 점차 늘어 2만 명에 이르렀다. 이에 병인박해(1866)가 일어나 프랑스인 선교사 9명과 천주교 신자 8000여 명이 처형을 당했다. 20년이 흐른 뒤 조선은 프랑스와 국교를 맺으며 천주교를 허용했다.

낱말 즐겨 찾기

순교자 자기의 신앙을 지키기 위해 목숨을 바친 사람.
신주 죽은 사람의 이름과 죽은 날짜를 적어 놓은 나무패.
기해박해 1839년에 일어난 천주교 탄압 사건.
병인박해 1866년 흥선 대원군(1821~98)이 천주교도를 학살한 사건.

"국가 주권 행사" vs "신앙의 자유 탄압"

● 충북 제천의 배론 성지 토굴 속에 전시된 황사영 백서. 원본은 로마 교황청 민속 박물관에 있다.

조선 정부는 천주교에 대해 유교의 질서를 파괴하고 국가를 위협하는 세력으로 보았다. 윤지충이 제사를 지내지 않은 행위를, 유교적 질서를 파괴하는 증거로 본 것이다. 유교는 효를 중시했다. 따라서 조상을 추모하기 위해 지내는 제사를 후손의 당연한 도리로 여겼다.

천주교 박해를 국가 주권의 정당한 행사로 보는 학자들은, 천주교 신자들이 제사를 지내지 않아 유교 국가인 조선의 기본 질서를 부정했다고 지적한다. 정조는 유교로 이단 세력을 설득해야 한다고 생각해, 천주교 탄압에 반대했다. 하지만 정조도 윤지충을 처형할 수밖에 없었다. 서양 세력의 앞잡이가 되어 조선의 국가 주권을 침탈하려고 시도한 점도 문제로 삼는다. 이들은 황사영(1775~1801) 백서 사건을, 천주교가 반국가 세력임을 나타내는 증거로 받아들였다. 1801년 신유박해가 일어나자 황사영은 베이징의 서양인 신부에게 편지를 썼다. 이 편지에는 서양의 군함과 군대를 보내 조선 정부에 압력을 넣고, 조선을 청나라에 편입시켜 달라고 부탁하는 내용이 있었다.

천주교 박해를 비판하는 학자들은 신앙의 자유를 부당하게 탄압한 것으로 본다. 과거 천주교에서 제사를 우상 숭배로 본 까닭은, 조선의 전통 문화에 대한 무지 탓이다. 하지만 제사를 지내지 않는다고 천주교 신자들을 학살한 행위가 정당화될 수는 없다. 이러한 입장에서 보면, 황사영이 국가의 안전보다 신앙의 자유를 더 중요하게 여긴 점은 어쩔 수 없는 선택이었다. 천주교 신자들은 조선 정부의 가혹한 탄압 때문에 신앙의 자유는 물론 생명까지 빼앗겼다. 이런 극단적인 상황에 맞서려면 서양 세력에 의지하는 길 외에 다른 대안이 없었다고 주장한다.

낱말 즐겨 찾기
이단 정통에서 벗어나거나 어긋난 이론이나 신념.

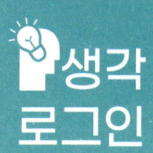

생각 로그인

01 세계의 천주교 역사에서 우리나라의 천주교가 어떤 점에서 독특한지 말해 보세요.

02 18세기 후반에 조선 사회를 개혁하려던 학자들이 천주교에 관심을 가진 이유를 세 가지만 들어 보세요.

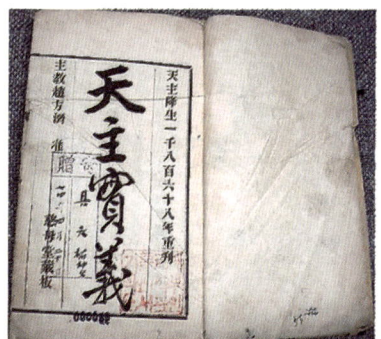

● 『천주실의』를 지은 마테오 리치는, 중국의 사상과 학문, 문화를 깊이 이해하고 있었다.

03 많은 천주교 신자가 관청에 붙잡힌 뒤, 신앙을 버리면 살려 주겠다는 데도 순교의 길을 택한 까닭을 보기를 참고해 설명해 보세요.

> **보기**
>
> 정약용(1762~1836)의 셋째 형인 정약종(1760~1801)은 한글 교리서인 『주교요지』를 썼다. 한자를 잘 모르는 평민의 성경 이해를 돕기 위해서였다. 제사를 거부하고 신주를 불사른 윤지충(1759~91) 사건을 계기로, 바로 위 형인 정약전(1758~1816)과 동생인 정약용은 교회를 떠났다. 하지만 평신도 회의 초대 회장을 지낸 정약종은, 끝까지 신앙을 버리기를 거부하다 죽임을 당했다.

 정보 클릭

서학과 천주교

일부 학자들이 천주교에 관심을 가진 18세기 후반에는 유교적 사회 질서가 무너지고 있었다. 당시 농업과 상업이 빠르게 발전했지만, 조세 제도가 문란해지고 신분제가 흔들렸다. 이에 따라 학자들이 혼란에 대응할 수 있는 새로운 사상과 학문을 찾으려 했다.

이들은 처음에 천주교를 사상과 학문으로 받아들였다. 그래서 서양의 학문이라는 뜻에서 '서학'이라고 불렀다. 그리고 서양의 과학 기술에 관심이 깊었다.

정약용은 수원 화성을 지을 때, 스위스 출신 선교사인 테렌츠(1576~1630)의 『기기도설』을 참고해 거중기를 제작했다. 그 연장선에서 천주교에는 인간과 세계에 대한 새로운 사상과 학문이 담겨 있다고 여겼다. 또 유교의 한계를 뛰어넘을 수 있는 가능성을 갖고 있다고 봤다.

그래서 천주교를 공부하기 위해 『천주실의』를 읽었다. 마테오 리치는 중국의 사상과 학문, 문화를 깊이 이해하고 있었다. 그는 동아시아의 지식인들을 효과적으로 설득하기 위해 『천주실의』에서 서양 학자와 중국 학자를 등장시켜 대담하는 형식으로 천주교 교리를 설명했다. 이 책은 1603년 베이징에서 출간된 뒤 동아시아로 빠르게 퍼졌다. 출간 이듬해인 1604년에 이미 일본에 전해졌을 정도다.

이벽과 이승훈, 정약용 등은 천주교를 사상과 학문에 그치지 않고 신앙으로 받아들였다. 교리에서 매력을 느꼈기 때문이다. 특히 모든 사람은 천주 앞에서 평등한데, 서로 사랑하라고 가르친 점에서 새로운 깨달음을 얻었다.

04 천주교 박해에 대해 주권의 정당한 행사라는 평가와 신앙의 자유에 대한 부당한 탄압이라는 평가가 맞서는데, 각 입장의 근거를 제시해 보세요.

주권의 정당한 행사	신앙의 자유 탄압

05 윤지충이 신주를 불태우고 제사를 지내지 않은 행동의 문제점을 지적해 보세요.

● 윤지충이 순교한 충남 금산군 진산면에 세운 진산 성지 성당.

06 보기를 참고해, 황사영에게 '복자' 칭호를 주는 문제를 놓고 찬반 의견을 밝혀 보세요.

> **보기**
> 한국 천주교는 황사영(1775~1801)에게 덕행이 뛰어나거나 순교한 사람을 가리키는 '복자'라는 칭호를 쓸 수 있도록 추진했다. 하지만 프란치스코(재위 2013~) 교황이 한국을 방문한 2014년 8월 16일, 서울 광화문 광장 시복식 대상 124명에서는 빠졌다. 천주교 관계자는 "무력에 의한 조선 지배를 언급한 부분이 천주교의 가르침에 어긋나 문제가 될 수 있다"라고 말했다.

제사의 허용 문제

제사 허용 문제는 중국에 처음 천주교가 전해진 16세기로 거슬러 올라간다.

당시 서양인 선교사들은 중국의 문화와 유교적 전통을 이해하지 못했고, 특히 조상에게 제사를 지낼 때 양쪽 무릎을 꿇은 채 절하는 모습을 우상 숭배로 해석해서 이를 금지했다.

제사 문제는 우리나라의 천주교에서도 중요한 논쟁의 대상이 되었다. 천주교가 우리나라에 처음 전해졌을 때, 조상의 제사를 금지하는 교회의 가르침은 유교적 질서와 충돌하면서 박해의 주요 원인이 되었다. 그러나 시간이 흐르면서 서양인들도 제사가 단순히 조상에 대한 예의를 표현하는 의식임을 이해하게 되었다.

특히 교황 비오 12세(재위 1939~58)는 1939년 '중국 의례에 관한 훈령'을 발표하며 제사에는 종교적 의미가 없다고 선언했다. 이는 천주교가 조상의 제사를 허용하는 중요한 전환점이 되었다. 그 결과 우리나라의 천주교 신자들에게도 종교와 전통 문화 사이의 갈등을 완화하고, 신앙과 예절이 공존할 수 있는 길이 열렸다.

18세기 후반 이승훈이 베이징에서 서양인 신부에게 영세를 받고 돌아온 뒤, 우리나라의 천주교 역사가 시작되었다. 우리나라의 천주교는 자발적 신앙 공동체로 출발했는데, 모진 탄압을 당하면서 많은 순교자를 냈다. 신해박해(1791)와 신유박해(1801), 기해박해(1839), 병인박해(1866) 등을 겪으며, 1만 명의 순교자가 나왔다. 천주교 박해를 국가 주권의 정당한 행사로 보는 학자들은, 천주교 신자들이 유교 국가인 조선의 기본 질서를 부정했고, 서양 세력의 앞잡이가 되어 주권을 침탈하려던 점을 문제로 삼는다. 천주교 박해를 비판하는 학자들은, 신앙의 자유에 대한 부당한 탄압 때문에 천주교 신자들이 국가의 안전보다 신앙의 자유를 더 중요하게 여긴 점은 어쩔 수 없었다는 입장이다.

우리나라에 천주교가 들어온 역사를 설명하고, 조선의 천주교 박해를 국가 주권의 정당한 행사로 보는 입장과 신앙의 자유에 대한 부당한 탄압으로 보는 입장 가운데 한 가지를 정해서 논술해 보세요(500~600자).

수행 평가와 디베이트를 위한
쟁점 한국사

16. 동학 농민군은 혁명을 추구했는가

● 농민군의 최고 지도자가 된 전봉준(앞줄 가운데). (사진 : 우리역사넷)

전봉준 등 동학 농민군은 1894년 고부에서 부패한 관료를 몰아내며 봉기를 시작했다. 그 뒤 전주 화약을 통해 정부와 협약을 맺었으나 일본군의 개입과 청일 전쟁으로 상황이 악화되자 다시 봉기했다. 공주 우금치 전투에서 패배한 뒤 지도자들이 체포되면서 봉기는 진압되었다. 하지만 외세에 대한 저항과 사회 개혁 의지는 역사에 큰 영향을 미쳤다. 동학 농민군이 정부와 외세에 맞서 봉기한 사건을 놓고, 혁명이라는 입장과 운동이라는 의견이 대립하고 있다. 동학이 일어나 세력을 넓힌 과정과 동학 농민군이 봉기한 과정을 탐구하고, 그 의의에 대한 상반된 평가를 알아본다.

교과서 이곳을 보세요

고등학교 한국사 2단원 근대 국민 국가 수립 운동 • 3. 근대 국가 수립을 위한 노력
중학교 역사2 6단원 근·현대 사회의 전개 • 1. 국민 국가의 수립

유교로는 나라 위기 극복 못해 동학 창시

● 동학을 창시한 최제우.

● 『동경대전』(왼쪽)과 『용담유사』.

조선은 19세기 중반에 나라 안팎이 어지러웠다. 세도가와 지방 수령은 부정부패를 일삼았다. 게다가 조세 제도가 문란하고 전염병까지 창궐하는 바람에, 백성의 생활이 극도로 어려워졌다. 서양의 배들도 자주 나타나 민심을 어지럽혔다.

최제우(1824~64)는 조선의 국교인 유교로는 이러한 위기를 극복할 수 없다고 여겨 1860년 동학을 창시했다. 동학은 유교와 불교, 도교 등을 융합한 종교인데, '사람이 곧 하늘'이라는 인내천 사상이 중심을 이뤘다. 모든 사람은 하늘처럼 섬겨야 할 존엄한 존재라는 말이다.

동학이 농민들 사이에 빠르게 퍼지자, 정부는 세상을 어지럽힌다는 이유로 1864년 최제우를 붙잡아 처형했다. 동학이 양반 중심의 신분제를 부정했으므로 나라의 기본 질서를 뒤흔들 우려가 컸기 때문이었다.

동학은 인간 존중과 평등을 주장했고, 나라에서 사교로 지정되어 탄압을 당했다는 점에선 천주교와 공통점이 있다. 하지만 서양의 사상과 문화에 맞서 우리 민족의 전통을 지키려 했고, 사후 세계가 아닌 현세를 중요하게 여겼다는 점에선 천주교와 다르다.

동학은 최제우가 사형을 당한 뒤 최시형(1827~98)을 중심으로 교세를 넓혔다. 그는 30년 가까이 정부의 추적을 피해 다니며 포교에 힘썼다. 이때 『동경대전』과 『용담유사』를 펴내 동학을 체계화했다. 동학 세력은 1880년대에 영남 지방을 벗어나 다른 지방까지 확장되었다. 1890년대에는 경상·전라·충청 지방 전역에서 크게 성장했다.

낱말 즐겨 찾기
- **사교** 도덕과 사회 제도에 나쁜 영향을 끼치는 불건전한 종교.
- **동경대전** 동학의 교리를 한문으로 정리한 경전.
- **용담유사** 서민과 부녀자들에게 동학을 전파하기 위해 교리를 노래로 지어 한글로 쓴 책.

백성을 구하기 위해 일어나다

1892년 전라도 고부 군수 조병갑이 부정부패를 일삼고, 농민을 괴롭혔다. 1894년 음력 1월에 이 지역의 동학 책임자였던 전봉준(1855~95)이 농민들을 이끌고 조병갑을 내쫓았다.

농민들은 새로 부임한 군수가 잘못된 정치를 고치겠다고 약속하자 해산했다. 하지만 나라에서 파견한 조사관이 농민들에게 책임을 물으려 했다. 이에 농민들은 같은 해 3월 다시 봉기했다. 동학의 지도자를 주축으로 모인 농민들은 전라도 부안군 백산에서 전봉준을 대장으로 하는 군대를 조직했다. 농민군은 탐욕스러운 관리를 벌하고 백성을 구하기 위해 봉기한다는 뜻을 담은 격문을 발표했다.

● 우금치 전투 기록 청동상. (사진 : 정읍 동학 농민 혁명 기념관)

동학 농민군은 황토현에서 관군을 물리치고, 전라도 감영이 있는 전주를 점령했다. 이때 조선의 요청으로 청나라가 군대를 파견하자 일본도 군대를 보냈다. 동학 농민군은 외국 군대가 들어올 경우 나라가 짓밟힐 상황을 우려해 정부에게 정치를 바로잡아 달라고 요구하며 자진 해산했다.

전봉준은 전라도 관찰사와 협약을 맺고 전라도에 자치 기구인 집강소를 설치해 개혁에 나섰다. 횡포를 부리는 양반과 관리들을 엄벌했다. 농민에게 무리하게 거두던 세금도 없애고 빚도 덜어 주었다. 또 노비 문서를 불태워 노비를 해방시켰다.

일본이 청일 전쟁(1894~5)에서 우세해지며 조선에 대한 내정 간섭이 심해졌다. 전봉준은 일본에 맞서기 위해 최시형 등 동학 교단의 지도자들을 설득해 9월 중순 다시 봉기했다. 11월 초 동학 농민군은 공주의 우금치에서 일본군과 조선 정부군의 연합군에 맞서 싸웠지만 패하고 말았다. 그 뒤 전봉준 등 동학 농민군 지도자들은 관군에게 붙잡혀 사형을 당했다.

낱말 즐겨 찾기

격문 백성에게 불의에 대한 분노를 고취시키려는 목적으로 쓰는 글.
황토현 전북 정읍에 있는 야트막한 고개.
감영 조선 시대 각 도의 관찰사가 거처하던 관청.
집강소 동학 농민군이 전라도 지역에서 개혁을 추진하기 위해 만든 자치 기구.

"지배 체제 바꾸려던 혁명" vs "지배 체제 고치려던 운동"

● 정읍 황토현 전적에 있는 '갑오동학혁명기념탑'.

동학 농민군의 봉기는 조선 정부와 일본 침략 세력의 탄압으로 결국 실패했다. 하지만 농민들이 지배 체제에 반대하고 외세의 침략을 물리치려 했다는 점에서 우리 역사의 중요한 사건으로 평가를 받고 있다. 그런데 그 성격을 놓고 혁명이라는 입장과 운동이라는 입장이 맞서 있다.

농민 혁명으로 보는 사람들은 농민이 전통적인 사회 질서에 반대해 봉기했다는 데 근거를 둔다. 이들은 농민군이 노비 문서를 불태우는 등 신분제를 무너뜨리려 했던 점에 주목한다. 전통 사회는 신분제를 그 뼈대로 삼았지만, 근대 사회는 모든 사람의 평등을 추구했다. 토지 제도를 바꾸려 했다는 점도 강조한다. 농민군은 백성들에게 토지를 고르게 나눠 주고 농사를 짓게 하려고 했다. 이는 농사를 짓는 사람이 자기 땅을 가지도록 시도했음을 뜻한다. 지주제는 신분제와 함께 전통적인 사회 질서를 떠받치는 기둥이었다. 결국 농민군은 신분제와 지주제를 무너뜨리고 모든 사람이 평등한 새로운 사회를 추구했다는 것이다.

농민 운동이라는 입장은 전통적인 지배 체제를 뒤엎으려던 것이 아니고 개선하는 데 목적이 있다고 본다. 농민군은 서울로 진격해 부패한 권세가들을 쫓아내려고 했다. 이는 전통적인 지배 질서의 틀 안에서 백성의 삶을 안정시키는 개혁을 원했음을 뜻한다. 혁명으로 평가를 받으려면 정치 질서 등 모든 사회 제도가 완전히 바뀌어야 한다. 그런데 농민군은 왕을 떠받들어야 한다는 생각에서 벗어나지 못했다. 또 백성이 나라의 주인 노릇을 할 수 있는 제도를 생각하지 못했다고 주장한다.

낱말 즐겨 찾기

혁명 관습이나 제도 등을 뒤엎고 새롭게 세우는 일.
운동 어떤 목적을 이루려고 힘쓰는 일.

생각 로그인

01 동학과 천주교의 공통점과 차이점을 정리해 보세요.

	동학	천주교
공통점		
차이점		

02 양반과 지주들이 민보군을 조직해 동학 농민군을 탄압한 이유를 말해 보세요.

03 전봉준의 입장에서, 최시형 등 동학 교단의 지도자들에게 일본군과 벌이는 전쟁에 참여해 달라고 설득해 보세요.

● 전봉준(왼쪽)과 최시형.

민보군

동학 농민군은 일본군을 물리치려고 다시 봉기했지만, 우금치 전투에서 대패했다. 칼과 창으로 무장한 채 기관총과 대포로 무장한 일본군에 맞섰기 때문이다.

그 뒤 동학 농민군은 전국적으로 항일 투쟁을 이어 갔는데, 민보군에게 패했다. 민보군은 양반과 지주들이 만든 민간 무장 조직이었다. 고을의 유력자인 양반이 지휘자였고, 지주들이 군자금을 댔다.

양반과 지주들은 동학 농민군이 세력을 떨칠 때에는 생명과 재산을 지키기 위해 숨을 죽이고 있었다. 그런데 동학 농민군이 노비들을 해방시키며 그들의 사회 경제적 기반이 크게 흔들렸다.

양반과 지주들은 동학 농민군이 우금치 전투에서 패하자, 정부군과 일본군에 호응해 일어섰다.

동학 농민군과 민보군은 지역 사회에서 피지배층과 지배층의 이익을 대변했다. 동학 농민군이 신분적으로 천대를 받는 평민과 천민, 농민의 이익을 대변했다면, 민보군은 권세를 부리는 양반과 지주의 이익을 대변했다.

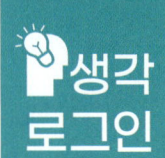

04 동학 농민군의 봉기에 대해 혁명이라는 입장과 운동이라는 입장이 맞서는데, 각각의 근거를 두 가지씩 제시해 보세요.

혁명이다	운동이다

05 동학 농민군의 봉기를 운동으로 보는 입장에서, 혁명이라고 보는 입장을 비판해 보세요.

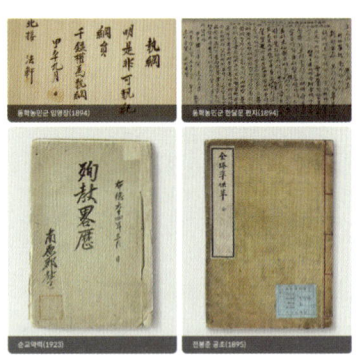

● 2023년 유네스코 세계 기록 유산에 등재된 「동학농민혁명기록물」. (사진 : 국가유산청)

06 보기 에서 봉기한 농민들을 '농민군'이 아니라 '동학 농민군'으로 불러야 한다는 주장에 찬반 의견을 밝혀 보세요.

> **보기**
> '동학 농민군'으로 불러야 한다는 입장은 농민군의 지도 이념과 조직 기반에서 동학이 중요한 역할을 했다고 본다. 반면 '농민군'으로 불러야 한다는 입장은 동학이 중요한 역할을 했다고 보지 않는다.

동학의 역할

역사학자들 사이에서는 동학 농민군의 봉기에서 동학이 어떤 역할을 했는지를 놓고 의견이 엇갈린다. 동학사상과 동학 교단의 역할을 인정하느냐, 그렇지 않느냐에 따라 대립된다.

동학의 역할을 인정하는 사람들은 동학사상이 지도 이념의 역할을 했다고 주장한다. 동학사상은 인간 존중과 평등을 추구했으며, 이것이 전통 사회 질서를 무너뜨리고 새로운 사회를 추구하게 만들었다는 것이다. 또 동학 교단이 농민군의 조직 기반이 되었다고 본다. 농민군이 넓은 지역에서 뭉칠 수 있던 까닭은 교단이 조직적으로 움직였기 때문에 가능했다. 교단이 움직이지 않았다면 한 고을의 탐관오리에 맞서는 농민 항쟁 수준에서 벗어나기 어려웠을 것이다.

동학의 역할을 인정하지 않는 사람들은 동학사상이 지도 이념의 역할을 하지 못했다고 본다. 농민군은 '나랏일을 돕고 백성을 편안하게 한다', '폭정을 제거하고 백성을 구한다'는 구호를 내세웠다. 이는 유교 사상에 기반을 둔 구호이며, 동학사상과 관계가 없다는 것이다. 그리고 동학 교단이 농민군의 봉기에 중요한 역할을 하지 못했다고 주장한다. 전봉준 등 동학 지도자들이 농민군의 지휘부를 이루기는 했지만, 개인 자격이었지 교단과는 거리가 멀다는 의견이다.

　최제우는 1860년 '인내천' 사상을 앞세워 나라 안팎의 위기를 극복하려고 동학을 창시했다. 동학이 농민들 사이에서 빠르게 퍼지자, 나라에서 사회 질서를 어지럽힌다는 죄목을 씌워 최제우를 처형했다. 그 뒤 동학은 탄압을 받으면서도 교세를 확장해 1890년대에는 경상·전라·충청 지방을 중심으로 크게 성장했다. 전라도 고부의 동학 책임자였던 전봉준과 농민들은 1894년 1월 백성을 괴롭히던 고부 군수를 몰아냈으며, 3월에는 동학 농민군을 조직해 전주를 점령했다. 하지만 같은 해 11월 공주의 우금치에서 일본군과 조선 정부군의 연합군에 맞서다 패하고 말았다. 동학 농민군의 봉기를 혁명으로 보는 입장은 신분제와 지주제를 무너뜨리고 모든 사람이 평등한 새로운 사회 질서를 추구했다는 점을 강조한다. 운동으로 보는 입장은 전통적인 지배 질서의 틀 안에서 백성의 삶을 안정시키는 개혁을 원했지, 기존의 정치 질서를 뒤엎으려는 시도를 하지는 않았다는 점을 강조한다.

동학 농민군이 나라에 맞서 봉기한 과정을 설명하고, 농민군의 봉기가 혁명이라는 입장과 운동이라는 입장 가운데 한 가지를 선택해 논술해 보세요(500~600자).

수행 평가와 디베이트를 위한
쟁점 한국사

17. 갑오개혁은 근대적 개혁이었나

● 갑오개혁을 이끈 유길준(왼쪽)과 그의 대표 저서인 『서유견문』.

갑오개혁의 최고 책임자는 김홍집(1842~96)이지만, 개혁의 이론적 배경을 제공하고 실제 업무를 맡은 인물은 유길준(1856~1914)이다. 갑오개혁이란 1894년 7월부터 1896년 2월 초까지 3차에 걸쳐 추진된 개혁 조치를 말한다. 이 개혁은 동학 농민 운동과 청일 전쟁으로 인한 국내외의 혼란 정국에 일본의 영향력 아래서 추진되었다. 갑오개혁의 주요 목표는 신분제를 철폐하고, 왕실과 정부의 업무를 분리하는 등 근대 국가 체제를 도입하는 것이었다. 갑오개혁이 실시된 배경과 주요 내용을 살펴본 뒤, 갑오개혁의 평가를 놓고 상반된 의견을 탐구한다.

교과서 이곳을 보세요

고등학교 한국사 2단원 근대 국민 국가 수립 운동 • 3. 근대 국가 수립을 위한 노력
중학교 역사2 6단원 근·현대 사회의 전개 • 1. 국민 국가의 수립

일본의 강요로 갑오개혁 실시

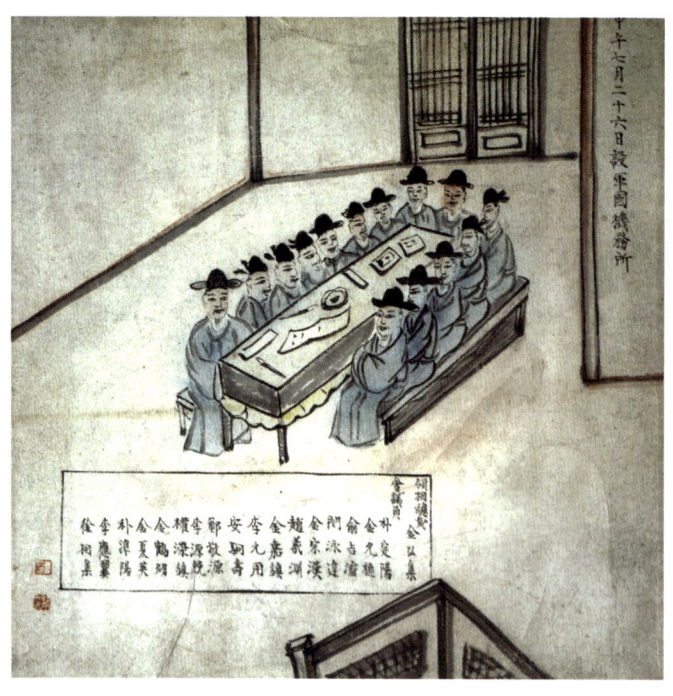
● 군국기무처의 관리들이 개혁 정책을 논의하고 있다.

1894년 3월 동학 농민 운동이 일어나 국정 개혁을 요구했다. 개혁 요구 가운데는 부패한 관리나 횡포를 부리는 부호와 양반을 벌할 것이며, 노비 문서를 불태우고 과부의 재혼을 허락해 달라는 내용이 담겨 있었다. 함부로 세금을 거두지 말고, 토지를 고르게 나눠 주어 경작할 수 있게 해 달라는 요구도 있었다.

정부는 동학 농민군의 기세를 완화하기 위해 그들의 개혁 요구를 일부 받아들이려고 했다. 그러면서 그들을 제압하기 위해 청나라에 군대 파견을 요청했다. 하지만 일본이 한반도에 대한 지배권을 확보하기 위해 군대를 보내는 바람에 청일 전쟁(1894~5)이 일어났다. 일본은 또 1894년 6월 경복궁을 점령하고, 고종(재위 1863~1907)을 협박하며 국정 개혁을 요구했다. 고종은 김홍집을 총리대신으로 삼고 군국기무처를 설치했다. 군국기무처는 개혁을 추진하기 위한 정책 의결 기구였는데, 이곳에서 나온 대부분의 정책을 마련한 사람이 유길준이었다.

제1차 갑오개혁에서는 정부 업무와 왕실 업무를 분리해 각각 의정부와 궁내부가 담당하게 했다. 이는 왕이나 왕비, 왕족이 나랏일을 제멋대로 하지 못하게 제한하는 의미가 있었다. 또 과거제를 폐지하고 능력 있는 실무 관료를 추천해 임용하는 제도를 마련했다. 사회적으로는 조혼을 금지하고, 과부의 재가를 허용했다. 또 노비제를 폐지해 신분 차별을 없앴다. 경제 면에서는 국가의 재정을 한 부서에서 관장하도록 해 여러 기관이 마음대로 세금을 거두는 폐단을 막으려고 했다. 또 세금을 화폐로 내도록 했고, 외국 화폐를 함께 쓸 수 있게 했다.

낱말 즐겨 찾기

동학 농민 운동 1894년 동학교도와 농민이 합세해 잘못된 정치의 개혁을 요구하며 저항한 운동.
총리대신 조선 말기 임금을 보좌해 국정을 총괄하던 최고 높은 관직.
조혼 어린 나이에 일찍 결혼하던 풍속.
노비제 신분적으로 남자종과 여자종을 천대한 제도.

정치와 사회 근대화의 시동 걸어

일본은 청일 전쟁 초기 군국기무처 중심의 개혁에 소극적이었다. 하지만 1894년 9월 이후 자국에 망명 중이던 박영효(1861~1939)를 귀국시켜 김홍집과 함께 연립 내각을 구성하게 한 뒤, 내정에 적극 간섭했다.

먼저 군국기무처를 폐지하고, 제2차 갑오개혁을 단

● 1895년 단발령을 내려 강제로 상투머리를 서양식으로 짧게 자르게 했다. (사진 : EBS 캡처)

행했다. 이에 따라 우리나라는 일본의 의도대로 중국에 의존하던 관계를 청산하고 자주독립을 선포했다. 중국의 종속국으로 남아 있으면 일본이 우리나라를 마음대로 지배하기 어려웠기 때문에 중국의 간섭에서 떼어 낼 필요가 있었다.

태양력을 도입하고, 재판소도 설치했다. 그리고 사법권을 행정권에서 분리한 뒤 지방 관리의 권한을 축소시켜 행정권만 행사하도록 했다.

청일 전쟁은 1895년 4월 일본의 승리로 끝났다. 그런데 러시아와 손을 잡은 고종은 박영효를 내각에서 쫓아내는 등 일본 세력을 제거하려고 했다. 이에 불안을 느낀 일본은 경복궁을 습격해 명성 황후(1851~95)를 시해했다.

이 사건이 있은 뒤 권력을 되찾은 김홍집과 유길준은 개혁을 계속 추진했다. 이를 제3차 갑오개혁 또는 을미개혁이라 한다. 가장 강력한 개혁 조치는 상투머리를 잘라 서양식 짧은 머리로 하는 단발령이었다. 유생과 농민은 이에 저항해 곳곳에서 의병을 일으키고 일본과 친일 세력에 맞서 싸웠다.

고종은 일본의 간섭에서 벗어나려고 1896년 러시아 공사관으로 피신해 러시아를 등에 업었다. 이를 계기로 김홍집이 살해되고 유길준은 일본으로 망명했다. 이에 따라 갑오개혁으로 시행된 새로운 제도 가운데 단발령처럼 백성의 반발이 심한 정책은 한때 중단되었다.

> **낱말 즐겨 찾기**
>
> **연립 내각** 정치적 성향이 다른 둘 이상의 정치 세력이 함께 조직한 내각.
> **태양력** 지구가 해의 둘레를 1회전을 하는 동안을 1년으로 하는 달력.

"근대적 개혁이었다" vs "외세에 의존했다"

● 1884년 갑신정변의 주역. 왼쪽부터 박영효, 서광범, 서재필, 김옥균이다.

우리나라는 갑오개혁을 실시하면서 근대 국가에 한 걸음 더 다가섰다. 그런데 갑오개혁을 놓고 근대적 개혁이라는 점에서 긍정적으로 평가하는 의견과 외세에 의존했다는 점에서 부정적으로 평가하는 의견이 맞서 있다.

긍정적으로 보는 의견은 갑오개혁이 신분제 폐지 등 근대적 개혁을 단행했다는 점을 강조한다. 신분제는 혈통에 따라 대우를 달리한 전통 사회의 대표적인 악습인데, 갑오개혁을 통해 노비제를 폐지하고, 양반과 평민을 차별하지 못하게 했다. 중국의 간섭에서 벗어났다는 점도 긍정적인 평가를 뒷받침한다. 우리나라는 오랫동안 중국에 조공을 바치던 종속국이었는데, 갑오개혁 때 자주독립국임을 선포했다. 내각에게 중요한 정책을 결정하게 하려던 시도나, 정부 업무와 왕실 업무를 분리하는 조치도 왕권을 제한하고 왕실의 정치 참여를 억제했다는 점에서 긍정적 평가 요인으로 작용한다.

부정적으로 보는 의견은 갑오개혁이 외세에 의존해 이뤄졌음을 강조한다. 일본은 한반도를 지배하기 위해 청일 전쟁을 일으켰고, 갑오개혁은 이러한 일본의 침략 의도를 뒷받침하기 위해 실시되었다는 것이다. 또 세금을 화폐로 내도록 하고, 외국 화폐를 함께 쓸 수 있게 했는데, 이러한 조치는 일본의 경제 침략을 위한 기반을 닦았다는 점에서 부정적 평가를 뒷받침한다. 결정적으로 토지 개혁을 실시하지 않은 점도 부정적 평가의 요인이다. 동학 농민군은 세금을 함부로 거두지 말고, 토지를 고르게 분배해 경작할 수 있게 해 달라고 요구했다. 그런데 조세 제도를 개혁하기는 했지만 토지 제도는 그대로 뒀기 때문에 농민의 지지를 얻지 못했다.

낱말 즐겨 찾기
조공 종속국이 종주국에 때를 맞추어 예물을 바치던 일.

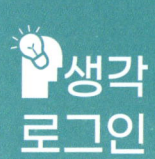

생각 로그인

01 제1차 갑오개혁의 중요 내용을 정치, 사회, 경제 부문으로 나눠 정리해 보세요.

정치	
사회	
경제	

02 우리나라가 중국에 의존하던 관계에서 벗어나 자주독립을 선포한 배경에 숨겨진 일본의 의도를 말해 보세요.

● 일본의 화가가 그린 청일 전쟁 풍도 해전도. 일본군에 의해 격침되는 청나라 함대의 모습이다. (사진 : 영국 박물관)

03 의병을 일으킨 유생의 입장에서 단발령에 반대하는 상소문을 올려 보세요.

정보 클릭

단발령

고종은 1895년 11월 15일(양력 12월 30일) 단발령을 선포했다. 그리고 그날로 대신들과 함께 머리를 깎았다. 16일에는 관리와 군사, 경찰까지 머리를 깎게 했다. 하지만 이 같은 조치는 일본의 강요에 의한 것이었으므로, 백성의 거센 반발을 샀다.

단발령이 실시되자 전국에서 저항 움직임이 일어났다. 당시 백성은 목을 자를 수는 있어도 머리카락은 자를 수 없다고 여겼다. '신체와 머리카락은 부모에게서 물려받았으니, 이를 훼손하거나 다치지 않는 것이 효의 시작'이라는 유교 사상에 철저했기 때문이다.

게다가 전통적인 상투머리를 민족 정체성의 상징으로 여겼다. 그때까지 우리 민족은 전통적인 상투머리를 유지했지만, 중국인은 변발(앞머리와 옆머리를 깎아 내고 남은 머리를 뒤로 땋아 늘이는 풍습)을 했다. 그리고 일본인은 서양식 짧은 머리를 했다. 그래서 상투머리는 우리 민족을 중국인이나 일본인 등 오랑캐와 구별하는 표식으로 여겼다.

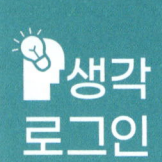

04 갑오개혁을 긍정적으로 평가하는 의견과 부정적으로 평가하는 의견을 뒷받침하는 근거를 세 가지씩 제시해 보세요.

긍정적 평가의 근거	부정적 평가의 근거

05 갑오개혁을 부정적으로 평가하는 입장에서, 토지 개혁을 실시하지 않은 점을 비판해 보세요.

● 19세기 말 지주에게 소작료를 바치는 농민들. (사진 : 김윤보의 '풍속도첩')

토지 개혁

　동학 농민군은 토지를 고르게 나누어 경작할 수 있게 해 달라고 요구했다. 대다수 국민이 농업에 종사하던 사회에서는 토지가 부의 원천을 이뤘다. 따라서 토지 개혁 없이는 민생을 안정시킬 대책을 세울 수 없었다.

　조선 말기에는 극소수의 대지주가 넓은 토지를 독차지하는 현상이 심해졌다. 이에 따라 농민은 아주 적은 토지만 소유하거나 지주의 토지를 빌려 농사를 지어서 간신히 생계를 유지했다. 이런 상황에서 민생을 안정시키려면 농민에게 토지를 고르게 나눠 줄 필요가 있었다.

　하지만 갑오개혁은 조세 제도를 개혁하기는 했으나 토지 제도에는 손을 대지 않았다. 토지를 개혁하려면 넓은 토지를 소유한 지주들이 손해를 볼 수밖에 없다. 갑오개혁을 주도한 정치 세력은 지주들의 이익을 대변했으므로 과감하게 토지 개혁에 나서기 어려웠다.

우리나라는 갑오개혁을 통해 신분제 폐지와 재판소 설치, 단발령 실시 등 근대적 개혁 조치를 단행했다. 이 과정에서 일본의 압력으로 청나라와의 관계를 정리하고 자주독립을 선언했다. 하지만 이는 일본의 내정 간섭을 강화하는 계기가 되었다. 갑오개혁을 긍정적으로 보는 의견은 근대적 개혁을 실시했다는 점을 강조한다. 또 중국의 간섭에서 벗어났으며, 왕권을 제한하고 내각이 중요한 정책을 결정하려고 했던 점도 긍정적이라고 주장한다. 부정적으로 보는 의견은 외세에 의존해 이뤄진 사실을 강조한다. 일본의 경제 침략을 위한 기반을 닦았고, 토지 개혁을 실시하지 않아 농민의 지지를 받지 못한 점도 부정적이라고 주장한다.

갑오개혁의 실시 배경과 주요 내용을 설명하고, 갑오개혁을 부정적으로 볼지 또는 긍정적으로 볼지 자신의 의견을 논술해 보세요(500~600자).

수행 평가와 디베이트를 위한
쟁점 한국사

18. 독립 협회는 자주독립적이었나

● 독립 협회는 1896년 중국의 사신을 맞던 영은문(왼쪽)을 헐고 그 자리에 독립문을 세워 자주독립의 정신을 일깨웠다.

고종이 러시아 공사관으로 피신한 1896년 아관 파천 이후, 조선에서는 러시아 등 강대국들의 내정 간섭이 심화되었다. 이에 맞서 자주독립을 지키고 외세의 영향력을 줄이기 위해 서재필과 안경수 등 개화파 인사들이 주도해 독립 협회가 설립되었다. 독립 협회는 독립문과 독립관을 세우고, 국민 계몽과 정치 참여를 촉구하는 활동을 벌였다. 이런 배경에서 독립 협회는 조선의 근대화를 목표로 한 중요 단체로 자리매김했다. 독립 협회의 활동을 놓고 자주독립을 추구했다는 긍정적 평가와 그렇지 못했다는 평가가 엇갈린다. 독립 협회가 만들어진 배경과 활동상을 살펴보고, 독립 협회를 둘러싼 상반된 의견을 탐구한다.

교과서 이곳을 보세요
고등학교 한국사 2단원 근대 국민 국가 수립 운동 • 3. 근대 국가 수립을 위한 노력
중학교 역사2 6단원 근·현대 사회의 전개 • 1. 국민 국가의 수립

강대국의 이권 쟁탈전 장이 되다

● 러시아 공사관으로 피신한 고종(오른쪽에서 두 번째).

1880년대 중반 이후 조선에서 얻을 수 있는 이권을 둘러싸고 강대국들 사이의 대립이 뜨거워졌다. 청나라와 일본은 자기 세력을 키우려고 다퉜다. 러시아의 남하 정책과 영국의 저지 정책이 맞부딪쳤다. 1894년에는 조선의 지배권을 놓고 청일 전쟁이 일어났다. 일본은 전쟁에서 승리한 뒤 조선에서 청나라의 영향력을 없애려고 했다. 이에 따라 조선 정부는 청나라에 보내는 조공을 폐지하고, 조선이 자주국임을 선언했다.

러시아는 만주를 자기 세력권에 넣으려는 야욕 때문에 일본의 세력 확장을 막으려고 했다. 이러한 상황을 이용해 고종(재위 1863~1907)은 갈수록 심해지는 일본의 내정 간섭을 러시아에 기대서 물리치려고 했다. 이에 불만이 커진 일본은 1895년 일본인 불량배들을 궁궐에 침입시켜 명성 황후(1851~95)를 살해했다. 국제 사회는 일본의 야만적인 행위를 비난했다. 하지만 일본 정부는 자기네가 저지른 일이 아니라며 발뺌했다.

고종은 명성 왕후 살해 사건 이후 신변에 위협을 느끼고, 1896년 궁궐을 떠나 1년 동안 러시아 공사관으로 피신했다. 이를 아관 파천이라고 하는데, 그 결과 조선은 러시아에 의존하는 외교 정책을 폈다. 이에 따라 러시아는 조선에 재정 고문과 군사 고문을 보내는 등 내정에 간섭하기 시작했다. 그 뒤 러시아는 물론 미국과 일본까지 가세해 조선에서 철도 부설권과 광산 채굴권, 삼림 채벌권 등 많은 이권을 빼앗아 갔다. 조선 정부는 강대국들의 간섭으로 나라의 자주권이 흔들리는 상황에 빠지자, 각종 제도를 근대적으로 개혁해 나라를 부강하게 만들고 자주독립을 지켜야 했다.

> **낱말 즐겨 찾기**
>
> **남하 정책** 러시아가 과거 겨울에 이용할 수 있는 항구를 찾기 위해 한반도와 발칸반도, 흑해 연안 지방에서 남쪽으로 세력을 확장하던 정책.
> **조공** 종속국이 종주국에 때를 맞추어 예물을 바치던 일.

독립 협회 세워 외세 내정 간섭에 반대

고종이 러시아 공사관에 머물던 1896년 서재필(1864~1951)과 안경수(1853~1900) 등 개화파 관리와 지식층이 모여 독립 협회를 만들었다. 이들은 나라의 자주독립을 지키는 일을 중요 목표로 삼고, 협회 창립 총회에서 독립문과 독립관을 짓기로 결의했다. 국민의 권리를 확립하고, 부강한 나라를 만드는 일도 목표로 내걸었다.

● 서울 종로에서 1898년 열린 만민 공동회 모습.

독립 협회는 초기에 고위 관리를 중심으로 활동하며 독립문과 독립관을 짓는 데 힘을 쏟았다. 고종에게는 궁궐로 돌아오라고 요구해 성사시켰다. 그 뒤 고종은 나라의 위신을 높이기 위해 국호를 대한 제국으로 바꾸고, 황제에 즉위했다.

독립 협회는 일반 시민을 대상으로 연설회와 토론회를 열며 계몽 운동을 전개했다. 또 서재필이 운영하던 독립신문을 통해 외세의 내정 간섭과 이권 침탈에 반대하는 뜻을 널리 알렸다. 이 과정에서 정부와 사이가 나빠지자 고위 관리들이 협회에서 탈퇴하고 지식층이 주도하기 시작했다. 일반 시민도 협회에 가입해 활동했다.

독립 협회는 국민의 권리와 뜻을 존중하는 정치를 해 달라고 요구하며, 이를 위해 의회를 설립하자고 주장했다. 독립 협회의 활동 가운데 가장 활발한 것이 1898년에 연 만민 공동회였다. 만민 공동회는 '1만 명의 국민이 함께 국정을 논의하는 모임'이라는 뜻이다. 정치와 사회 등 여러 문제를 놓고 토론을 벌인 대중 집회였다. 이 집회에서는 중추원을 개편해 의회 기능을 부여해 달라고 정부에 건의했다. 고종은 이러한 제안이 황제의 권력을 약화시킨다고 판단해, 1898년 말 독립 협회를 강제로 해산하고 430여 명의 회원을 체포했다.

낱말 즐겨 찾기

개화파 조선 말기에 서양의 기술과 제도 등을 받아들이자고 주장하던 정치 세력.
독립문 독립 협회가 서울시 서대문구에 자주독립의 의지를 높이기 위해 세운 건물.
독립관 독립 협회의 회관 건물. 현재 서울시 서대문구 독립 공원 안에 복원되어 있다.
계몽 운동 지식수준이 낮거나 인습에 물든 사람들을 깨우치는 운동.
중추원 1894년에 전직 고위 관리들을 구성원으로 삼아 설치한 내각의 자문 기구.

"자주독립에 앞장" vs "반쪽짜리 자주독립 추구"

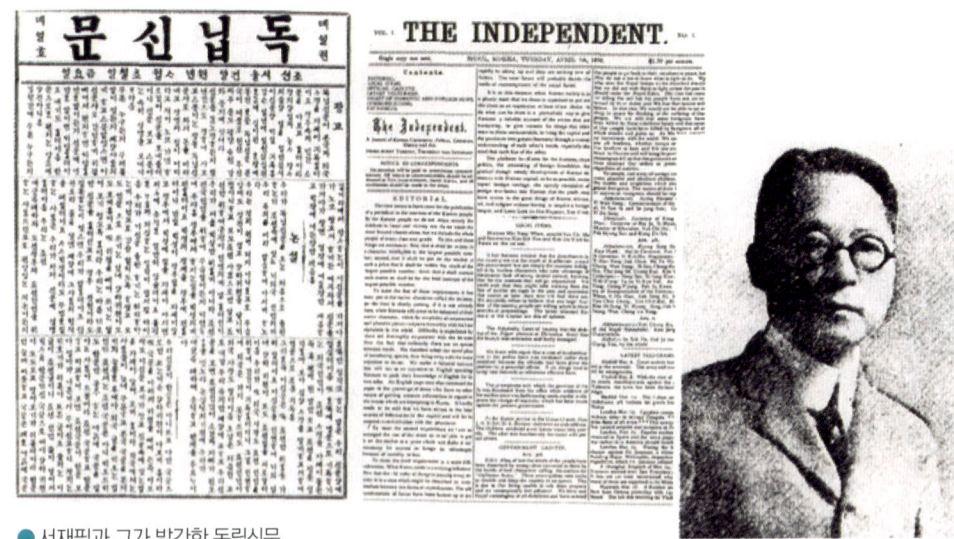

● 서재필과 그가 발간한 독립신문.

독립 협회는 근대적 민주주의를 추구한 계몽 단체였다. 하지만 자주독립을 지키기 위해 애썼다는 긍정적 평가와 자주독립에 철저하지 못했다는 부정적 평가가 엇갈리고 있다.

긍정적 시각에서는 독립 협회가 자주독립을 지키려고 했다는 점을 강조한다. 독립문과 독립관을 지어 자주독립의 의지를 대내외에 널리 알렸고, 러시아의 내정 간섭과 이권 침탈에 항의해 이를 차단하는 성과를 이뤘다는 주장이다. 근대적인 민주주의를 추구한 점도 긍정적인 평가 요소다. 독립 협회는 국민의 권리를 존중하는 정치를 해야 한다고 말하면서, 이를 위해 중추원을 개편해 의회를 설립하자고 제안했다. 만민 공동회를 통해 일반 시민이 정치의 주역으로 성장할 수 있게 이끈 점도 높이 평가할 대목으로 본다.

부정적 입장에서 볼 때 독립 협회는 자주독립에 철저하지 못한 한계가 있었다고 지적한다. 러시아를 견제하는 데는 적극적이었지만, 미국과 일본에는 우호적인 태도를 보였다는 것이다. 외세의 경제 침탈에 대한 비판 의식이 약한 점도 문제로 제시된다. 독립 협회의 지도자들은 외세의 정치적·군사적 침략은 경계했지만, 경제 침탈은 오히려 근대화를 앞당긴다고 판단했다. 그래서 러시아의 이권 침탈에는 반대하고, 미국과 일본의 이권 침탈은 반대하지 않았다. 일반 시민을 계몽 대상으로 삼은 점도 비판을 받을 수 있다. 협회의 지도자들은 일반 시민이 어리석은 존재이므로 근대적 지식을 갖춘 지식층이 깨우쳐야 한다고 생각했다. 이는 일반 시민을 나라의 주권자로 간주하지 않았다는 방증이 될 수 있다.

생각 로그인

01 고종의 아관 파천이 조선의 대외 관계에 미친 영향을 말해 보세요.

02 독립 협회의 활동 목표를 세 가지만 들어 보세요.

● 서울 서대문구 독립관에서 열린 독립 협회의 토론회를 보기 위해 모여든 사람들.

03 독립 협회의 입장에서, 의회 설립에 반대한 고종과 보수 정치 세력의 문제점을 지적해 보세요.

정보 클릭

좌절된 의회 설립 운동

독립 협회는 의회 설립의 필요성을 주장했다. 의회를 설립하면 국정 운영에 국민의 뜻을 반영할 수 있으므로, 국민과 나라가 일체감을 형성하게 된다고 보았다.

하지만 당장에는 의회를 설립하기 어려우므로 중추원을 개편해 의회 기능을 부여하자고 정부에 제안했다. 이를 통해 황제가 중요한 정책을 독단적으로 결정하는 행위를 견제하려고 했다.

이에 비해 고종과 보수 정치 세력은 황제를 중심으로 국정을 운영해야 한다고 믿었다. 따라서 황제의 권력을 더 강화하고, 중추원의 기능은 국정 운영을 충고하는 자문 기구로 제한하려고 했다.

독립 협회의 입장에서 볼 때, 의회 설립에 반대한 고종과 보수 정치 세력의 경우 국정에 국민의 뜻을 효과적으로 반영하지 못하도록 막는다는 점에서 문제가 있었다.

근대적인 정치 제도를 갖추려면 의회를 설립해 국정 운영에 국민의 뜻을 반영할 수 있어야 한다. 그런데 고종과 보수 정치 세력은 황제가 독단적으로 국정을 운영하는 정치 제도를 선호했기 때문에 의회 설립에 반대한 것이다.

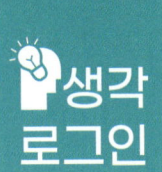

04 독립 협회에 대한 긍정적 평가와 부정적 평가를 뒷받침하는 근거를 세 가지씩 제시해 보세요.

긍정적 평가의 근거	부정적 평가의 근거

05 독립 협회를 부정적으로 평가하는 입장에서, 독립 협회가 나라의 완전한 자주독립을 추구했다는 의견을 비판해 보세요.

● 미국은 1895년 평안북도에 있는 동양 최대의 운산 금광 채굴권을 넘겨받아 엄청난 이익을 챙겼다.

독립 협회의 자주독립

독립 협회가 주장한 자주독립의 핵심 내용은 청나라에서만 완전하게 독립했음을 확인하는 것이었다. 이는 중국 사신을 맞던 영은문을 허문 자리에 독립문을 세운 사실에서도 알 수 있다.

독립 협회의 지도자들 가운데는 미국이나 일본과 가까운 사람이 많았다. 서재필은 1884년 갑신정변에 가담했다가 실패한 뒤 미국으로 망명했다. 1895년에 귀국해 독립신문을 펴내고 독립 협회를 세웠다. 서재필 외에도 안경수(1853~1900)와 윤치호(1865~1945) 등 독립 협회의 중요 지도자들도 미국이나 일본과 가깝게 지냈다.

이러한 의미에서 독립 협회가 추구한 자주독립은 완전하지 못했다. 당시 조선은 러시아의 내정 간섭과 미국, 일본 등의 이권 침탈 아래 놓여 있었다.

독립 협회는 러시아의 세력 확장에는 반대했지만, 미국이나 일본의 세력 확장을 반대하지는 않았다. 오히려 외국의 상품과 자본을 끌어들여야 우리나라가 발전할 수 있다는 시각에서 미국과 일본의 이권 침탈을 긍정적으로 봤다.

독립 협회는 서재필 등 개화파 관리와 지식층이 주도적으로 만들어 근대적 민주주의의 실천을 주장한 계몽 단체였다. 하지만 독립 협회의 업적을 놓고 긍정적 평가와 부정적 평가가 엇갈린다. 긍정적 입장에서는 독립 협회가 나라의 자주독립을 지키려 했다는 점을 높이 평가한다. 근대적인 민주주의를 추구했고, 일반 시민의 정치 참여를 추진한 점도 업적으로 꼽는다. 하지만 독립 협회가 자주독립에 철저하지 못한 한계를 보였고, 외세의 경제적 침탈이 근대화를 앞당긴다고 오판한 점을 비판하는 목소리도 있다. 게다가 일반 시민을 계몽 대상으로 여기고 나라의 주권자로 인정하지 않은 점도 문제로 지적한다.

독립 협회의 조직 배경과 활동 내용을 설명하고, 독립 협회의 업적을 어떻게 평가할지 자신의 의견을 논술해 보세요(500~600자).

수행 평가와 디베이트를 위한
쟁점 한국사

19. 항일 의병 전쟁은 애국 전쟁인가

● 1907년 일본에 맞서 무장한 의병. 군대가 강제로 해산된 뒤 군인들이 의병에 합류했다. (사진: 『한국의 비극(Tragedy of Korea)』)

항일 의병 전쟁은 1895년에 친일 정부가 실시한 단발령과 1905년에 체결된 을사조약에 맞서 유학자와 농민 등이 무장 봉기를 했던 사건을 말한다. 단발령으로 촉발된 을미의병은 유학자들이 주도해서 전통을 지키려 했다. 을사조약으로 촉발된 2차 의병 전쟁은 조선이 외교권을 박탈당한 상황에서 나라를 지키기 위해 일어났다. 특히 평민 출신 의병장인 신돌석의 활약은 의병이 양반뿐 아니라 다양한 계층이 참여한 민족적 저항의 상징으로 볼 수 있다. 항일 의병 전쟁이 일어난 과정을 살펴보면서, 이에 대한 평가를 놓고 상반된 의견을 탐구한다.

교과서 이곳을 보세요

고등학교 한국사 2단원 근대 국민 국가 수립 운동 • 4. 일본의 침략 확대와 국권 수호 운동
중학교 역사2 6단원 근·현대 사회의 전개 • 1. 국민 국가의 수립

단발령 맞서 1차 의병 전쟁 일으켜

● 1895년 10월 8일 시해된 명성 황후의 장례식이 2년 뒤인 1897년 11월 거행되었다. 경운궁(덕수궁) 대안문을 나서는 명성 황후의 장례 행렬.

1876년 우리나라를 개항시킨 일본은 한반도를 차지하려고 1894년 청나라와 전쟁을 일으켰으며 이듬해까지 싸워서 승리했다. 일본은 노골적으로 우리나라의 내정에 간섭했다. 명성 황후(1851~95)는 러시아와 손잡고 일본을 견제하려고 했다. 일본은 이에 불안을 느끼고 경복궁을 습격해 명성 황후를 살해했다.

그 뒤 친일 정부가 들어서서 태양력 사용과 소학교(지금의 초등학교) 설치, 종두법 시행 등 개혁 정책을 폈다. 하지만 1895년 유교의 전통인 상투를 자르라고 단발령을 내리자 반일 감정이 폭발했다. 많은 사람이 "부모에게 물려받은 머리털을 훼손하는 행위는 불효이므로, 목은 잘라도 상투를 자를 수는 없다"라며 반발해 1차 의병 전쟁을 일으켰다. 1차 의병 전쟁에는 농민과 포수, 보부상 등 다양한 사람이 참여했다. 그런데 이들을 이끈 사람들은 위정척사 사상을 가진 유학자였다. 위정척사 사상은 유학 중심의 전통적인 가치관과 신분제를 지키려는 목적이 있었다. 이는 전통을 지키고 서양과 일본의 침략에 맞서려는 운동으로 나타났다. 이때 활약한 대표적인 의병장이 유인석(1842~1915)과 이소응(1861~1928)이었다. 유인석 부대는 충북 제천을 중심으로, 이소응 부대는 강원도 춘천을 기반으로 각각 활약했다. 이들은 지방 관청을 공격하거나 친일 관리들을 처단하고 일본군 수비대를 공격했다.

항일 의병 전쟁은 나라를 지키려는 민족 운동의 한 흐름으로 이어졌다. 그런데 1896년 아관 파천을 계기로 친일 정부가 무너진 뒤, 의병장들은 국왕의 권고에 따라 의병을 해산했다.

> **낱말 즐겨 찾기**
>
> **명성 황후** 고종(재위 1863~1907)의 부인. 고종이 왕위에 오른 뒤 국정 운영을 주도했다.
> **종두법** 천연두를 예방하기 위해 백신을 접종하는 방법.
> **보부상** 봇짐을 이거나 등짐을 지고 시장을 돌아다니는 장사꾼.
> **위정척사** '바른 것을 지키고 악한 것을 물리친다'는 뜻. 유교 이외의 모든 종교와 사상을 배척함을 말한다.
> **아관 파천** 1896년 2월 고종이 궁궐을 떠나 러시아 공사관으로 피신한 사건.

을사조약 반발해 2차 의병 전쟁 일으켜

일본은 러일 전쟁(1904~5)에서 이긴 뒤 을사조약을 강제로 체결해 대한 제국의 외교권을 빼앗았다. 그러자 유학자와 전직 관리, 농민 등이 조약을 무효라고 주장하며 전국 곳곳에서 2차 의병 전쟁을 일으켰다.

민종식(1861~1917)이 이끄는 의병은 1906년 홍주성을 점령하고 일본군과 맞섰다. 최익현(1833~1906)의 의병은 전라도 순창에서 관군과 대치했다. 최익현은 동족끼리 죽이는 일은 못 하겠다며 스스로 포로가 되었는데, 일본으로 끌려가 죽음을 맞았다. 평민 출신의 의병장 신돌석(1878~1908)은 경상도 영덕과 울진에서 활약했는데, 그가 지휘한 의병은 3000명이 넘었다.

일본군은 최신형 소총과 기관총, 대포를 갖추고 있었다. 그런데 의병들은 재래식 화승총이나 창과 칼 등으로 무장해 전력 차이가 컸다. 그리고 조직력이 약해 작은 부대 단위로 흩어져 싸웠는데

● 1907년 강제 해산된 대한 제국 군대가 서울 남대문에서 일본군과 벌인 전투. 프랑스 언론에 실린 삽화인데, 삽화가가 교전을 보고 그리지 않아서 군복과 무기 등의 오류가 심하다.

1907년 고종의 강제 퇴위와 군대 해산을 계기로, 군인들이 합류하면서 전력이 강해졌다. 힘을 모은 의병 연합 부대는 1908년 서울 진공 작전을 펼쳐 서울 근교까지 진격했다. 하지만 일본군의 반격에 밀려 뜻을 이루지 못했다.

그 뒤 일본군의 대규모 진압 작전으로 의병 활동이 약해졌다. 1907년 8월부터 1909년 말까지 일본군에 의해 학살된 의병만 1만 6000여 명에 이르렀다. 1910년 일본에게 나라를 빼앗긴 뒤 많은 의병은 간도와 연해주로 이동했고, 일부 의병은 국내에 남아 산악 지대에서 유격전을 펼쳤다. 채응언(1879~1915)은 국내에 남아 일본군과 싸운 최후의 의병장이었다.

낱말 즐겨 찾기

러일 전쟁 러시아와 일본이 한반도의 지배권을 빼앗기 위해 벌인 전쟁.
홍주성 충남 홍성군에 있던 성.
화승총 어깨에 고정한 채 화약심지에 불을 붙여 발사하는 개인 소총.

"일제에 맞선 애국 전쟁" vs "기득권 지키려던 전쟁"

● 을사조약 체결 이후 홍주에서 의병을 일으킨 민종식이 1906년 홍주성을 점령하는 모습. (사진 : 장이석 화백의 민족 기록화)

항일 의병 전쟁은 일본의 침략에 맞선 애국 운동이었다. 그러나 이 밖에도 다양한 면을 포함하고 있었으므로 긍정적 평가와 부정적 평가가 맞서 있다.

항일 의병 전쟁을 긍정적으로 평가하는 사람들은 나라를 지키려 한 애국 운동이었다는 점에 주목한다. 19세기 후반에 우리 민족은 집권 세력의 부패와 무능, 외세의 침략 때문에 심각한 위기에 놓여 있었다. 항일 의병 전쟁은 이러한 위기에서 나라를 구하려 했다는 점이 높은 평가를 받는다. 가장 적극적인 투쟁 방식인 무장 투쟁을 펼친 사실도 긍정적 평가를 뒷받침한다. 총칼로 무장한 의병들은 목숨을 걸고 일본군과 전투를 벌였다. 이는 일제 강점기에 독립군이 무장 투쟁을 벌이는 기반을 마련해 항일 민족 운동사의 큰 줄기를 이뤘다. 또 유학자뿐 아니라 농민과 포수, 해산된 군인, 보부상 등 다양한 계층이 동참한 점도 긍정적 평가의 요인이 된다.

부정적으로 평가하는 사람들은 지배층 입장에서 전통 질서를 지키려 했다는 사실에 주목한다. 항일 의병 전쟁은 유학 중심의 전통적 가치관과 신분제를 지키려 한 위정척사 사상에 의해 뒷받침되었다. 양반이 토지와 노비를 소유하는 지배 질서를 연장하려는 의도가 깔려 있었다는 것이다. 유학자와 전직 관리가 의병의 지도부를 이룬 것도 부정적 평가의 요인이다. 유학자와 전직 관리는 양반 출신의 의병장을 모욕했다는 이유로 평민 출신의 의병장을 처형하기도 했고, 의병에 참가한 동학 농민군 출신을 죽이기도 했다. 전투력이 강하지 못해 일본군에게 쉽게 진압을 당한 점도 문제가 된다.

낱말 즐겨 찾기

동학 농민군 1894년 관리들의 수탈과 일본의 침략에 반대해 일어나 동학 농민 운동에 참여한 농민.

01 1차 의병 전쟁과 2차 의병 전쟁이 일어난 원인을 각각 밝혀 보세요.

1차 의병 전쟁	
2차 의병 전쟁	

02 항일 의병 전쟁의 지도자인 유학자들이 믿은 위정척사 사상을 설명해 보세요.

03 1908년 펼친 서울 진공 작전이 실패했지만, 항일 의병 전쟁이 우리나라의 역사에서 어떠한 의미를 지니는지 평가해 보세요.

● 서울 진공 작전을 표현한 모형. (사진 : 독립 기념관)

서울 진공 작전의 실패와 성공

이인영(1867~1909)과 허위(1855~1908)는 의병 연합 부대를 조직했다. 의병 연합 부대는 1908년 1월 경기도 양주에 모여 서울 진공 작전을 폈지만, 일본군의 반격을 받아 뜻을 이루지 못했다.

일본군과 정면 대결을 벌인 서울 진공 작전은 전술적으로 실패했다. 의병의 전력이 약했기 때문이다. 해산된 군인들이 가담해 전력이 강해지기는 했지만, 최신형 소총과 기관총, 대포로 무장한 일본군에 비하면 전력이 미약했다. 차라리 소규모로 흩어져 일본군과 싸우는 게릴라전이 더 효과적이었을 수 있다.

서울 진공 작전은 실패했지만, 항일 의병 전쟁은 나라를 지키기 위해 뜨거운 애국심을 보여 주었다는 점에서 높은 평가를 받을 수 있다. 서울 진공 작전을 이끈 허위는 "나는 내가 하는 일이 꼭 이뤄진다고 생각하지는 않는다. 왜적과 함께 살 수 없어서 그러는 것뿐이다"라고 밝혔다.

우리나라는 당시 일본에게 나라를 빼앗기기 직전이었는데, 의병들은 목숨을 아끼지 않고 나라를 지키려고 했다. 이러한 정신이 있었기에 나라를 빼앗긴 뒤에도 독립운동으로 이어질 수 있었다.

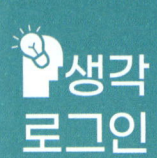

04 항일 의병 전쟁을 긍정적으로 평가하는 의견과 부정적으로 평가하는 의견을 뒷받침하는 근거를 세 가지씩 제시해 보세요.

긍정적 평가의 근거	부정적 평가의 근거

05 항일 의병 전쟁을 부정적으로 평가하는 입장에서, 의병 부대에 가담한 동학 농민군을 찾아내 처형한 유학자 출신 의병장들을 비판해 보세요.

● 유학자 출신 의병들은 동학 농민군에 가담한 농민을 찾아 처형했다.

동학 농민군 출신 의병을 처형한 유학자 출신 의병 지도부

1894년 관리들의 수탈과 일본의 침략에 맞서 동학 농민 운동이 일어났다. 농민군은 한때 전라도를 차지하고 부패한 관리들을 몰아낼 만큼 기세를 올렸다. 하지만 일본군과 관군의 연합 작전에 밀려 전봉준(1855~95) 등 지도부가 체포를 당하자 흩어졌다.

많은 동학 농민군은 의병에 가담했다. 일본군의 침략에 맞서 싸운다는 점에서는 항일 의병 전쟁도 동학 농민 운동과 다르지 않다고 여겼기 때문이다.

그런데 의병 전쟁을 이끌던 유학자들은 의병에 들어온 농민군을 찾아내 처형했다. 농민군이 유학 중심의 전통적인 가치관과 신분제를 파괴하려고 한 반역자라고 여겼기 때문이다.

일본의 침략에 맞서 나라를 지키려면 신분과 사상의 차이를 뛰어넘어 단결할 필요가 있었다. 그런데 유학자들은 지배층 중심의 질서를 지키기 위해 의병에 참여한 동학 농민군을 처형했다. 이는 의병 부대의 전투력을 약화시키는 결과를 불렀다.

항일 의병 전쟁은 1895년에 친일 정부가 실시한 단발령과 1905년에 체결된 을사조약에 맞서 유학자와 농민 등이 무장 봉기를 한 사건이다. 항일 의병 전쟁을 긍정적으로 평가하는 의견은 나라를 지키려 한 애국 전쟁이고, 가장 적극적인 투쟁 형태인 무장 투쟁을 펼쳤다는 점을 강조한다. 유학자뿐 아니라 농민과 포수, 해산된 군인 등 다양한 계층이 동참한 점도 긍정적 평가를 뒷받침한다. 이에 비해 부정적으로 평가하는 의견은 지배층 입장에서 전통 질서를 지키려 했다는 점과 유학자와 전직 관리들이 의병 부대의 지도부를 이룬 사실에 주목한다. 또 전투력이 강하지 못해 일본군에게 쉽게 진압을 당한 것도 부정적 평가를 뒷받침한다.

항일 의병 전쟁이 일어난 과정을 설명하고, 이에 대한 긍정적 평가와 부정적 평가 가운데 한 가지를 선택해 자신의 의견을 논술해 보세요(500~600자).

수행 평가와 디베이트를 위한
쟁점 한국사

20. 대한 제국은 근대 국가였나

● 1897년 10월 12일 고종 황제의 즉위를 축하하기 위해 덕수궁 대안문(대한문) 앞으로 몰려든 백성들.

대한 제국은 1897년에 수립되어 1910년 일본에 국권을 빼앗기기까지 이어진 우리나라의 국호다. 조선은 일본과 러시아 등 외세의 간섭을 받으면서 독립을 지키기 위해 왕의 칭호를 황제로 높이고 대한 제국을 선포했다. 고종은 자주독립을 선언하며 근대화를 추진했지만, 황제 중심의 전제 정치를 고수하고 외세에 의존한 탓에 근대화 개혁에 한계가 있었다. 대한 제국의 성격을 놓고 근대 국가였다는 의견과 그렇지 않다는 의견이 맞선다. 대한 제국 수립의 배경과 통치 체제를 알아보고, 대한 제국의 성격에 대해 서로 다른 의견을 탐구한다.

교과서 이곳을 보세요

고등학교 한국사 2단원 근대 국민 국가 수립 운동 • 3. 근대 국가 수립을 위한 노력
중학교 역사2 6단원 근·현대 사회의 전개 • 1. 국민 국가의 수립

외세의 간섭 속에 개혁 추진

조선은 19세기 말 국가의 주권을 지키며 내정 개혁을 이뤄야 할 과제를 안고 있었다. 일본은 1894년 청나라와 전쟁을 벌이는 상황에서도 조선에 개혁을 강요했다. 이에 따라 조선은 군국기무처를 설치하고, 개화파를 중심으로 근대화 개혁을 추진했다. 이를 갑오개혁이라 한다.

갑오개혁의 목표는 정치와 경제, 사회 전반의 제도 개혁을 통해 유교 중심의 사회를 근대 사회로 바꾸는 데 있었다. 정치에서는 과거 제도를 폐지하고 새로운 관리 임용 제도를 시행했다. 시험과 추천을 통해 관리를 뽑았는데, 실제로는 공정하지 못하고 뇌물이 오가는 단점도 있었다. 그래도 능력을 보고 관리를 뽑으려던 점에서 의미가 있다. 경제에서는 세금을 모두 법으로 정해 관리들의 횡포를 막았다. 사회적으로는 신분제를 없앴다. 조혼을 금지하고, 과부의 재가를 허용하는 조치도 취했다.

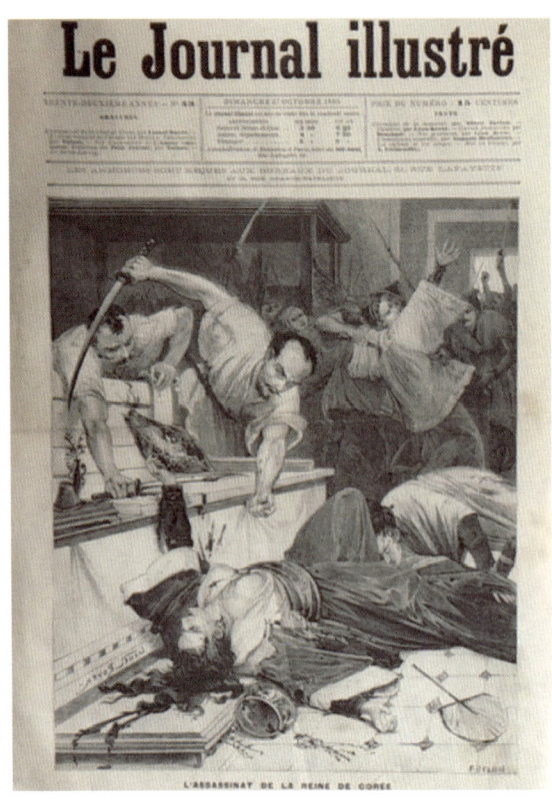

● 일본의 공권력이 1895년 10월 8일(음력 8월 20일) 새벽 서울 건천궁에 침입해 명성 황후를 시해한 사건을 보도한 프랑스 주간지 '르 주르날 일뤼스트레'의 표지 기사.

갑오개혁은 주도 세력이 일본에 의지한 탓에 국민의 지지를 받지는 못했다. 갑오개혁이 진행되는 동안에 일본은 청일 전쟁에서 이겼다. 조선은 일본의 간섭을 피하기 위해 러시아를 가까이했다. 그러자 일본은 1895년 경복궁을 습격해 고종(재위 1863~1907)의 왕비인 명성 황후(1851~95)를 시해했다. 이것이 을미사변이다.

고종은 신변의 위협을 느껴 1896년 러시아 공사관으로 처소를 옮겼다. 이를 아관 파천이라 한다. 고종은 러시아의 힘을 빌려 일본의 위협에서 벗어날 수 있었다. 하지만 러시아와 미국, 영국 등 강대국은 광산과 삼림 등의 이권을 빼앗아 갔다.

낱말 즐겨 찾기

군국기무처 갑오개혁을 추진하기 위해 임시로 설치한 관청. 1894년 7월부터 같은 해 12월까지 운영되었다.
개화파 1876년 개항 이후 서양의 앞선 문물을 받아들여야 한다고 주장한 정치 세력.
근대 산업 혁명과 시민 혁명 이후에 나타난 사회. 정치적으로는 민주주의, 경제적으로는 자본주의를 기둥으로 삼는다.

대한 제국으로 국호 변경

고종은 1897년 2월 덕수궁으로 돌아왔다. 국왕이 외국 공사관에 머무는 것이 국가의 수치라는 여론이 강해졌기 때문이다.

고종이 환궁하자 백성들이 자주독립의 뜻을 나타내기 위해 국왕의 칭호를 황제로 높이자고 주장했다. 이에 고종은 같은 해 10월 황제 즉위식과 함께 대한 제국의 수립을 선포했다. 이미 갑오개혁 때 조선이

● 머리를 짧게 깎고 서양식 군복을 입은 고종(왼쪽)과 곤룡포를 입은 고종의 어진.

자주독립 국가임을 선언했는데, 대한 제국으로 국호를 고친 까닭은 의지를 더 분명히 하려던 의도였다.

그런데 대한 제국의 통치 체제를 놓고 개혁 세력과 보수 세력이 대립했다. 독립 협회에 모인 개혁 세력은 헌법에 따라 황제의 권력을 제한하는 통치 체제를 만들려고 했다. 이들은 국민에게 국가의 주권이 있다는 서양의 정치사상을 받아들여, 의회 정치를 통해 황제의 권력을 제한하려고 시도했다.

보수 세력은 황제가 절대 권력을 갖는 통치 체제를 지지했다. 황국 협회는 독립 협회가 황제를 쫓아내고 공화국을 세우려 한다고 모함했다. 그러자 고종은 독립 협회를 해산시키고 주요 간부들을 체포했다. 고종은 그 뒤 최초의 헌법인 '대한국 국제'를 발표했다. 그리고 여기서 대한 제국의 통치 체제가 황제에게 군대 통수권과 입법권, 행정권 등 모든 권한이 주어진 전제 정치임을 밝혔다. 하지만 황제권을 강화하려던 고종의 뜻은 일본에 의해 가로막혔다. 대한 제국은 그동안 러시아와 일본의 세력 균형 위에서 힘겹게 독립을 유지했다. 그러나 일본이 1904년 러일 전쟁에서 이긴 뒤, 대한 제국의 외교권을 빼앗고 점차 식민지로 삼기 시작했기 때문이다.

> **낱말 즐겨 찾기**
>
> **독립 협회** 1896년에 설립된 우리나라 최초의 근대적인 사회 정치 단체. 서양의 정치사상을 받아들인 개혁 세력이 중심을 이뤘으며, 자주독립과 내정 개혁을 추구했다.
> **황국 협회** 독립 협회에 대항하기 위해 보수 세력이 1898년에 만든 단체. 서양의 정치사상과 의회 정치의 도입을 반대하고, 황제 중심의 전제 정치를 지지했다.

"근대 국가였다" vs "전제 국가였다"

● 미국의 자본과 기술로 1899년 9월 18일 개통된 경인선. 일장기(왼쪽)와 성조기가 눈에 띈다. (사진 : 코레일)

고종은 황제 중심의 통치 체제를 내세운 뒤, 옛날 것을 근본으로 삼고 새로운 것을 참고한다는 점진적 개혁을 추구했다. 하지만 대한 제국의 성격을 놓고 근대 국가였다는 의견과 그렇지 않다는 의견이 맞선다.

근대 국가로 봐야 한다는 의견은 외세의 간섭을 받지 않고 자주적으로 개혁을 추진했다는 점을 강조한다. 대한 제국은 러시아와 일본 사이에서 중립을 지키는 외교 정책을 폈다. 그리고 토지 소유권과 회사 등 근대 사회의 중요한 제도를 도입했다. 토지를 조사해 소유권을 증명하는 문서인 지계도 발행했다. 또 전기와 섬유, 철도, 해운 등의 분야에서 근대적인 회사들을 세웠다. 기술을 교육하기 위해 상공 학교와 외국어 학교, 의학교 등 근대적인 학교를 세운 일도 업적이다.

근대 국가로 볼 수 없다는 의견은 대한 제국의 통치 체제가 전제 정치였음을 강조한다. 근대 국가는 국민에게 주권이 있는 정치 제도를 갖춰야 한다. 따라서 군주가 국가를 대표하더라도 헌법으로 권력을 제한하는 통치 형태를 취해야 한다. 하지만 이런 제도가 뒷받침되지 않았으므로 국민 주권의 원리를 부정했다. 대한 제국을 이끌던 주도 세력이 보수적인 데다 외세 의존적이었다는 점도 한계로 지적한다. 대한 제국에서 중요한 관직은 고종의 측근들이 차지하고 권력을 누렸다. 그리고 이들은 근대적 개혁을 추진하던 독립 협회를 탄압했다. 전기와 철도 등 근대적인 회사를 세우긴 했지만, 외국의 기술과 자본에 의지했다. 예컨대 1898년 전차와 전등, 전화 사업을 위해 설립된 한성 전기 회사는 미국인들에 의해 운영되었다.

생각 로그인

01 갑오개혁 당시 정치와 경제, 사회에서 각각 어떠한 개혁 정책을 펼쳤는지 정리해 보세요.

정치	
경제	
사회	

02 고종이 1896년 러시아 공사관으로 처소를 옮긴 이유를 설명하고, 파천의 문제점을 지적해 보세요.

● 1896년에 촬영된 서울시 중구 정동의 러시아 공사관. (사진 : 국가 유산청)

03 보기 의 지문을 참고해, 대한 제국이 지향한 통치 체제에 대해 근대 국가를 만들려던 개혁 세력의 입장에서 문제점을 지적해 보세요.

> **보기**
> **'대한국 국제'의 주요 내용**
> 제1조 대한국은 세계 만국이 공인하는 자주독립 제국이다.
> 제2조 대한국의 정치는 영원히 변하지 않는 전제 정치이다.
> 제3조 대한국 황제는 무한한 군주권을 누린다.

아관 파천

일본은 명성 황후를 시해한 뒤 고종을 윽박질러 김홍집(1842~96)과 어윤중(1848~96), 유길준(1856~1914) 등을 중심으로 한 친일 내각을 조직했다. 친일 내각은 단발령을 포함한 개혁 정책을 실시했다. 단발령은 1895년 11월 성년 남자의 상투를 자르도록 한 명령이다. 이 때문에 일본에 대한 우리 국민의 반감이 극에 달해 전국 각지에서 의병 항쟁이 일어났다.

이범진(1852~1911) 등 친러파는 신변의 위협을 느낀 고종의 처소를 러시아 공사관으로 옮겼다. 고종은 1896년 2월부터 약 1년 동안 러시아 공사관에 머물렀다. 이를 아관 파천이라 한다. 아관은 러시아 공사관을 말하고, 파천은 임금의 피난을 일컫는다.

고종은 러시아 공사관에 들어간 뒤에 친일 내각의 중심인물을 역적이라고 지목했다. 김홍집과 어윤중은 살해를 당했고, 유길준은 일본으로 망명했다. 그 뒤 박정양(1841~1904)과 이범진을 중심으로 한 친러파 내각이 들어섰다.

이를 계기로 러시아는 조선 정부에 압력을 가하며 광산과 삼림 등의 이권을 빼앗았다. 이에 따라 고종이 외국의 공사관에 머문 행위에 대해 국가의 주권을 훼손한다는 비판의 목소리가 높아졌다.

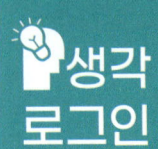

04 대한 제국을 근대 국가로 볼 수 있다는 의견과 그렇지 않다는 의견을 뒷받침하는 근거를 세 가지씩 제시해 보세요.

근대 국가로 볼 수 있다	근대 국가로 볼 수 없다

05 보기를 참고해, 독립 협회를 탄압한 보수 세력은 자기네 이익만 챙기고 근대화에는 관심이 없었다는 의견을 비판해 보세요.

보기

나중에 황국 협회의 중심인물이 된 홍종우(1854~1913)는 1890년 프랑스로 유학을 갔다. 그는 프랑스어로 번역한 『심청전』의 서문에서 "나는, 공화국에 사는 데 습관이 된 프랑스인들을 대상으로 이 글을 쓴다는 사실을 모르는 바 아니다. 그러나 나는 그들이 우리 선조가 세운 정부 형태에 우리가 집착하는 일을 탓하지 않을 것이라고 확신한다. (중략) 우리는 우리의 정부 형태를 유지하면서 이번에는 우리가 유럽 문명을 이용하려고 한다. 이 일에 있어 우리를 도우려는 자들에게 우리는 존경과 애정을 바칠 것을 미리 약속한다"라고 썼다.

● 우리나라 최초의 프랑스 유학생 홍종우.

홍종우는 누구인가

홍종우는 우리나라 최초의 프랑스 유학생이다. 그의 목표는 조선의 전통과 서양 문화를 조화시키는 새로운 방법으로 대중을 계몽하는 데 있었다.

이러한 입장은 유교적 질서를 유지하려던 보수 세력과 구별되었다. 또 모든 영역에서 민족 문화에 대한 강한 자부심을 바탕으로 서양의 사상과 문물을 적극 수용하려 했던 독립 협회의 개혁 세력과도 다른 입장을 보였다.

귀국한 홍종우가 국내 활동을 시작한 시기는 아관 파천 이후부터였다. 그는 국왕을 황제로 높이고 국호를 대한 제국으로 바꾸자고 건의했다. 이 건의가 받아들여져 대한 제국의 수립으로 이어졌다.

홍종우는 대한 제국이 수립된 뒤에 황제의 비서 역할을 했다. 그는 대한 제국을 근대 국가로 만들려면 과감한 개혁을 추진해야 한다고 주장했다. 그의 정치 개혁론은 황제의 권력을 절대화하고 공정한 인사 정책을 펴는 것이었다. 또 강대국들과 맺은 불평등한 조약을 개정해야 한다고 주장했다.

경제 개혁론은 국가 재정을 확충하고, 외국 상인의 횡포에 맞서 우리 상인을 보호하며, 강대국들이 우리 이권을 빼앗아 가지 못하게 막자는 것이었다.

조선은 1894년 일본의 내정 개혁 강요에 밀려 갑오개혁을 추진했다. 정치와 경제, 사회 부분 전반에서 제도 개혁을 통해 유교 중심 사회를 근대 사회로 바꾸려 했다. 고종은 일본의 간섭이 심해지자 1896년 러시아 공사관으로 처소를 옮겼다. 여론이 좋지 않자 이듬해 덕수궁으로 돌아온 고종은, 황제 즉위식을 거행하고 대한 제국의 수립을 선포했다. 그리고 황제 중심의 통치 체제를 확립하기 위해 군대 통수권과 입법권, 행정권 등 모든 권한을 황제에게 집중시켰다. 대한 제국의 성격을 놓고 근대 국가였다는 의견과 그렇지 않다는 의견이 맞선다. 근대 국가였다는 입장에서는 조선이 외세의 간섭을 받지 않고 자주적으로 개혁을 추진했으며, 토지 소유권과 회사 등 근대 사회의 중요한 제도를 도입했다는 점을 강조한다. 전제 국가였다는 입장에서는 대한 제국의 통치 체제가 국민 주권을 인정하지 않았고, 대한 제국을 이끌던 주도 세력이 보수적이었으며 외세에 의존했다는 점을 강조한다.

대한 제국 수립의 배경과 통치 체제를 설명하고, 대한 제국의 성격이 근대 국가였는지 전제 국가였는지 자신의 의견을 논술해 보세요(500~600자).

수행 평가와 디베이트를 위한
쟁점 한국사

21. 일제가 우리나라 근대화에 기여했나

● 1920년대 중반 일본이 자국으로 가져가기 위해 군산 내항에 쌀가마를 산더미처럼 쌓아 놓았다.

일제 강점기에 일본은 조선의 경제적·사회적 구조를 철저히 재편하며 자국의 이익을 극대화하려고 했다. 이를 위해 조선에서 자원을 착취하고, 농업과 공업을 발전시켰으며, 일본 자본에 의존한 경제 체제를 강화했다. 이러한 경제적 변화는 한편으로 조선의 근대화를 촉진한 것으로 보이기도 했지만, 대부분의 열매는 일본으로 돌아갔다는 점에서 평가가 엇갈린다. 식민지 근대화론은 일제의 식민 지배가 우리나라의 근대화에 기여했다는 주장이다. 우리나라 학자들 중에도 이런 주장에 동조하는 사람들이 있어 논쟁이 벌어지고 있다. 일제 강점기의 경제 정책을 살펴보고, 식민지 근대화론을 보는 서로 다른 시각을 탐구한다.

교과서 이곳을 보세요

고등학교 한국사 2단원 근대 국민 국가 수립 운동 • 6. 개항 이후 사회·문화의 변화
중학교 역사2 6단원 근·현대 사회의 전개 • 1. 국민 국가의 수립

토지 조사 사업 구실로 국민 땅 빼앗아

● 일제는 국권을 빼앗은 뒤 '토지 조사 사업(1910~8)'을 실시해서 우리 국민의 토지를 빼앗았다.

일제는 1910년 대한 제국의 국권을 빼앗은 뒤 통치 기구로 조선 총독부를 설치했다. 조선 총독부는 일제의 경제 기반을 마련하는 데 힘을 쏟았다. 본국에서 만든 공산품을 우리나라에 내다 팔고, 우리나라에서 생산된 쌀과 원료를 가져가는 일이 주된 경제 정책이었다.

이를 위해 일제는 우리나라의 토지 조사 사업(1910~18)을 실시했다. 이 조사를 통해 토지의 소유권과 가격, 지형과 용도 등을 파악했다. 일제는 토지세를 공정하게 매기고, 근대적인 토지 소유권 제도를 확립한다는 명분을 내걸었다. 그런데 조사 과정에서 여러 가지로 물의를 빚었다. 먼저 일제는 당사자가 소유권을 증명할 수 있을 때만 소유권을 인정했다. 황실과 관청의 토지는 물론 신고하지 않거나 소유 관계가 분명하지 않은 토지는 강제로 빼앗았다. 게다가 지주의 권리만 인정하고 관습에 따른 농민의 경작권은 인정하지 않았다. 조선 총독부는 이렇게 빼앗아 간 토지를 동양 척식 회사나 일본인들에게 헐값으로 팔아 넘겼다. 이 바람에 동양 척식 회사는 우리나라에서 가장 큰 지주가 되었다. 이 회사는 일본 농민을 모집해 우리나라로 이주시킨 뒤 빼앗은 땅에서 농사를 짓게 했다.

1920년대에 일제는 더 많은 쌀을 일본으로 가져가기 위해 산미 증식 계획을 실시했다. 이 계획은 수리 시설 확대와 화학 비료 보급, 품종 교체를 통해 이뤄졌다. 이 계획을 실행한 결과 지주들은 이익을 많이 얻고 빠르게 토지를 넓혔다. 농민은 수리 조합비나 비료 대금 부담 때문에 토지를 잃고 소작농이나 화전민으로 전락했다. 이렇게 해서 증산된 것보다 더 많은 양의 쌀을 일본으로 가져간 탓에 우리 국민의 쌀 소비량은 오히려 감소했다.

낱말 즐겨 찾기

일제 '일본 제국주의'의 줄임말. 제국주의란 막강한 국력을 바탕으로 다른 나라를 정벌해 식민지로 삼는 침략주의 국가 정책을 말한다.
경작권 소작농이 남의 땅을 경작할 수 있는 권리.
동양 척식 회사 1908년 일본인 농업 이민을 위해 만들어진 회사. 일제 강점기에 토지 수탈의 중심 기관이었다.
수리 조합비 농민이 저수지의 물을 이용하는 대가로 내는 요금.

우리 기업은 억누르고 일본 기업만 키워

1910년 일제는 회사령을 발표해 회사를 세울 때 조선 총독부의 허가를 받도록 했다. 이는 우리 국민의 기업 활동을 억눌러 우리나라를 일제의 공산품 판매 시장으로 만드는 결과를 낳았다.

1920년 일제는 회사령을 없앤 뒤 신고제로 바꿨다. 이에 따라 일본인들의 기업 활동이 크게 늘었다. 우리 국민 중에서도 면방직과 고무 공업 등에 진출하는 기업가가 나왔다. 이에 따라 민족 기업을 육성하자는 물산 장려 운동이 일어났다. 이 운동의 취지는 우리 기업이 만

● 일제가 1932년 함경남도 금야군 장진강 유역에 건설한 수력 발전소. 독일을 모델로 대규모 질소 비료 공장을 지으려고 했다. 질소 비료 공장은 전시에 바로 화약 제조 공장으로 전환할 수 있다.

든 물건을 사용하자는 데 있었다. 1920년 평양에서 시작되었는데, 1923년 서울에서 조선 물산 장려회가 설립된 뒤에는 전국으로 퍼졌다. 그러나 우리 기업이 만든 물건이 많이 팔리면서 값이 치솟은 데다, 이 운동이 기업가의 배만 불린다는 비판을 불러 큰 성과를 거두지는 못했다. 1930년대에는 대기업의 진출이 활발해졌다.

일제는 북부 지방을 중심으로 공업화 정책을 추진했다. 이는 중국 등 대륙 침략에 필요한 전쟁 물자를 생산하기 위해서였다. 이 정책에 힘입어 일본의 대기업이 우리나라에 진출했고, 중화학 공업이 빠르게 성장했다. 일제는 일본의 대기업을 지원하기 위해 발전소를 세웠다. 하지만 광산 자원을 약탈했고, 토지와 노동력을 대기업에 값싸게 공급했다.

국내 총생산(GDP)에서 공업이 차지하는 비중도 크게 늘었다. 하지만 대다수 기업은 일본인들이 소유했고, 우리 국민은 소규모 공장을 운영할 수밖에 없었다. 일제의 지원을 받는 일본인 기업들과 경쟁하기는 어려웠기 때문이다. 일제는 자기네 기업들에게 높은 이윤을 보장하기 위해, 우리 노동자들에게는 장시간 노동을 시키고 임금은 적게 주는 등 심한 차별을 일삼았다.

낱말 즐겨 찾기

회사령 우리나라에서 회사를 세울 경우 조선 총독부의 허가를 받도록 한 법령.
신고제 사전에 관청에 알리게 하는 제도. 특별한 문제가 없으면 신고한 행위를 허용하는 것이 원칙이다.
조선 물산 장려회 1920년대 우리나라의 경제 자립을 추구하기 위해 국산품 장려 운동을 추진한 단체.
국내 총생산 일정한 기간에 한 나라의 국경 안에서 생산된 최종 생산물의 시장 가치의 합계.

"경제 발전에 기여" vs "식민지 수탈"

● 1930년대 근대화된 서울 거리. (사진 : 신세계 그룹)

우리나라의 대다수 역사학자는 일제의 식민 지배 때문에 우리나라의 근대화가 제대로 이뤄지지 못했다고 본다. 그러나 일본의 역사 교과서에는 자국의 지배가 우리나라의 근대화에 기여했다고 기술되어 있다. 이러한 주장을 식민지 근대화론이라고 한다.

국내에도 이런 주장에 찬성하는 학자들이 있다. 이들은 일제 강점기에 높은 경제 성장이 이뤄졌다고 근거를 든다. 우리나라의 경제는 19세기 후반에 정체 상태에 있었지만, 일제 강점기에는 연평균 4.2%씩 성장했다. 산업 구조도 근대적으로 바뀌어 국내 총생산에서 차지하는 농업 비중이 1918년 85%에서 1945년에 52%로 낮아졌다. 그 대신 같은 기간에 공업 비중은 8%에서 26%로 높아졌다. 이들은 조선 총독부가 근대적인 소유권 제도를 확립하고, 은행과 같은 금융 기관을 세워 자본주의 경제의 제도적 기반을 마련했기 때문에 이러한 변화가 일어났다고 판단한다.

식민지 근대화론에 반대하는 학자들은 우리나라를 일본에 종속시키는 식민지 경제 구조에 주목한다. 우리 국민은 쌀과 원료를 일본에 값싸게 팔고, 일본에서 만든 공산품을 비싸게 샀다. 또 일본인 기업의 이윤을 보장하기 위해 저임금과 장시간 노동에 시달려야 했다. 따라서 이들은 일제 강점기의 경제 성장을 중요하게 여기지 않는다. 경제 성장의 열매가 주로 일본인들에게 돌아갔고, 대다수 우리 국민은 혜택을 받지 못했기 때문이다. 자본주의 경제의 제도적 기반을 마련했다는 주장에도 반대한다. 자본주의 경제가 발전하려면 지주제를 해체하고 농민이 토지를 소유해야 한다. 하지만 일제는 토지 조사 사업을 통해 지주제를 오히려 강화했다.

낱말 즐겨 찾기

근대화 농업 위주의 전통 사회에서 공업과 서비스업 위주의 자본주의 사회로 변화하는 과정.
자본주의 사적 소유 제도를 바탕으로 자본가가 노동자의 노동력을 구매해 생산 활동을 하는 경제 구조.
지주제 토지 소유자인 지주가 소작농에게 농사를 짓게 하는 대가로 소작료를 받는 제도.

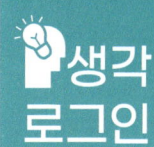

생각 로그인

01 일제가 실시한 토지 조사 사업의 명분과 실질적인 목적, 사업 내용, 결과를 각각 제시해 보세요.

명분	
실질적인 목적	
사업 내용	
결과	

02 일제가 실시한 회사령과 신고제가 각각 어떤 결과를 낳았는지 설명해 보세요.

회사령	
신고제	

03 1920년대 우리나라의 쌀 생산량과 우리 국민의 쌀 소비량을 참고해 일제의 산미 증식 계획에 어떤 문제점이 있었는지 지적해 보세요.

● 일제 강점기의 가마니 시장 모습. 조선 총독부는 우리 쌀을 효과적으로 수탈하기 위해 가마니 짜기를 독려했다. (사진 : 서울특별시사편찬위원회)

일제의 산미 증식 계획

일제는 1920년대 우리나라에서 더 많은 쌀을 생산해 본국으로 가져가기 위해 산미 증식 계획을 실시했다. 일본에서는 1910년대 공업이 크게 발전하면서 농촌 젊은이들이 도시로 떠나는 이농 현상이 심했다.

이에 따라 쌀 생산량이 크게 줄어 식량이 부족해졌다. 일제는 식량 부족 문제를 해결하기 위해 우리나라의 식량을 가져다 자국의 도시 노동자들에게 값싸게 공급하려고 했다. 일제는 이를 위해 우리나라에 저수지를 만들어 가뭄이 들어도 논에 물을 공급할 수 있게 했다. 또 농사에 화학 비료를 많이 사용하도록 강요했고, 재래종 품종을 다수확 품종으로 교체시켰다.

이에 따라 쌀 생산량이 크게 늘었다. 1920년 쌀 생산량은 1270만 석이었는데, 1928년에는 1730만 석으로 증가했다. 하지만 같은 시기에 일본으로 가져간 쌀도 급증해 1920년 175만 석에서 1928년에는 740만 석으로 껑충 뛰었다. 일제는 증산된 쌀보다 더 많은 양을 일본으로 가져간 것이다. 이에 따라 우리 국민의 쌀 소비량은 오히려 줄었고, 굶주림으로 고통을 당하는 농민이 더욱 많아졌다.

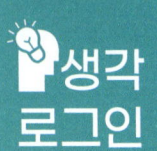

04 식민지 근대화론에 찬성하는 의견과 반대하는 의견을 뒷받침하는 근거를 세 가지씩 제시해 보세요.

찬성하는 근거	반대하는 근거

05 보기 처럼 일제 강점기에 우리 국민의 인구가 늘었다는 사실을 근거로 들어, 일제의 통치가 우리 경제를 개선시켰다는 주장을 비판해 보세요.

> **보기**
>
>
>
> ● 1930년경 세브란스 병원의 수술실 모습. 의약 기술이 발전해야 인구가 증가한다.
>
> 약탈적인 통치는 인구를 감소시키고, 비약탈적인 통치는 인구를 증가시킨다. 경제생활이 개선되어야 인구가 늘어나기 때문이다. 우리나라 인구는 1910년에 1300만 명에서 1942년에는 2500만 명으로 늘었다. 따라서 일제의 통치는 우리나라의 경제를 개선시켰다는 결론을 끌어낼 수 있다.

일제 강점기에 인구가 증가한 까닭

일제 강점기인 1910년 우리나라 인구는 1300만 명이었는데, 1942년에는 2500만 명으로 급증했다. 30여 년 만에 두 배가량 늘어났다. 일제 강점기에 인구가 늘었다는 사실을 근거로, 일제의 통치가 우리나라의 경제를 발전시켰다는 주장이 있다.

하지만 이러한 주장은 경제 발전이 인구 증가의 가장 중요한 원인일 경우에만 타당성을 얻는다. 그런데 경제 발전은 일제 강점기 인구 증가의 가장 중요한 원인이 아니었다. 예를 들면 인도나 방글라데시, 파키스탄은 20세기에 들어서며 우리나라나 일본, 중국보다 인구 증가율이 훨씬 높았다. 경제 발전이 인구 증가의 가장 중요한 원인이라면, 이들 나라의 경제가 우리나라나 일본, 중국보다 훨씬 더 성장했어야 하지만, 그렇지 않았다.

20세기에 이들 국가처럼 저개발국에서 인구가 크게 증가한 까닭은 의약 기술의 발달 덕이었다. 그 전에는 면역력이 약한 유아의 사망률이 높아 인구 증가 속도가 더뎠다.

그러다 20세기 이후 각종 예방 접종 방법이 개발되며 유아 사망률이 크게 낮아져 인구가 급증했다. 일제 강점기에 우리나라의 인구가 크게 늘어난 까닭도 이와 같은 원인에서 찾아야 한다.

일제는 1910년대의 토지 조사 사업과 1920년대의 산미 증식 계획을 실시해 우리나라를 자국의 식량 공급 기지로 삼았다. 1930년대에는 공업화 정책을 실시해 일본 대기업들의 우리나라 진출을 지원했다. 식민지 근대화론은 일제가 우리나라의 근대화에 기여했다는 주장이다. 이에 찬성하는 학자들은 일제 강점기에 높은 경제 성장이 이뤄졌고, 산업 구조도 근대적으로 바뀌었다고 본다. 또 이런 변화는 조선 총독부가 자본주의 경제의 제도적 기반을 마련했기 때문이라고 풀이한다. 이에 반대하는 학자들은 경제 성장이 우리나라를 일본의 식민지 경제 구조로 바꾸는 과정에서 일어났으며, 그 열매도 일본인들이 가져갔다고 지적한다. 또 일제는 지주제를 강화했으므로, 자본주의 경제의 제도적 기반을 마련했다고 보지 않는다.

일제 강점기의 농업 정책과 공업화 정책을 설명하고, 식민지 근대화론에 대한 입장을 정해 논술해 보세요 (500~600자).

수행 평가와 디베이트를 위한
쟁점 한국사

22. 3·1 운동 비폭력주의는 타협적인 태도였나

● 3·1 운동은 1919년 3월 1일을 기점으로 일본의 무단 통치에 저항해 일어난 비폭력 항일 만세 운동이다.

1910년 일제는 한일 병합 조약을 통해 조선의 국권을 강제로 빼앗고, 무단 통치를 실시했다. 우리 민족의 항일 운동이 억압되었지만, 국내외에서 독립운동의 열기는 지속되었다. 특히 1918년 제1차 세계 대전 이후 미국 대통령 우드로 윌슨이 제창한 민족 자결주의는 우리 민족에게 독립에 대한 희망을 불러일으켰다. 이러한 배경 속에서 1919년 3·1 운동이 전국적으로 일어났다. 3·1 운동은 비폭력주의에 따라 전개되었는데, 이에 대해서는 옹호하는 의견과 비판하는 의견이 맞서 있다. 3·1 운동의 배경과 전개 과정을 살펴보고, 비폭력주의를 놓고 서로 다른 의견을 탐구한다.

교과서 이곳을 보세요

고등학교 한국사 3단원 일제 식민지 지배와 민족 운동의 전개 • 2. 3·1 운동과 대한민국 임시 정부
중학교 역사2 6단원 근·현대 사회의 전개 • 1. 국민 국가의 수립

국권 빼앗고 무력으로 다스리다

● 조선 총독부는 군대 안의 경찰 활동을 하는 헌병을 앞세워 우리 민족을 강압적으로 다스렸다.

일제는 1910년 대한 제국의 국권을 강제로 빼앗은 뒤 조선 총독부를 설치했다. 총독은 입법권과 사법권, 행정권은 물론 군대 통수권까지 모두 가지고 막강한 권력을 행사했다.

조선 총독부는 헌병과 경찰, 군대를 앞세워 우리 민족을 강압적으로 다스렸다. 이를 무단 통치라고 한다. 주요 지역에 군대를 주둔시키고, 전국에 경찰을 배치했는데, 경찰은 헌병의 지휘를 받았다. 우리 민족에게 위압감을 주기 위해 일반 행정 관리뿐만 아니라 교사까지도 제복을 입고 칼을 차게 했다.

일제는 항일 운동을 막기 위해 무력 통치를 감행했다. 그리고 우리 민족에게는 언론과 출판, 집회, 결사 등의 자유를 허락하지 않았다. 총독부 기관지를 제외한 신문 발행을 금지해 우리 민족의 눈과 귀를 막았다. 심지어 친일 세력인 일진회까지 해산시킬 정도로 모든 단체 활동을 금지했다.

우리 민족은 국권을 빼앗긴 상황에서도 저항을 이어 갔다. 일제의 탄압으로 독립운동이 어려워지자, 항일 비밀 결사를 만들어 친일파 처단과 군자금 모금 활동 등을 벌였다. 또 우리 동포들은 중국의 만주와 연해주, 미국의 하와이에서도 독립운동을 활발하게 펼쳤다. 1918년 제1차 세계 대전이 끝날 무렵, 미국 대통령 우드로 윌슨(재임 1913~21)이 민족 자결주의를 내세웠다. 이는 자기 민족의 문제를 스스로 결정하게 하자는 원칙이다. 그런데 독일과 오스트리아 등 패전국의 식민지에만 적용되었고, 승전국 일본의 식민지인 우리나라와는 관계가 없었다. 하지만 이를 계기로 독립할 수 있으리라는 기대감이 높아졌다.

낱말 즐겨 찾기

일제 '일본 제국주의'의 줄임말. 제국주의란 막강한 국력을 바탕으로 다른 나라를 정벌해 식민지로 삼는 침략주의 국가 정책을 말한다.
조선 총독부 일제 강점기에 조선을 지배한 최고 통치 기관.
헌병 군대 안의 경찰 활동을 주된 임무로 삼는 군인.
일진회 대한 제국 말에 일제가 우리 국권을 빼앗는 데 적극 앞장선 친일 단체(1904~10).

3·1 운동은 항일 독립운동의 밑바탕 이뤄

1919년 2월 8일, 일본에 있던 우리 유학생들은 도쿄에서 우리 민족의 독립을 국제 사회에 청원할 것을 결의한 뒤 독립 선언을 공표했다. 국내에서는 종교계 지도자들이 독립 선언을 계획했다. 3월 1일 민족 대표 33인의 이름으로 독립 선언서가 발표되었다. 이들이 경찰에 잡혀간 뒤, 탑골 공원에

● 3·1 운동 준비에 앞장선 민족 대표 33명 가운데 29명이 서울 종로구 인사동의 태화관에서 3·1 독립 선언서를 낭독하는 모습. (사진 : 최대섭의 민족 기록화)

모인 학생과 시민들은 서울 시내로 나가 만세 운동을 펼쳤다. 당황한 일본 경찰은 시위대에게 무자비한 폭력을 휘둘렀다.

다음 날에도 만세 운동은 멈추지 않았다. 학생과 청년들이 이 운동을 지방으로 전파하는 데 앞장섰다. 두 달 동안 1500차례의 만세 운동이 전국을 휩쓸었고, 200만 명 이상이 참여했다.

만세 운동이 확산되면서 참여자의 구성이 달라졌다. 처음엔 종교인과 학생들이 중심을 이뤘지만, 점차 농민과 노동자, 중소 상인의 참여가 늘었다. 농민은 장날에 모여 운동을 벌였다. 노동자는 파업했으며, 상인은 가게 문을 닫고 운동에 참여했다. 민중의 참여가 늘면서 운동의 방식이 달라졌다. 처음엔 평화적이었지만 나중엔 일제의 탄압에 폭력으로 맞서기 시작했다. 이에 일제는 잔인하게 탄압했다. 진압 과정에서 7500여 명이 죽고 1만 6000여 명이 다쳤다. 검거된 사람도 5만 명이 넘었다.

전국적으로 일어난 항일 운동은 우리 민족이 동질감을 느끼는 계기를 만들었다. 신분과 지역의 차이를 뛰어넘어 같은 민족이라는 의식을 갖게 된 것이다. 민족의 독립 의지를 뚜렷이 드러냈으며, 이를 바탕으로 독립운동을 효과적으로 이끌기 위해 대한민국 임시 정부를 세웠다. 일제는 식민 통치의 위기에서 벗어나려고 무단 통치 대신 '문화 정치'를 내세웠다.

낱말 즐겨 찾기

탑골 공원 서울 종로구 종로에 있는 우리나라 최초의 도심 안 공원. 이곳에서 3·1 운동이 시작되었다.
문화 정치 언론과 집회, 출판의 자유를 약간 인정한 뒤에 우리 민족을 분열시키려던 일제의 통치 방식.

"용기 있는 행위" vs "타협적인 태도"

● 이화학당 시절 유관순(1902~20, 뒷줄 맨 오른쪽) 열사와 학우들. 유관순은 일제 강점기 충남 천안시 병천면의 '아우내 3·1 만세 운동'을 주도한 독립운동가이다. (사진 : 독립 기념관)

3·1 운동 때 발표한 독립 선언서에는 배타적 감정으로 치닫지 말고 질서를 존중하라는 내용이 담겨 있다. 이는 비폭력주의 원칙을 밝힌 것이다. 3·1 운동은 처음에 비폭력 운동으로 전개되어, 총칼로 무장한 경찰 앞에서 맨몸으로 '독립 만세!'를 외치며 저항했다.

이러한 투쟁 방식을 놓고 옹호하는 의견과 비판하는 의견이 맞서 있다. 옹호하는 의견은 비폭력주의가 일제의 폭력성을 맨몸으로 고발한 용기 있는 태도라고 평가한다. 비폭력 저항은 악과 싸우기 위해 폭력 이외의 모든 수단을 사용하는 것이기 때문이다. 그리고 이는 국제 사회의 공감을 이끌어 낼 수 있는 투쟁 방식이기도 했다. 우리 민족의 힘이 약하기 때문에 독립을 이루려면 국제 사회의 지지를 얻는 일이 중요하다고 본 것이다. 인도의 간디(1869~1948)는 비폭력주의를 실천한 인물로 존경을 받는다. 영국에 대한 불복종 운동을 이끈 간디는 비폭력주의가 소극적인 태도가 아님을 거듭 강조했다. 진리와 사랑을 지키려는 강인한 의지를 가져야 비폭력주의를 실천할 수 있다는 것이다.

비폭력주의를 비판하는 사람들은 독립을 이룰 수 없는 무기력한 투쟁 방식이라고 평가한다. 일제의 탄압에 많은 사람이 죽거나 다치며, 평화적인 운동을 더 이상 이어 갈 수 없었다. 따라서 폭력 투쟁은 독립운동의 발전이라는 흐름에서 봐야 한다고 주장한다. 또 비폭력주의는 일제에 타협적인 태도를 드러냈다고 본다. 비폭력주의의 바탕에는 투쟁의 대상인 일제와 공존할 수 있다는 믿음이 깔려 있기 때문이라는 것이다. 따라서 일제의 통치를 인정하고, 통치 방식의 개선만 요구하는 방향으로 변질될 수도 있다는 말이다.

생각 로그인

01 무단 통치의 의미와, 일제가 이를 실시한 이유를 설명해 보세요.

무단 통치의 의미	무단 통치 실시 이유

02 보기를 참고해, 3·1 운동 이후 일제가 무단 통치 대신 내세운 '문화 정치'의 숨은 의도를 비판해 보세요.

> **보기**
>
> 3·1 운동 이후 조선 총독으로 부임한 사이토 마코토(재임 1919~27)는 문화 정치를 실시했다. 그 내용은 헌병 경찰 제도를 보통 경찰로 바꾸고, 언론·집회·출판의 자유를 어느 정도 인정한다는 내용이었다. 이 밖에 조선인의 관리 임용과 처우 개선, 국민 생활의 안정, 한국인의 문화와 관습의 존중 등을 기본 정책으로 내세웠다.

03 보기를 참고해, 3·1 운동의 역사적 의의를 말해 보세요.

> **보기**
>
>
> ● 3·1 운동을 통해 우리 민족은 신분을 뛰어넘어 같은 민족이라는 의식이 강해졌다.
>
> 같은 민족이라는 동질감이 형성되려면 신분과 지역에 따른 구별을 극복해야 한다. 왕과 귀족, 백성이 엄격하게 구별된 상황에서는 같은 민족이라는 의식이 형성되기 어렵다. 출신 지역에 따라 서로 대립하거나 특정한 지역 출신을 차별하는 상황에서도 같은 민족이라는 의식이 만들어지기 어렵다.

정보 클릭

무단 통치와 문화 정치

무단 통치는 무력으로 억누르는 통치를 말한다. 일제는 1910년 대한 제국의 국권을 빼앗은 뒤, 1919년 3·1 운동 때까지 헌병과 경찰, 군대를 이용해 무단 통치를 일삼았다. 헌병은 군대 안의 경찰 활동만 해야 한다. 그런데 무단 통치 아래서는 헌병이 민간인을 대상으로 경찰 활동을 했으며, 일반 경찰은 헌병의 지휘를 받았다. 전쟁 중에 적국을 점령해 군사 통치를 하는 방식과 비슷하게 우리 민족을 다스린 것이다.

일제는 1905년 을사조약 체결 이후 우리 민족의 거센 저항을 받았다. 특히 1907년 고종이 강제로 황제 자리에서 물러나고 군대가 해산되자, 전국 각지에서 많은 의병이 일어나 항일 운동을 펼쳤다. 일제는 이런 경험 때문에 항일 운동을 차단하려고 무력으로 억누른 것이다.

일제는 1920년부터는 문화 정치로 돌아섰다. 덕분에 한국어 신문이 발행되고, 사회단체 설립이 허가되었다. 그러나 이는 통치 기술을 바꾼 것에 불과했다.

민족 운동을 감시하기 위해 경찰의 수를 배로 늘렸다. 총독부의 정책을 널리 알리기 위해 언론의 자유도 허용했다. 집회와 결사의 자유를 허용한 일도 민족 운동을 통제하려는 목적에서 나왔다. 일제는 이런 정책을 통해 민족 지도자들을 친일파로 변절시키고, 민족의 분열을 꾀했다.

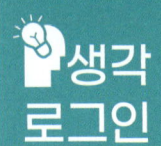

04 3·1 운동의 비폭력주의를 옹호하는 의견과 비판하는 의견을 뒷받침하는 근거를 각각 두 가지씩 제시해 보세요.

옹호의 근거	비판의 근거

05 간디의 '사티아그라하(비폭력 불복종 운동)' 입장에서, 폭력 투쟁을 독립운동의 발전이라는 흐름에서 봐야 한다는 주장을 비판해 보세요.

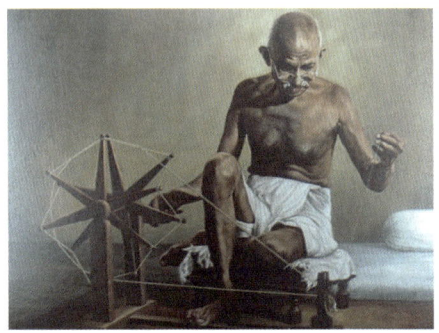

● 물레질하는 간디. 간디는 1915년부터 영국에 대해 무저항·불복종·비폭력주의에 의한 독립 운동을 폈다.

사티아그라하

간디는 젊은 시절 남아프리카 공화국에서 변호사로 일했다. 그는 그곳에 사는 인도인 노동자들의 권리를 지키기 위한 투쟁을 이끌며 '사티아그라하'라는 용어를 처음 사용했다.

그 뒤 이 용어는 영국에 대한 불복종 운동을 가리키는 용어로 널리 쓰였다. '사티아그라하'는 산스크리트어로 '사티아'(진리)와 '그라하'(주장)를 합성시켜 만든 말이다. 진리를 향한 주장을 뜻한다.

산스크리트어는 힌두교의 경전에 사용된 고대의 인도어다. 간디는 "진리는 신이다. 신을 발견하는 길은 비폭력이다. 분노와 두려움과 거짓을 버려야 한다"라고 말했다. 여기서 진리는 사랑과 평화의 정신을 가리킨다. 폭력은 또 다른 폭력을 부른다. 따라서 간디는 사랑과 평화의 정신에 도달하려면 모든 폭력을 거부해야 한다고 생각했다.

간디가 두려워한 것은 국민이 희생되는 상황이었고, 국민이 흥분한 나머지 폭력을 쓰는 것이었다. 1921년 영국의 웨일즈 왕자가 인도에 방문했을 때 폭력 사태가 일어났다. 시민들이 왕세자를 환영하는 친영 인사들의 행사를 방해하며 사고가 난 것이다. 수많은 사람이 죽거나 다치는 모습을 보고, 간디는 납세 거부 운동을 중단했다. 비폭력주의에 대한 국민의 이해가 부족하다고 느꼈기 때문이다.

일제는 1910년 대한 제국의 국권을 강제로 빼앗은 뒤에 경찰과 군대의 힘으로 우리 민족을 통치했다. 1918년 미국 대통령 우드로 윌슨이 민족 자결주의를 내세우자, 우리 민족은 이에 기대어 독립을 얻을 수 있으리라고 기대했다. 이에 따라 3월 1일 종교 지도자들이 중심이 되어 독립 선언서를 발표했다. 뒤를 이어 학생과 시민들은 만세 운동을 펼쳤는데, 일제의 잔혹한 탄압을 받으면서도 3·1 운동은 전국으로 확산했다. 이 과정에서 처음엔 비폭력주의 원칙에 따라 평화 운동을 벌였지만, 나중엔 폭력으로 맞서기 시작했다. 비폭력주의를 놓고 평가가 엇갈리는데, 옹호하는 사람들은 일제의 폭력성을 맨몸으로 고발하는 용기 있는 태도였으며, 국제 사회의 공감을 이끌어 낼 수 있는 투쟁 방식이었다고 주장한다. 비판하는 사람들은 독립을 이룰 수 없는 무기력한 투쟁 방식이었으며, 일제에 타협적인 태도가 깔려 있었다고 맞선다.

3·1 운동의 배경과 전개 과정을 설명하고, 비폭력주의를 어떻게 평가할지 자신의 의견을 논술해 보세요 (500~600자).

수행 평가와 디베이트를 위한
쟁점 한국사

23. 물산 장려 운동을 어떻게 볼까

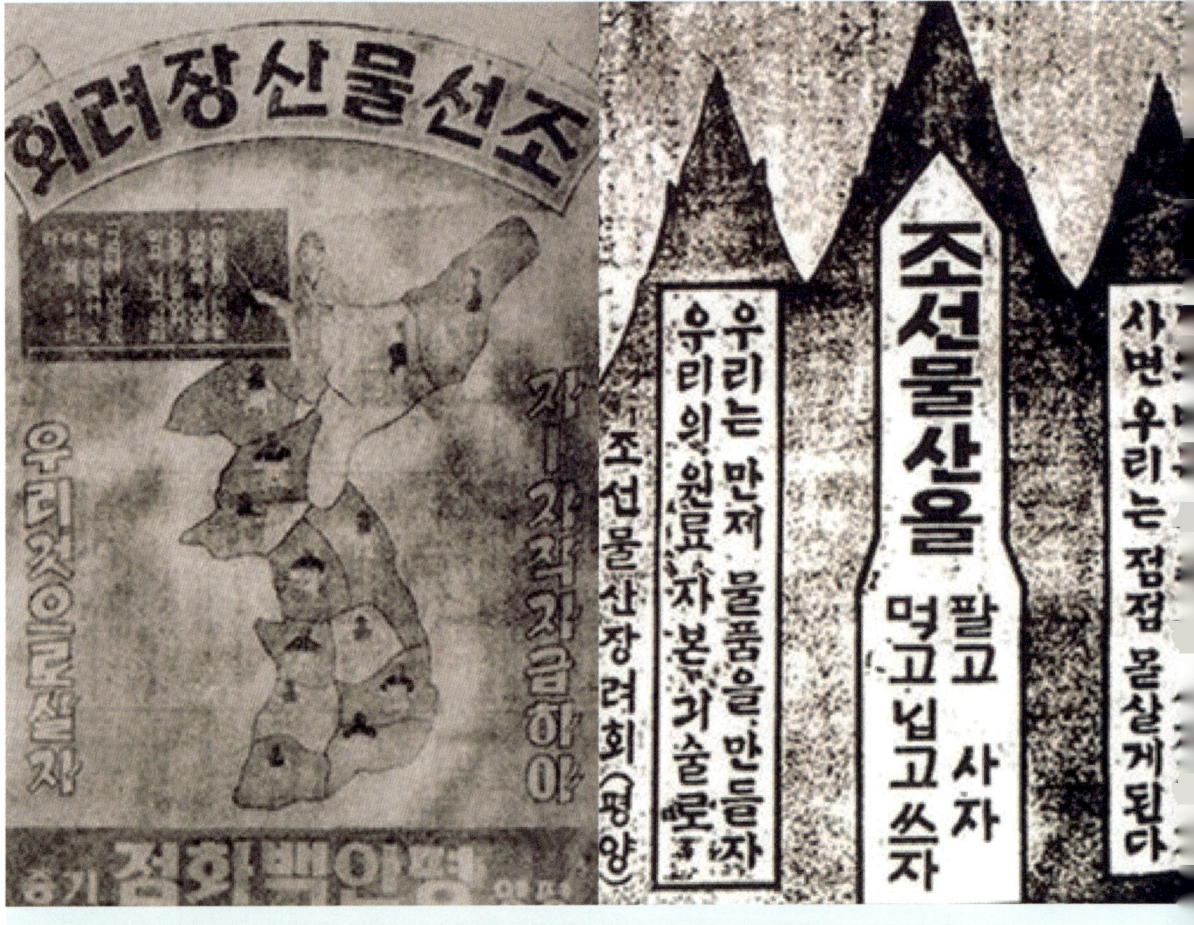

● 물산 장려 운동을 홍보하는 포스터.

일제 강점기에 우리 민족은 경제적 자립을 통해 독립의 기반을 마련하려는 움직임을 보였다. 특히 3·1 운동 이후 지식인들은 민족의 힘을 키워 독립을 이루려면 경제적 기반이 필요하다고 여겼다. 이러한 흐름에서 물산 장려 운동이 일어났다. 물산 장려 운동은 1920년대 초부터 1930년대 말까지 우리 민족이 펼친 국산품 애용 운동이다. 이에 대해 일제의 경제 침략에 저항했다는 면에서 긍정적으로 보는 의견과 일제와 타협하는 방향으로 흘렀다는 면에서 부정적으로 보는 의견이 맞서 있다. 물산 장려 운동이 일어나고 전개된 과정과, 물산 장려 운동의 평가를 놓고 상반된 의견을 탐구한다.

교과서 이곳을 보세요
고등학교 한국사 3단원 일제 식민지 지배와 민족 운동의 전개 • 3. 다양한 민족 운동의 전개
중학교 역사2 6단원 근·현대 사회의 전개 • 1. 국민 국가의 수립

독립 발판 만들기 위한 경제 자립 의식 싹터

● 조만식 등 70여 명은 조선 물산 장려회를 만들어 국산품 애용 운동을 펼쳤다.

1919년 3·1 운동이 일제의 무력 진압으로 실패하기 전부터 많은 지식인은 사회 진화론의 영향을 받았다. 그래서 독립을 이루려면 우리 민족의 힘을 키우는 일이 가장 먼저라고 여겼다.

이들은 민족 산업을 육성하고, 학교를 세워 지식을 쌓게 하자고 주장했다. 이 가운데 민족 산업을 육성하려고 추진한 것이 물산 장려 운동이었다. 1920년 일제는 회사령을 폐지했다. 이에 따라 조선에서 일본인의 기업 활동이 크게 늘었고, 조선인들 가운데서도 면방직과 고무 공업에 진출하는 기업가가 나왔다. 일본 기업이 밀려들자, 조선인 기업가들은 조선 총독부에 조선인 중심의 산업 정책을 펴 달라고 요청했다. 건의가 받아들여지지 않자, 조선 기업가들은 조선인들에게 호소해 민족 산업을 육성하는 운동을 벌이기로 했다.

물산 장려 운동은 1920년 8월 평양에서 시작되었다. 조만식(1883~1950) 등 70여 명이 조선 물산 장려회를 만들어 국산품 애용 운동을 펼쳤다. 조만식은 평양에서 옷감과 종이 등을 파는 가게를 운영해 많은 돈을 벌었다. 그는 오산 학교 교장을 지내며 인재를 기르는 일에 힘썼다. 국산품 애용 운동에 앞장선 사람들은 조만식처럼 장사와 기업 활동에 종사하는 중소 상공인이 많았다. 이들은 "조선인은 조선 사람이 만든 물건을 쓰자"라고 주장하며, 어쩔 수 없을 때만 빼고 외국 제품을 사지 말자고 외쳤다. 이는 우리 민족의 경제적 자립이라는 목적을 이루기 위한 방편이었다. 우리 민족이 먹고 입는 것을 스스로 마련하지 못하면 일제의 지배에서 벗어날 수 없다고 생각했다.

> **낱말 즐겨 찾기**
> **사회 진화론** 우월한 집단은 살아남고 열등한 집단은 도태되는 과정에서 인류가 발전한다는 학설.
> **회사령** 1910년 조선에서 회사를 세울 경우 조선 총독부의 허가를 받도록 정한 법령.
> **조선 총독부** 일제 강점기에 조선을 지배한 최고 통치 기관.
> **오산 학교** 1907년 평북 정주군에 인재를 양성하고 민족정신을 기르기 위해 세운 기독교계 학교.

일제의 탄압으로 열기 식어

1922년 가을 조선과 일본 사이의 관세가 없어진다는 소식이 전해졌다. 관세가 없어지면 경쟁력이 약한 조선인 기업들이 타격을 받을 게 분명했다. 위기를 느낀 조선 청년 연합회는 1922년 말 물산 장려 운동에 적극 동참하기로 했다. 이를 위해 신문을 통해 표어를 모집하고, 국산품 애용을 장려하는 지방 순회 강연회도 열었다.

언론도 물산 장려 운동을 적극 지원했다. 동아일보는 조선인 기업의 몰락이 민족의 파멸로 이어

● 조선 물산 장려회의 선전 활동 모습. (사진: 독립 기념관)

질 것이라는 위기의식을 고조시키며, 국산품 애용의 중요함을 널리 알렸다. 1923년 1월 서울에서 조선 물산 장려회의 전국 조직이 만들어졌다. 이를 계기로 물산 장려 운동은 전국 각지로 확산했다. 조선 물산 장려회는 강연회와 거리 행진을 통해 대중 계몽 운동을 펼쳤다. "내 살림 내 것으로!"라는 구호 아래 물산 장려 운동은 들불처럼 번졌다.

그러나 지식인들 사이에 의견 대립이 일어났다. 국산품 애용의 목적은 민족 산업을 육성하기 위해서였다. 그런데 민족 산업을 육성하는 방법으로 자본주의 발전을 기대하는 의견과 자급자족적 수공업을 중요하게 여기는 의견이 맞섰다. 또 다수의 사회주의자는 물산 장려 운동으로는 민중의 생활을 개선할 수 없다고 비판했다. 물산 장려 운동은 1924년 1월 조선 물산 장려회 창립 1주년을 기념하는 강연회를 끝으로 빠르게 가라앉았다. 조선 총독부가 거리 행진을 금지하는 등 탄압하고, 국산품의 값이 많이 오른 것도 물산 장려 운동의 열기를 식히는 원인이 되었다.

낱말 즐겨 찾기

관세 다른 나라에서 수입하거나 다른 나라로 수출하는 상품에 매기는 세금.
조선 청년 연합회 1920년 전국의 청년 운동 단체들이 연합해 만든 조직체.
자본주의 사적 소유 제도를 바탕으로 자본가가 노동자의 노동력을 구매해 생산 활동을 하는 경제 구조.
사회주의자 사유 재산 제도를 제한해 자본주의의 모순을 극복하려는 사상을 가진 사람.

"일제의 경제 침략 저항" vs "일제에 타협적 입장 취해"

● 일제 강점기에 서울의 영등포에 있던 경성방직 공장. 조선인이 만든 대표적인 기업이다.

물산 장려 운동을 주도한 세력은 우리 민족의 힘을 키운 뒤 독립운동을 펼치자고 생각했다. 국산품 애용과 민족 산업의 육성은 우리 민족의 경제력을 키우기 위한 방편이었다.

이 운동을 놓고 긍정적으로 보는 의견과 부정적으로 보는 의견이 맞서 있다. 긍정적으로 보는 사람들은 일제의 경제 침략에 저항했다는 점을 강조한다. 일제는 한반도를 자국의 기업이 만든 물건의 판매 시장으로 만들려고 했다. 그래서 일본인 기업가들이 진출해 기업 활동을 하도록 지원했다. 물산 장려 운동은 이에 맞서 우리 민족의 경제적 권리를 지키려고 했다. 민족 자본의 성장에 기여했음도 중요한 근거다. 일제가 회사령을 없앤 뒤 조선인이 만든 기업의 활동이 활발해졌다. 하지만 경쟁력이 일본 업체들보다 뒤졌기 때문에 생존에 어려움을 겪었다. 물산 장려 운동은 국산품 애용을 통해 우리 기업이 생존 경쟁에서 살아남을 수 있도록 도왔다.

물산 장려 운동을 부정적으로 보는 사람들은 이 운동이 기업가와 상인 등의 이익에만 기여했다고 지적한다. 국산품 애용 운동이 결과적으로 조선인 기업이 만든 제품의 값을 오르게 해 민중의 생활고를 가중시켰다는 것이다. 또 이 운동의 주도 세력이 일제에 타협적인 태도를 취했다고 비판한다. 이들은 우리 민족의 힘을 키우는 것이 우선이라는 명분을 내걸고, 독립운동을 먼 미래의 일로 미뤘다. 이들 가운데서 자치론을 주장하는 사람들이 나온 것도 우연이 아니었다. 이 운동에 우리 민족이 거족적으로 참여했다는 말도 운동의 초기 단계까지는 맞지만, 운동이 펼쳐지는 과정에서 민중의 지지를 잃었다는 사실을 외면하면 안 된다는 것이다.

> **낱말 즐겨 찾기**
> 자치론 일제의 지배를 인정하는 틀 안에서 우리 민족의 자치를 추구하자는 의견.

생각 로그인

01 물산 장려 운동이 일어난 배경과 목적, 방법을 각각 설명해 보세요.

배경	
목적	
방법	

02 물산 장려 운동의 열기가 식은 원인을 세 가지만 제시해 보세요.

03 민족 산업을 키우는 방법으로 자급자족적 수공업의 육성을 중요하게 본 의견에는 어떤 한계점이 있는지 지적해 보세요.

● 풍속화가 김홍도(1745~?)의 '대장간'.

정보 클릭

수공업과 기계제 대공업

수공업은 간단한 도구와 손을 사용해서 하는 공업 생산 활동이다. 전통 사회에서는 대다수 농촌 가정이 수공업을 통해 필요한 것을 스스로 마련했다. 이처럼 자신에게 필요한 의식주를 스스로 마련하는 일을 자급자족이라 한다.

산업 혁명 이후에는 수공업이 사라지고 기계제 대공업이 시작되었다. 기계제 대공업은 노동자를 고용하고, 이들이 증기나 전기의 힘으로 움직이는 기계를 써서 한꺼번에 많은 물건을 생산하는 방식을 말한다. 기계제 대공업이 이뤄지려면 비싼 기계를 사고 노동자를 고용할 수 있는 능력이 있어야 했다. 기계제 대공업은 많은 물건을 빠르게 생산해 경제 발전의 기반이 되었다. 또 국민들이 경제적으로 풍요롭고 편리하게 살려면 기계제 대공업 없이는 불가능했다.

그러나 기계제 대공업에 기반한 자본주의의 발전은 빈부 격차를 심화시키는 문제점을 낳았다. 노동자들에게 낮은 임금을 지급해 생활고도 불렀다. 노동자들을 거대한 기계 장치를 지키는 부속품으로 만들어 주체성을 빼앗은 문제도 있다.

자급자족적 수공업을 중요하게 여긴 것은, 기계제 대공업과 자본주의 발전의 부작용을 지적했다는 점에서 의의를 지닌다. 하지만 기계제 대공업을 버리고 자급자족적 수공업으로 돌아가기는 어렵다. 수공업의 생산성은 기계제 대공업보다 떨어지는 데다, 자급자족 정책은 분업이 점점 고도화되는 현실과 맞지 않았기 때문이다.

생각 로그인

04 물산 장려 운동을 긍정적으로 보는 의견과 부정적으로 보는 의견을 뒷받침하는 근거를 세 가지씩 제시해 보세요.

긍정적 의견의 근거	부정적 의견의 근거

05 물산 장려 운동을 주도한 세력은 독립운동 전에 우리 민족의 힘을 키우는 운동에 주력해야 한다고 주장했습니다. 독립운동을 중요하게 여기는 입장에서, 이 주장을 비판해 보세요.

● 청산리 대첩(1920) 기록화. 물산 장려 운동이 시작된 직후에 김좌진(1889~1930) 장군 등이 이끄는 독립군은 만주에서 일본군과 대규모 전투를 벌여 승리했다.

물산 장려 운동과 독립운동

3·1 운동이 실패로 끝난 뒤, 우리 민족이 독립하려면 먼저 경제와 문화 등에서 힘을 키워야 한다는 실력 양성 운동이 전개되었다. 경제 분야에서 일어난 실력 양성 운동이 물산 장려다.

문제는 실력 양성 운동이 일제와 타협하는 방향으로 흘렀다는 점이다. 1921년 중국 상하이에서 활동하던 이광수(1892~1950)가 귀국했다. 그는 일본에서 독립 선언을 주도했고, 상하이에서는 임시 정부에 참여했다. 일본 경찰에 체포되었지만, 재판을 받지 않고 곧바로 풀려났다. 이듬해부터 이광수는 여러 편의 글을 잇달아 발표했다. 그는 "독립을 위한 투쟁보다는 근대 문물을 받아들여 힘을 기르는 일이 더 중요하다"라고 주장했다.

1924년 이광수는 동아일보에 실린 '민족적 경륜'이라는 논설에서 일제가 허락하는 한도 안에서 정치 운동을 하자고 주장했다.

물산 장려 운동을 주도한 세력 중 다수는 이광수의 의견에 동조했다. 이들은 일제의 통치를 인정하고 합법적인 틀 안에서 실력을 기르자고 주장했다. 우리 민족이 국권을 잃은 까닭도 힘이 약했기 때문이다.

하지만 일제의 지배를 인정하면서 우리 민족의 힘을 키우자는 주장은 옳지 않다. 일제의 억압으로 민족의 힘을 키우는 일이 어려웠기 때문이다. 민족의 힘을 키우려면 독립을 해야 하는데, 이를 위해서도 독립운동을 더 힘차게 펼쳐야 했다.

1920년대 초반에 추진된 물산 장려 운동은 민족 산업을 육성해 경제력을 키우려던 운동이다. 물산 장려 운동은 "내 살림 내 것으로!"라는 구호 아래 국산품 애용을 장려했으며, 이를 위해 강연회와 거리 행진 등 대중 계몽 운동을 펼쳤다. 물산 장려 운동을 긍정적으로 보는 사람들은, 일제의 경제 침략에 저항하고 민족 자본의 성장에 기여한 점을 강조한다. 또 이 운동에 우리 민족이 거족적으로 참여했다고 본다. 부정적으로 보는 사람들은, 이 운동이 기업가와 상인의 이익에만 기여했으며, 운동의 주도 세력이 일제에 타협적인 태도를 취했다고 비판한다. 또 초기에는 우리 민족의 폭넓은 지지를 받았지만, 운동이 전개되는 과정에서 지지를 잃었다고 본다.

물산 장려 운동이 일어나고 전개된 과정을 서술하고, 이 운동을 긍정적으로 보는 시각과 부정적으로 보는 시각 가운데 한 가지를 골라 자신의 의견을 논술해 보세요(500~600자).

수행 평가와 디베이트를 위한
쟁점 한국사

24. 농지 개혁은 실패했나 성공했나

● 북한의 토지 개혁 선전물에 '토지는 농민의 겄(것)'이라고 새겨져 있다. 북한은 남한과 달리 토지를 무상으로 몰수해서 무상으로 분배했지만, 소유권을 인정하지 않아 자립과 경제 발전이 어려웠다.

우리나라는 1949년 공포된 '농지 개혁법'에 따라 농가의 농지 소유 면적을 3ha(약 3만 m^2) 이내로 제한하고, 소작을 금지했다. 농지 개혁은 1950년부터 본격적으로 시행되어 지주제의 해체와 자작농의 증가를 이끌었으며, 이를 통해 농민들의 경제적 자립을 촉진했다. 그 뒤 50여 년 동안 농사짓는 사람만 농지를 소유한다는 원칙이 지켜졌다. 그러다 세계 무역 환경이 바뀌고 농업 시장이 개방되며, 2002년 농지 소유 상한 제도가 폐지되었다. 해방 이후 농지 개혁이 실시된 과정을 살펴보고, 성공한 개혁인지 탐구한다.

교과서 이곳을 보세요
- 고등학교 한국사 4단원 대한민국의 발전 • 2. 대한민국 정부의 수립
- 중학교 역사2 6단원 근·현대 사회의 전개 • 3. 자본주의와 사회 변화

일제 강점기까지 지주제 유지··· 소작농은 빈곤

● 김홍도의 '벼 타작'. 일제 강점기에도 지주에게 유리한 정책을 펼치는 바람에 지주들의 토지가 더욱 넓어졌다.

지주제는 지주가 농민에게 농사를 짓게 한 대가로 일정한 양의 수확물을 받는 제도다. 조선 전기까지는 지주제가 노비제와 연결되어 있어 양반 지주는 대다수가 노비에게 농사를 짓도록 했다. 노비는 주인의 명령과 간섭을 받았으므로 농사를 독립적으로 짓지는 못했다. 그리고 노비가 부족한 경우에만 양인(평민)에게 소작을 줬다. 양인은 국가에 군역과 공물 등의 의무를 졌는데, 노비는 이러한 의무가 없었기 때문이다. 그러나 양인이 소작 농사를 지으며 군역과 공물의 의무까지 부담할 만큼 농업 생산성이 크지는 않았다.

조선 후기에 들어서자 소를 이용한 농사와 모내기법의 보급이 늘고, 비료를 주는 기술이 발전했다. 이에 따라 발전된 기술을 적용할 의지가 부족한 노비들에게 농사를 짓게 하는 것보다 양인에게 소작을 줄 경우 더 많은 이익을 가져다주었다. 소작농은 수확이 늘면 조금이라도 더 이익을 얻을 수 있어 스스로 열심히 일하기 때문이었다. 노비가 없어도 농사를 지을 수 있게 되며, 지주들 소유의 토지 면적도 크게 늘었다.

정약용(1762~1836)은 19세기 초에 소작농이 전라도 전체 농가의 70%라고 말했다. 소작농은 수확물의 절반을 지주에게 바치고, 씨앗과 세금까지도 부담해야 했다. 일제 강점기에는 조선 총독부가 지주에게 유리한 정책을 펼쳤으므로 지주들이 소유한 토지가 더욱 넓어졌다. 일제는 우리나라에 공산품을 파는 대신 농산물을 값싸게 가져가려고 했다. 그래서 지주들의 권력을 강화해 더 많은 농산물을 가지도록 몰아주었다. 이러한 상황에서 소작농은 지주에게 밉보이지 않아야 겨우 생계를 유지할 수 있었다.

> **낱말 즐겨 찾기**
>
> **소작** 농민이 지주의 땅을 빌려 농사를 짓고, 그 대가로 수확물의 일부를 지주에게 지급하는 일.
> **군역** 16~60세의 양인 남성이 군대에 복무하던 의무.
> **공물** 중앙 관청과 궁궐의 필요를 충당하기 위해 지방 주민들이 바친 특산물.
> **모내기법** 못자리에서 기른 모를 논에 옮겨 심는 방법.
> **조선 총독부** 일제 강점기에 조선을 지배한 최고 통치 기관.

농지 개혁 통해 지주제 폐지… 소유권도 인정

1945년 해방되던 해 나라 전체 농가의 절반은 자기 땅이 없는 소작농이었다. 자기 땅만으로는 부족해 남의 땅까지 빌려 농사를 짓는 농가도 35%에 이르렀다. 대다수 농민은 빈곤과 굶주림에 시달렸다. 이들의 경제적 상황을 개선하지 않으면 독립된 나라의 앞날에 희망을 걸기 어려웠다.

● 1949년 6월 농지 개혁법이 공포된 사실을 알리는 신문 기사.

이에 따라 농지 개혁을 둘러싼 논쟁이 일어났다. 좌익 세력은 지주의 토지를 대가 없이 몰수해 농민에게 공짜로 나눠 주자고 주장했다. 우익 세력은 농지 개혁에 반대하는 사람이 많았다. 하지만 농민의 좌익 쏠림을 막으려면 어떤 방식으로든 농민에게 땅을 나눠 줄 수밖에 없었다. 그래서 일부 우익 세력은 대가를 주고 사들인 뒤, 땅값을 받고 나눠 주자고 주장했다. 중도파는 대가를 주고 사들인 뒤 공짜로 나눠 주자고 주장했다.

미군정은 1948년 3월 과거 일본인들이 소유했던 농지를 몰수해 소작농들에게 나눠 주는 대신 대가를 받았다. 1948년 8월 대한민국 정부가 수립된 이듬해 6월 농지 개혁법이 공포되었다. 이 법은 대가를 주고 지주의 땅을 사들인 뒤 땅값을 받고 나눠 주도록 규정했다. 준비 과정을 거쳐 1950년 4월부터 농지 개혁이 실시되었다. 정부는 농지 개혁을 실시하며 농가당 3ha까지만 농지를 소유하게 했고, 이를 넘어서는 농지를 사들였다.

이에 따라 오랜 역사를 가진 지주제는 해체되고 자작농이 농가의 대다수를 차지하게 되었다. 농지 개혁법은 분배된 농지의 소유권과 상속권까지 인정했다. 이러한 점에서 농지 개혁은 북한에서 1946년에 실시된 토지 개혁과는 구별되었다. 북한에서는 대가 없이 몰수해 공짜로 나눠 주었는데, 농민의 경작권만 인정하고 소유권과 상속권은 인정하지 않았다.

> **낱말 즐겨 찾기**
>
> **좌익 세력·우익 세력** 좌익 세력은 사회주의를 믿으며 민중의 이익을 대변한다고 주장한 세력이고, 우익 세력은 사회주의에 반대하며 기득권의 이익을 대변한 세력을 말한다.
> **미군정** 1945년 8월부터 3년 동안 남한을 점령한 미군의 통치 기관.
> **자작농** 자기가 소유한 땅에서 독립적으로 농사를 짓는 농민.

"농민 생활 개선 못해" vs "자작농 체제 굳어져"

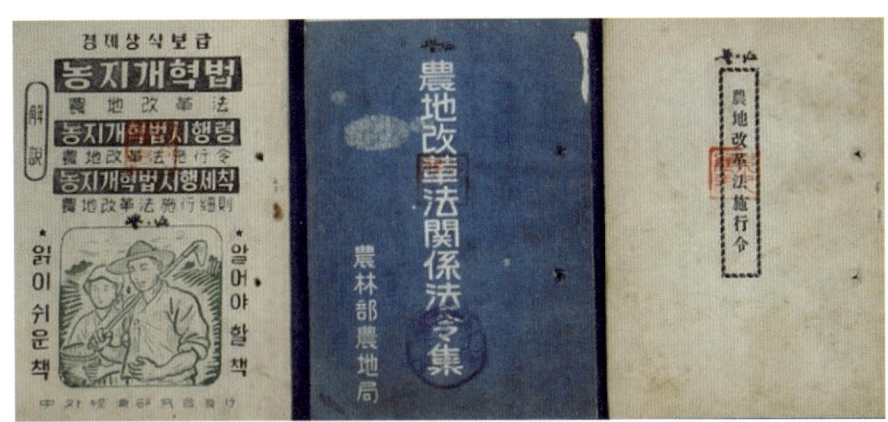
● 농지 개혁법을 자세히 해설한 책(1950).

농지 개혁은 1980년대까지 긍정적으로 평가를 받지 못했다. 지주들에게만 유리하게 진행되어 농민 생활을 개선하지 못했다고 보았기 때문이다. 정부가 사들인 농지는 분배 대상 토지의 절반에 그쳤고, 소작제를 완전히 없애지도 못했다. 이처럼 농지 개혁이 부실하게 이뤄져 농민 생활은 나아지지 않았으며, 1960년대까지도 보릿고개가 존재했다.

농지 개혁이 실패했다고 보는 사람들은 농지 개혁이 농업 발전과 산업화에 기여하지 못했다고 주장한다. 1960년대까지 농민들의 생산 의욕이 크지 않은 데다 농업 생산성도 거의 향상되지 않았다는 것이다. 정부는 지주에게 한 해 수확량의 150%에 해당하는 보상 가치로 책정된 지가 증권을 주었고, 지주들이 이를 공업 분야에 투자하기를 기대했다. 그런데 한국 전쟁(1950~53) 당시 높은 인플레이션이 발생해 지가 증권의 실질 가치가 급락하면서, 지주들이 자본가로 변신하지도 못했다.

1990년대 이후에는 농지 개혁이 성공했다고 주장하는 목소리가 커졌다. 지주제가 해체된 것이 이를 뒷받침한다는 것이다. 농지 개혁은 한 농가가 소유할 수 있는 농지의 상한선을 3ha로 제한했다. 따라서 이보다 더 넓은 농지를 소유한 지주들이 사라졌다. 대다수 농민이 땅을 소유하게 된 점도 개혁의 성공을 뒷받침한다. 실제로 1951년 정부 통계에 따르면 소작농은 전체 농가의 3.9%에 불과했고, 자작농이 80.7%에 이르렀다. 또 지주들이 농지 개혁에 앞서 농지를 헐값에 팔아 버리는 바람에 정부가 사들여 분배한 농지가 많지는 않았지만, 땅을 산 농민이 이익을 본 점도 농지 개혁의 성과로 봐야 한다고 주장한다.

낱말 즐겨 찾기

보릿고개 지난해 가을에 거둔 곡식은 바닥이 나고 보리는 아직 여물지 않아 끼니를 잇기 어려운 5~6월.
지가 증권 토지 개혁 때 정부에서 사들인 토지의 보상금으로 지주에게 발행한 유가 증권.
인플레이션 통화량이 증가하며 화폐 가치가 떨어지고, 모든 물가가 꾸준히 오르는 경제 현상.

생각 로그인

01 조선 후기 지주제에 일어난 변화와 그 원인을 정리해 보세요.

02 1948년 해방 직후 농지 개혁을 둘러싸고 좌우익 세력과 중도파의 의견을 각각 요약해 보세요.

좌익 세력	
중도파	
우익 세력	

03 대한민국 정부 수립 뒤 왜 농지를 농민에게 나눠 주어야 했는지 자신의 의견을 말해 보세요.

● 1940년대 후반 우리나라의 농촌 풍경. 농지 개혁은 사회 불평등 해소와 농민 자립, 경제 발전을 위해 필수적인 과제였다.

농지 개혁의 필요성

1945년 8월 일제에서 해방되었을 때, 대다수 농민은 자기 땅이 없거나 부족해 지주의 땅을 빌려 농사를 지었다. 하지만 소작농은 빈곤과 굶주림에 시달려야 했다. 소작료를 낸 뒤 손에 쥐는 평균 소득이 쌀 네 가마니여서, 5~7명의 가족이 1년을 살기에는 턱없이 부족했기 때문이다.

농민의 생활을 개선하려면 농지 개혁을 서둘러야 했다. 농민은 자기 땅에서 독립적으로 농사를 지어야 경제생활이 안정될 수 있었기 때문이다. 수확물의 절반 이상을 지주와 관청에 바치는 데다, 언제 소작지를 떼일지 모르는 상황에서는 빈곤에서 벗어나기 어려웠다.

농업 발전과 산업화를 위해서도 농지 개혁을 늦출 수 없었다. 농업 발전을 위해서는 농민이 앞날을 계획하며 열심히 일하려는 의욕을 가져야 했다. 그런데 자기 땅이 없으면 당장의 먹을거리를 해결하기에 바쁘다. 따라서 농업 생산성을 높이려는 의욕을 갖게 하려면 그들에게 땅을 나눠 줄 필요가 있었다.

산업화를 위해서는 땅에 묶여 있던 자본을 공업 분야로 이동시켜야 했다. 즉, 산업화에 필요한 자본을 마련하려면 지주들이 땅을 처분해 얻은 돈을 공업 분야에 투자하도록 이끌 필요가 있었다.

공장을 운영하는 데도, 공산품을 거래할 시장이 받쳐 주어야 한다. 농민의 생활이 나아져야 이들이 공산품을 소비할 수 있는 것이다. 따라서 산업화에 필요한 시장 기반을 만들기 위해서도 농민에게 농지를 분배해야 했다.

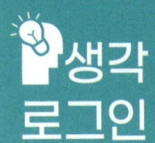

04 농지 개혁이 실패했다는 의견과 성공했다는 의견을 뒷받침하는 근거를 세 가지씩 제시해 보세요.

실패했다	성공했다

05 농지 개혁이 정치에 끼친 영향을 바탕으로, 농지 개혁이 실패했다는 의견을 비판해 보세요.

● 이승만 대통령이 1957년 8월 수해를 당한 영남 지역 농가를 찾아 농민들을 위로하고 있다.

농지 개혁의 정치적 배경

남한에서는 해방 이후 지주의 이익을 대변하던 우익 세력과 농민의 이익을 대변하던 좌익 세력이 격렬하게 대립했다.

이승만(재임 1948~60)은 정치 현실을 객관적으로 이해한 바탕 위에서 권력을 잡고 유지하는 책략이 뛰어난 정치인이었다. 이승만은 원래 지주 세력의 이익을 대변하던 한국민주당과 우호적인 관계를 맺고 있었다.

하지만 대한민국 정부가 수립되고 자신이 대통령이 되자 한국민주당을 버리고 농지 개혁을 적극 추진했다. 농민에 대한 좌익 세력의 영향력을 차단하고, 국민 다수를 차지하던 농민을 자신의 지지 기반으로 삼으려 했기 때문이다.

농지 개혁이 실시되자 많은 소작농이 자기 땅을 소유하게 되었다. 농민은 땅을 갖게 해 준 이승만을 적극 지지했다. 그래서 농민에게 '국부'로 떠받들어질 만큼 권위를 갖게 되었다. 6·25 전쟁 직전에 실시된 국회의원 선거에서 이승만을 지지하는 정치 세력이 농촌 지역에서 크게 승리했다. 이러한 현상은 농지 개혁의 효과였다고 평가된다.

6·25 전쟁이 일어난 뒤 남한을 점령한 북한군이 토지를 다시 분배했다. 하지만 농민의 호응을 얻지 못했다. 농민은 이미 농지 개혁 이후에 지켜야 할 땅을 소유하고 있었기 때문이었다. 이러한 정치적 효과도 농지 개혁이 실패했다는 의견이 옳지 않음을 보여 준다.

조선 후기부터 노비 대신 양인 소작농들이 지주의 토지를 빌려 농사를 지었다. 이에 따라 지주가 소유한 토지 면적이 빠르게 늘었다. 일제 강점기에도 지주 중심의 농업 정책 때문에 소작농의 고통이 심했다. 대한민국 정부는 1950년에 소작농의 고통을 덜어 주기 위해 농지 개혁을 실시했다. 농지 개혁을 놓고 실패했다고 보는 의견과 성공했다고 보는 의견이 맞서 있다. 실패했다고 보는 의견은 농지 개혁이 지주에게 유리하게 이뤄져 농민의 생활을 개선하지 못했다는 점을 근거로 든다. 또 농업 발전과 산업화에 기여하지 못한 것도 문제라고 지적한다. 성공했다고 보는 의견은 지주제를 없앴고, 대다수 농민이 토지를 갖게 되었다는 점을 근거로 든다. 또 농지 개혁이 확실시되자 지주들이 미리 헐값에 농지를 팔아 버리는 바람에 농민이 이익을 본 점도 농지 개혁이 성공했음을 증명한다고 주장한다.

농지 개혁이 실시된 과정을 설명하고, 농지 개혁이 성공했다고 볼지 또는 실패했다고 볼지 자신의 의견을 논술해 보세요(500~600자).

수행 평가와 디베이트를 위한
쟁점 한국사

25. 친일파 청산 계속되어야 할까

● 노무현 정부는 2005년 '친일 반민족 행위 진상 규명 위원회'를 설치한 뒤 4년 6개월의 조사 끝에 704명의 반민족 행위자 명단을 2009년에 추가로 발표했다.

해방 이후 친일파 청산은 한국 사회의 중요한 과제로 제기되었다. 하지만 정치·사회적 이유로 완전한 청산이 이루어지지 못했다. 이승만 정부는 반공주의를 내세우며 친일파들을 주요 관직에 기용했고, 반민족 행위 특별 조사 위원회가 활동을 시작했으나, 정부의 비협조와 경찰의 방해로 결국 해체되었다. 그 결과 친일파는 처벌을 받지 않고 권력을 유지할 수 있었다. 이에 따라 해방 이후 지금까지 친일파 청산 논쟁이 이어지고 있다. 친일파 청산을 놓고 소극적인 의견과 적극적인 의견이 맞서 있다. 친일파의 여러 유형과 이들을 청산하지 못한 까닭을 살펴보고, 친일파 청산을 둘러싼 서로 다른 의견을 탐구한다.

교과서 이곳을 보세요

고등학교 한국사 4단원 대한민국의 발전 • 2. 대한민국 정부의 수립
중학교 역사2 6단원 근·현대 사회의 전개 • 1. 국민 국가의 수립

송병준·이완용 등 식민 통치에 적극 협력

● 1908년 12월 일진회 회장인 이용구(1868~1912)의 집에서 기념 촬영한 일진회 회원들. 이들은 한일 병합 조약 체결의 찬성 여론을 이끌었다.

친일파는 일제의 침략과 식민 통치에 협력한 사람을 말한다. 친일파의 첫째 유형은 일제가 우리나라를 식민지로 만드는 과정에 앞장선 사람이다. 송병준(1858~1925)은 일진회를 만들어 우리나라를 일제에 넘기는 데 앞장섰다. 이완용(1858~1926)은 총리대신으로 한일 합병을 주도했다. 그 대가로 이들은 귀족의 작위를 받고 부귀영화를 누렸다.

고위 관리나 경찰, 장교로 근무한 친일파도 있다. 일제는 3·1 운동을 진압한 뒤 친일파를 관리로 채용하는 정책을 폈다. 이들 가운데는 대한 제국에서 관리를 지낸 사람, 고급 관리를 뽑는 시험에 합격한 사람, 면서기나 순사(직급이 낮은 경찰관)를 하던 사람 등이 있었다. 김대우(1900~76)는 충성심과 능력을 인정받아 총독부에서 높은 자리에 올랐다. 그는 우리 민족에게 일본 왕에 대한 충성을 강요하는 '황국 신민 서사'를 만들었고, 덕분에 도지사까지 지냈다.

일제는 사회적 영향력이 큰 지도자와 기업가, 대지주들을 끌어들여 친일파로 만들었다. 대표적인 인물이 최린(1878~1958)이다. 그는 3·1 운동 때는 민족 대표 33인의 한 사람이었다. 하지만 감옥에서 나온 뒤 변절해 일제의 통치에 협력했다. 우리 민족은 독립 능력이 없으므로 일제의 통치를 인정하고 자치권을 얻자는 주장까지 했다.

일제가 전쟁을 일으켜 아시아와 태평양을 침략하자, 민족을 배반하는 자가 늘어났다. 많은 지식인과 언론인, 문인이 우리 젊은이들에게 전쟁에 나가라고 권하는 글을 쓰거나 연설을 했다. 서정주(1915~2000) 시인도 전쟁에 나가 목숨을 잃은 젊은이를 찬양하는 시를 썼다.

낱말 즐겨 찾기
일제 '일본 제국주의'의 줄임말. 제국주의란 강한 군사력과 경제력으로 다른 나라를 식민지로 삼는 침략주의를 말한다.
일진회 일제의 침략에 협력한 친일 단체.
한일 합병 1910년 대한 제국이 일제의 강요에 의해 조약을 맺고 국권을 잃은 일.
황국 신민 서사 일제가 1937년부터 한국인들에게 외게 한 일본 왕에 대한 충성 맹세.

정부 수립 이후 친일파 청산에 실패

해방 직후에 우리나라가 해결해야 할 가장 중요한 과제는 친일파 청산이었다. 대다수 국민은 친일파를 처단하자고 주장했다.

하지만 대한민국 초대 대통령으로 선출된 이승만(재임 1948~60)은 친일파의 지원을 받았기 때문에 청산에 소극적이었다. 친일파는 청산을 주장하는 국민을 공산주의자로 몰아붙였다. 그럼

● '반민 특위'에 잡혀가는 친일파들. 하지만 반민족 행위로 실형을 받은 친일파도 집행 유예로 풀려났다. 따라서 실제로 처벌된 사람은 한 명도 없었다.

에도 제헌 국회는 헌법에 친일파를 처벌할 수 있는 근거를 넣었고, '반민족 행위 특별 조사 위원회'(반민 특위)를 설치했다. 반민 특위는 1949년 1월부터 본격적인 활동에 나섰다. 당시 친일파는 정부와 경찰, 군대의 요직을 차지하고 있었다. 이승만 대통령이 나라를 운영하려면 그들의 능력을 이용할 수밖에 없다고 믿었기 때문이다.

친일파들은 '애국지사를 잡아간 반민 특위는 공산당'이라며 시위를 벌였다. 마침내 반민 특위가 노덕술(1899~1968)을 체포하자, 경찰이 특위 사무실을 습격했다. 노덕술은 일제 강점기에 많은 독립운동가를 체포했는데, 해방 이후에도 여전히 경찰 간부 노릇을 하고 있었다. 이승만이 반공을 내세워 경찰을 편들자, 반민 특위는 힘을 잃은 채 해체되고 말았다. 반민 특위는 682명의 친일파를 조사했지만, 재판에서 실형을 받은 사람은 7명에 그쳤다.

그 뒤 민족정기를 바로 세우기 위해 친일파를 제대로 청산해야 한다는 여론이 높아졌다. 이에 따라 노무현 정부는 2005년 '친일 반민족 행위 진상 규명 위원회'(친일 규명위)를 설치했다. 친일 규명위는 4년 동안의 조사 활동 끝에 1937년부터 1945년까지 반민족 행위를 한 704명의 명단을 2009년에 발표했다.

> **낱말 즐겨 찾기**
> 제헌 국회 1948년에 구성원 대한민국 최초의 국회. 헌법을 제정했으므로 제헌 국회라고 한다.

"꼭 해야 한다" vs "그냥 넘기자"

● 프랑스는 제2차 세계 대전 때 독일에 협력한 숙청 대상 150만~200만 명 가운데 15만 8000명에게 유죄를 선고하고, 1만 1500명에게는 사형을 선고했다. 우리나라는 처벌 대상 7000명 가운데 221명에게 유죄를 선고하고 실형 선고는 7명에 그쳤다.

세월이 많이 흘러 현재 살아 있는 친일파는 거의 없다. 따라서 친일파 청산은 법적인 의미가 아니라 역사적 심판의 의미가 강하다. 그들의 친일 행위를 역사의 기록으로 남겨 기억하도록 하자는 의도다.

지금 우리 사회에서는 친일파 청산을 놓고 적극적인 의견과 소극적인 의견이 맞서 있다. 소극적인 의견을 가진 사람들은 친일파의 다수는 일제 강점기에 민족 교육과 문화 발전 등에 기여했다는 점을 강조한다. 또 해방 이후 나라 발전에 크게 기여한 사람들의 경우, 일부 흠이 있다고 삶 전체를 부정해서는 안 된다고 강조한다. 박정희(재임 1963~79) 대통령은 일제의 조종을 받던 만주국에서 장교를 지냈다. 하지만 경제 발전에 공이 크므로 그러한 흠은 덮어야 한다는 입장이다. 살기 위해 친일 행위를 한 사람이 많았다는 점도 무시해서는 안 된다고 한다. 생계를 잇기 위해 하급 관리 노릇을 했고, 일제의 강요를 거절하면 생명이 위험했기 때문에 어쩔 수 없이 협력할 수밖에 없었다는 말이다.

적극적인 청산이 필요하다는 사람들은 민족정기를 바로 세우려면 친일파를 심판해야 한다고 본다. 또 민족 교육과 문화 발전, 국가 발전에 기여한 공적이 있다고 친일 행위의 책임을 묻지 않으면, 앞으로 나라가 위험할 때 매국노가 생기는 일을 막을 수 없다는 입장이다. 살기 위해 친일 행위를 했다는 이유로 잘못을 묻지 말자는 것도 문제라고 지적한다. 게다가 대다수 친일파는 재산을 지키고 출세하려고 친일 행위를 했다고 강조한다.

낱말 즐겨 찾기

만주국 1932년 일본이 중국 동북 지방에 세운 괴뢰국.

01 친일파에는 크게 네 가지 유형이 있는데, 유형별로 간략하게 설명해 보세요.

● 친일파를 대표하는 이완용(왼쪽)과 송병준.

02 대한민국 정부가 수립된 뒤에 친일파를 제대로 청산하지 못한 까닭을 말해 보세요.

03 보기를 참고해 서정주 시인의 친일 행위를 변호해 보세요.

> **보기**
>
> 서정주(1915~2000)보다 우리말을 더 아름답게 수놓고, 우리의 문학적 정서를 더 풍요롭게 해 준 시인을 찾기 어렵다. 서정주가 일제를 찬양하는 시들을 발표한 것은 씻을 수 없는 잘못이다. 시인 자신도 "국제 정세를 잘 몰라 일제의 지배가 오래갈 것으로 알고 잘못된 판단을 했다"라고 인정했다. 하지만 이를 놓고 '완벽한 친일파'라며 돌을 던지는 일은 지나치다. 일제가 침략 전쟁을 벌이던 시기에 협력 요구를 거절하기란 쉬운 일이 아니었다.

친일파와 반공

해방 이후 우리나라는 이념 갈등이 심각했다. 제2차 세계 대전이 끝난 뒤 미국과 옛 소련이 남북한을 점령했다. 이런 상황에서 미국식 자본주의를 추구하는 세력과 소련식 사회주의를 추구하는 세력이 맞섰다.

자본주의를 추구하는 세력은 주로 기업인과 지주, 부자, 중산층에 기반을 두었다. 문제는 이들 중에 친일파가 적지 않았다는 점이다. 친일파들은 일본이 물러간 뒤에 살아남기 위해 사회주의에 맞서 싸우는 애국자로 행세했고, 반공을 더욱 강하게 외쳤다.

이승만 대통령을 지지하는 세력에는 친일파가 많았다. 이승만은 반공을 위해 친일파들에게 너그렇게 대했고, 그들의 정치적 능력과 자금을 적극 활용했다. 또 친일 경력이 있는 사람들을 고위 관료나 경찰 간부, 군 지휘관으로 등용했다. 이를 통해 친일파는 권력의 중심에 다시 서게 되었고, 친일 청산이 이루어지지 못했다.

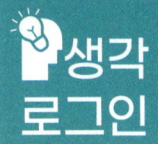

생각 로그인

04 친일파 청산에 소극적인 의견과 적극적인 의견을 뒷받침하는 근거를 각각 세 가지씩 제시해 보세요.

소극적인 의견	적극적인 의견

05 보기처럼 주장하는 의견의 문제점을 지적해 보세요.

보기

"친일파 가운데 일제 강점기에 민족 교육과 문화 발전에 기여했고, 해방 이후에는 나라 발전에 기여한 사람이 적지 않다. 따라서 일부 흠이 있다고 그들의 삶 전체를 부정해서는 안 되므로 친일파 청산에 신중해야 한다."

● 친일 행위를 정당화하면 나중에 나라가 위기에 놓였을 때 매국노를 막을 수 없다.

정보 클릭

최규동의 친일 행위

교육부가 2015년 3월에 '이달의 스승'으로 선정한 최규동(1882~1950)이 친일파 논란에 휩싸였다. '이달의 스승'은 스승을 존경하는 풍토를 만들기 위해 시대를 초월해 국민에게 존경을 받는 스승을 선정하는 사업이다.

문제가 된 것은 1942년에 총독부의 관변 단체인 조선 교육회의 기관지('문교의 조선')에 "죽음으로써 임금의 은혜에 보답하라"라는 제목으로 쓴 글이다. 이 글은 '징병 제도 실시의 감격'이라는 특집 기획에 실린 네 편의 글 가운데 하나다.

1942년은 일제가 침략 전쟁을 벌이며 최후의 발악을 하던 때였다. 최규동을 변호하는 사람들은 글을 쓰지 않으면 학교를 폐쇄당할 위험이 있었기 때문에 어쩔 수 없이 선택한 일이라고 말한다.

반면에 아무리 일제의 탄압이 거칠었다고 해도 친일 행위를 정당화해서는 안 된다고 주장하는 사람들도 있다. 친일 행위를 정당화하면 나중에 나라가 위기에 놓였을 때 매국노가 생기는 일을 막을 수 없다고 보기 때문이다. 그리고 자신의 이익을 지키기 위해 친일 행위를 한다면 도덕적 차원에서 용납될 수 없다는 것이다.

최규동은 재정 상태가 좋지 않은 중동학교를 인수해 종교 단체나 독지가의 후원 없이 훌륭한 학교로 키운 모범적인 교육자였다. 또 해방 직후에는 서울대 총장을 지내 교육계를 대표하기도 했다.

이러한 공로가 있다고 해도 일제의 침략 전쟁에 협조한 친일 행위에 면죄부를 줄 수는 없다. 하지만 그의 삶은 일제 강점기라는 억압의 시대를 폭넓게 이해할 수 있는 계기가 될 수 있다.

친일파는 일제가 우리나라를 식민지로 만드는 과정에 앞장선 사람, 일제 강점기에 고위 관리나 경찰, 장교로 근무한 사람, 일제의 식민 통치에 협력한 사회 지도자와 기업가, 일제의 침략 전쟁에 협력한 사람 등이 있다. 해방 이후 친일파 청산은 중요한 과제였다. 하지만 이승만 대통령은 친일파의 지원을 받았으므로 청산에 소극적이었다. 당시 친일파는 정부와 경찰, 군대의 요직을 차지했는데, 이승만은 그들의 능력을 이용해 나라를 운영하려고 했다. 친일파 청산에 소극적인 사람들은 친일파가 일제 강점기와 해방 이후에 나라 발전에 업적을 남겼으므로 친일 행위를 했다는 이유로 삶 전체를 부정해서는 안 된다고 본다. 친일파 청산에 적극적인 사람들은 민족정기를 바로 세워야 앞으로 나라가 위험할 때 매국노가 생기지 않게 막을 수 있다고 맞선다.

친일파의 여러 유형과 이들을 청산하지 못한 까닭을 설명하고, 친일파 청산에 대한 자신의 의견을 논술해 보세요 (500~600자).

수행 평가와 디베이트를 위한 **쟁점 한국사 2**
예시 답안

01 고조선의 중심지는 어디였을까

11쪽 생각 로그인

1. 예시 답안

역사적 사실	해석
고인돌을 만들려면 많은 인력을 동원할 수 있는 힘이 있어야 한다.	청동기 시대에 계급이 발생했다.
비파형 동검이 기원전 1000년경부터 제작되기 시작했다.	고조선은 기원전 1000년경에 세워졌다.
요령과 한반도 서북부에서 중국의 화폐인 명도전과 오수전이 많이 출토되었다.	고조선은 중국과 활발하게 무역을 했다.
귀족들이 왕을 죽이고 적군에 항복했다.	고조선은 지배층의 내분 때문에 멸망했다.

2. 예시 답안

사오정은 절도죄로 체포되었다. 고조선의 '8조법'에 따르면, 사오정은 노비가 되는 벌을 받았을 것이다. 용서를 받으려면 50만 전을 내야 하고, 용서를 받아도 결혼 상대를 구하기 어려웠을 것이다.

3. 예시 답안

환웅이 3000명의 무리를 이끌고 태백산 꼭대기의 신단수 아래로 내려왔다는 이야기에는, 다른 곳에서 이주해 왔다는 사실이 반영되어 있다. / 풍백과 우사, 운사를 거느리고 곡물을 주관했다는 이야기에는 농사를 지었다는 사실이 반영되어 있다. / 곰과 호랑이가 환웅에게 사람이 되기를 빌었다는 말에는 환웅 부족이 곰과 호랑이를 숭배하는 부족과 만났다는 사실이 반영되어 있다. / 호랑이는 동굴 밖으로 뛰쳐나가 사람이 되지 못했다는 말에는 환웅 부족이 호랑이를 숭배하는 부족을 배척했다는 사실이 반영되어 있다. / 환웅이 사람이 된 웅녀와 혼인해 단군을 낳았다는 이야기에는 곰을 숭배하는 부족과 연합했다는 사실이 반영되어 있다.

12쪽 생각 로그인

4. 예시 답안

비파형 동검과 세형동검, 탁자식 고인돌이 나오는 지역을 보면, 고조선의 중심지가 요령에서 평양으로 이동했다는 견해가 옳음을 알 수 있다. 고조선 초기의 세력 범위를 추측할 수 있는 대표적인 유물은 비파형 동검과 탁자식 고인돌이다. 비파형 동검과 탁자식 고인돌이 나오는 곳은 요령과 한반도 서북부인데, 특히 요령에서 많이 나온다. 세형동검은 고조선 후기의 세력 범위를 추측할 수 있는 유물이다. 요령에서는 나오지 않으며 한반도 서북부에서 많이 출토된다. 이는 고조선의 중심지가 요령에서 평양으로 옮겨졌음을 의미한다.

5. 예시 답안

북한 역사학계의 평양 중심설은 단군릉 발굴에서 나온 과학적 연대 측정 결과에 근거한다. 1993년 단군릉이라고 전해지는 무덤에서 발굴된 유골의 연대를 측정한 결과, 약 5011년 전(±267년)의 수치가 나왔다. 그래서 이를 바탕으로 단군이 5000년 전에 평양 일대에서 고조선을 건국했다고 주장한다. 전통적으로 왕의 무덤은 수도 부근에 조성되는 관례가 있었기 때문에, 단군의 무덤이 평양에 있다는 사실은 평양이 고조선의 중심지였음을 뒷받침하는 중요한 증거로 볼 수 있다. 북한이 고조선부터 고구려까지 이어지는 민족적 정통성을 평양과 연결하려는 정치적 의도가 있다는 비판도 있지만, 이 주장은 단군릉 발굴과 과학적 연대 측정 결과에 근거한다.

13쪽 한국사 논술

(중심지 이동설) 고조선이 건국된 시기는 지금까지 기원전 1000년경으로 알려져 있었다. 지배층의 권위를 상징하는 비파형 동검이 이때부터 제작되었기 때문이다. 청동기 시대에 접어들어 사유 재산과 계급이 발생했고, 세력이 우세한 부족이 주변 부족들을 정복했다. 그 결과 여러 부족이 통합되면서 지도자인 군장이 나타났다. 고조선은 기원전 4세기경에는 요령 지역을 중심으로 만주와 한반도 서북부를 잇는 지역을 지배하는 국가로 발전했다. 또 기원전 194년 위만이 왕위에 오른 뒤에 고조선은 철기 문화를 본격적으로 받아들였다. 고조선의 중심지는 초기에는 요령 지방이었지만 나중에 평양으로 옮겨졌다. 북한의 역사학계는 북한의 역사적 정통성을 내세우기 위해 평양 중심설을 주장한다. 하지만 남한의 역사학계에선 중심지 이동설이 널리 받아들여지고 있다. 고조선 초기의 세력 범위를 알 수 있는 유물은 비파형 동검과 탁자식 고인돌이다. 그런데 이들 유물은 요령 지역과 한반도 서북부에서만 나오는데, 특히 요령에서 많이 나온다. 고조선 후기의 세력 범위를 알 수 있는 유물은 세형동검이다. 세형동검은 한반도에서만 나오는데, 특히 한반도 서북부에서 많이 나온다. 이는 고조선의 중심지가 요령에서 평양으로 이동했음을 증명한다.

(평양 중심설) 고조선이 건국된 시기는 지금까지 기원전 1000년경으로 알려져 있었다. 지배층의 권위를 상징하는 비파형 동검이 이때부터 제작되었기 때문이다. 청동기 시대에 접어들어 사유 재산과 계급이 발생했고, 세력이 우세한 부족이 주변 부족들을 정복했다. 그 결과 여러 부족이 통합되면서 지도자인 군장이 나타났다. 고조선은 기원전 4세기경에는 요령 지역을 중심으로 만주와 한반도 서북부를 잇는 지역을 지배하는 국가로 발전했다. 또 기원전 194년 위만이 왕위에 오른 뒤에 고조선은 철기 문화를 본격적으로 받아들였다. 북한의 역사학계는 단군이 평양에서 고조선을 건국했다고 주장하며, 그 이후에도 평양이 국가의 중심지 역할을 수행해 왔다고 강조한다. 특히 1993년 평양의 단군릉 발굴에서 나온 유골의 연대 측정 결과를 통해, 고조선이 약 5000년 전부터 평양 일대에 존재했다고 말한다. 유골의 연대 측정은 고조선의 존재 시점을 과학적으로 확인한 자료다. 또 전통적으로 왕의 무덤을 수도 부근에 뒀다는 점을 근거로, 단군의 무덤이 평양에 있다는 사실이 곧 수도가 평양이었음을 의미하는 중요한 근거로 해석한다. 이는 평양이 고조선의 정치적, 문화적 중심지 역할을 했다는 주장을 뒷받침하는 결정적 요소가 된다.

02 한반도에서 벼농사는 언제 시작되었을까

19쪽 생각 로그인

1. 예시 답안

부산시 영도구 동삼동 유적	토기에서 조와 기장의 흔적이 출토되었는데, 이는 한반도에서 기원전 5000년~기원전 4000년경부터 조와 기장을 재배하기 시작했을 가능성을 보여 준다.
강원도 고성군 문암리 유적	기원전 3600년~기원전 3000년경에 만들어진 밭으로, 신석기 시대의 밭 유적으로는 우리나라에서 처음 나왔다.
경남 진주시 대평리 유적	청동기 시대의 밭으로, 문암리 유적이 발굴되기 전까지는 가장 오래된 밭 유적이었다.

2. 예시 답안

유물	빗살무늬토기	따비	시루
시대	신석기 시대	청동기 시대	청동기 시대(후기)
쓰임새	곡식을 보관하고, 음식을 조리함.	논밭을 일굼.	곡물을 찌거나 삶음.

3. 예시 답안

의식주로 나누면, 의생활의 경우 구석기 시대에는 나뭇잎이나 풀, 짐승 가죽 또는 털로 옷을 지어 입었지만, 신석기 시대에는 실로 옷감을 짜서 옷을 만들어 입었다. 식생활의 경우 구석기 시대처럼 사냥과 채집, 고기잡이도 이어졌는데, 신석기 시대에는 농사로 얻는 곡물의 양이 늘면서 그 비중이 점점 줄었다. 주거 생활의 경우 구석기 시대에는 동굴이나 임시 거처에서 생활하며 이동했으나, 신석기 시대에는 움집을 지어 정착 생활로 전환되었다.

20쪽 생각 로그인

4. 예시 답안

(벼농사 시작이 청동기 시대라는 의견)경기도 여주시 흔암리에서 탄화미가 출토되었는데, 이 탄화미는 반달돌칼과 함께 나왔고, 청동기 시대의 마을 유적이 근처에 있다. 또 벼농사와 관련된 가장 중요한 유적은 논인데, 지금까지는 신석기 시대의 논 유적이 나오지 않았다.

(벼농사 시작이 신석기 시대라는 의견)1991년 경기도 고양시 가와지 마을에서 신석기 시대의 볍씨들이 출토되었다. 이 볍씨는 재배종에 가까운 모습을 띠고 있다. 야생 벼는 알곡이 익으면 줄기와 낟알의 연결 부분이 저절로 떨어지지만, 재배종은 알곡이 익어도 잘 떨어지지 않아 사람이 직접 손이나 도구를 이용해 수확해야 한다.

5. 예시 답안

한반도 벼농사의 기원을 기원전 2300년경이라고 보는 의견은 가와지 마을에서 나온 볍씨들이 재배종에 가까운 모습을 띠고 있다는 사실에 근거를 둔다. 하지만 볍씨만으로는 야생종인지 재배종인지 분명하게 판단하기 어렵다. 재배종임을 입증하려면 당시 주민이 남긴 생활 유적이 함께 나와야 한다. 그런데 가와지 볍씨의 경우 이런 유적이 나오지 않았기 때문에 재배종으로 단정하기 어렵다.

21쪽 한국사 논술

(신석기 시대에 시작)한반도에서 농사를 짓기 시작한 것은 신석기 시대로 추정된다. 지금까지는 기원전 3500년경에 시작했다고 보았지만, 이보다 이른 시기부터 조와 기장 등을 재배했을 가능성이 커졌다. 지난 2011년 부산시 영도구 동삼동 유적에서 기장과 조의 흔적이 기원전 5000년경과 기원전 4000년경에 만들어진 토기 조각에서 나왔기 때문이다. 벼농사는 이보다 늦은 시기에 시작되었다. 1만 년 전 중국 양쯔강 하류에서 벼를 재배하기 시작했는데, 세월이 흐르면서 한반도에도 벼농사가 전파된 것이다. 청동기 시대에 일부 저습지에서 벼농사가 이뤄졌지만, 널리 퍼지지는 못했다. 철기 시대에 들어 큰 저수지를 만들면서 벼농사가 크게 발달했다. 그런데 벼농사의 기원은 신석기 시대로 봐야 한다. 1991년 경기도 고양시 가와지 마을에서 신석기 시대의 볍씨들이 출토되었다. 이 볍씨는 재배종에 가까운 모습을 띠고 있다. 야생종은 알곡이 익으면 줄기와 낟알의 연결 부분이 저절로 떨어지지만, 재배종은 알곡이 익어도 잘 떨어지지 않아 사람이 직접 손이나 도구를 이용해 수확해야 한다. 이 발굴은 신석기 시대에 벼농사가 이미 시작되었을 가능성을 시사하며, 벼농사의 기원을 신석기 시대로 보는 주장의 근거가 된다.

(청동기 시대에 시작)한반도에서 농사를 짓기 시작한 것은 신석기 시대로 추정된다. 지금까지는 기원전 3500년경에 시작했다고 보았지만, 이보다 이른 시기부터 조와 기장 등을 재배했을 가능성이 커졌다. 지난 2011년 부산시 영도구 동삼동 유적에서 기장과 조의 흔적이 기원전 5000년경과 기원전 4000년경에 만들어진 토기 조각에서 나왔기 때문이다. 벼농사는 이보다 늦은 시기에 시작되었다. 1만 년 전 중국 양쯔강 하류에서 벼를 재배하기 시작했는데, 세월이 흐르면서 한반도에도 벼농사가 전파된 것이다. 청동기 시대에 일부 저습지에서 벼농사가 이뤄졌지만, 널리 퍼지지는 못했다. 철기 시대에 들어 큰 저수지를 만들면서 벼농사가 크게 발달했다. 따라서 벼농사의 기원은 청동기 시대로 봐야 한다. 경기도 여주시 흔암리에서 탄화미가 발견되었는데, 이 탄화미는 반달돌칼과 함께 나왔고, 청동기 시대의 마을 유적이 근처에 있다. 가와지 마을에서 발견된 볍씨들은 볍씨만으로는 야생종인지 재배종인지 분명하게 판단하기 어렵다. 재배종임을 입증하려면 당시 주민이 남긴 생활 유적이 함께 나와야 하지만, 가와지 볍씨의 경우 이런 유적이 나오지 않았다. 따라서 벼농사의 기원은 청동기 시대로 보는 것이 더 타당하다.

03 삼한 시대인가, 원삼국 시대인가

27쪽 생각 로그인

1. 예시 답안

왕이 나라를 대표했다. 하지만 왕 아래에 있는 군장들이 각자 독자적인 행정 구역을 맡아 다스렸으며, 왕은 군장을 신하처럼 부리지 못했다.

2. 예시 답안

나라	명칭	시기
부여	영고	12월
고구려	동맹	10월
동예	무천	10월
삼한	전해지지 않음	5, 10월

3. 예시 답안

소도가 만들어진 까닭은 고대 국가가 형성되는 과정에서 세력 간의 갈등을 완화시키기 위한 수단이었다. 고조선이 멸망한 뒤 그 유민들이 남쪽으로 내려오면서 토착민을 누르고 정치적 지배권을 잡았다. 이 과정에서 고조선 유민은 토착민과 타협해 갈등을 줄일 필요가 있었다. 토착민 집단의 우두머리에게 제사장의 권한을 준 이유는 이러한 타협에서 비롯했다. 토착민 집단의 우두머리들은 원래 정치적 지배자와 제사장의 역할을 함께 맡았는데, 고조선 유민들에게 정치적 지배자의 지위를 빼앗기고, 제사장 역할만 맡게 되었다. 이를 천군이라고 하는데, 천군의 권한을 보장하기 위해 설정한 신성 구역이 소도였다.

28쪽 생각 로그인

4. 예시 답안

삼한 시대	마한과 진한, 변한에 속한 소국들이 서로 힘을 겨루던 상황을 반영한다. / 한반도 남부에만 해당하는 명칭이다.
원삼국 시대	만주와 한반도 전체의 상황을 표현할 수 있다. / 고조선과 초기 삼국의 실체를 부정한다는 문제점이 있다.
열국 시대	소국들이 왕권을 제대로 갖춘 고대 국가였다고 본다. / 4~6세기에 삼국이 중앙 집권 체제를 갖추는 과정에서 왕권이 확립되었다는 일반적인 견해와 대립된다.

5. 예시 답안

(찬성)소국들 중에는 왕권을 갖춘 고대 국가가 여럿 있었기 때문이다. 소국들이 중앙 집권 체제를 갖추지 못한 것은 사실이다. 하지만 왕권이 확립되지 못한 국가 이전의 단계로 볼 수는 없다. 중세 유럽의 경우, 왕권이 약하고 봉건 영주들이 자기 영역을 다스리는 지방 분권 체제를 이루고 있었다. 그런데도 이를 중앙 집권 체제와 구별되는 하나의 국가 형태로 본다. 이처럼 소국도 삼국 시대에 형성되는 중앙 집권 체제와 구별되는 또 다른 형태를 가진 고대 국가로 볼 수 있다. 이들 소국도 법과 경제 구조를 갖춘 고대 국가

로 발전하고 있었기 때문이다.

(반대)열국 시대로 불러야 한다는 학설은 왕권이 이른 시기에 확립되었다는 주장에 근거한다. 하지만 이런 주장은 옳지 않다. 열국 시대는 여러 국가가 분열해 서로 맞서 있던 시대라는 뜻이다. 이는 소국들이 왕권을 제대로 갖춘 고대 국가였음을 전제로 한다. 하지만 역사학자들 대다수는 이 시기엔 왕이 나라를 대표하긴 했어도, 군장들을 신하처럼 부리지는 못했다고 본다. 그러다가 4~6세기에 중앙 집권 체제를 갖추는 과정에서 왕권이 확립되었다는 것이다. 따라서 소국들이 왕권을 제대로 갖춘 고대 국가였다는 이론은 성립되기 어렵다.

29쪽 한국사 논술

(삼한 시대다)기원전 108년 고조선이 멸망한 뒤, 여러 소국이 일어났다. 만주에는 부여와 고구려가 세워졌고, 한반도 북부의 동해안에는 동예와 옥저가 생겼다. 한반도 남부는 국가의 성장이 더뎠는데, 고조선 유민들이 이주하면서 마한과 진한, 변한이 세워졌다. 이들이 한강 이남 지역의 토착민을 정복하는 과정에서 80여 개의 소국으로 이뤄진 삼한이 성립되었다. 소국들은 왕이나 군장이 나라를 다스렸는데, 왕권이 아직 약했다. 그래서 왕 아래에 있는 군장들이 자기 지역을 독자적으로 다스렸고, 왕은 군장을 신하처럼 부리지 못했다. 따라서 이 시대를 삼한 시대로 불러야 한다. 신라와 백제는 아직 확고한 주도권을 잡지 못했고, 마한과 진한, 변한에 속한 여러 소국이 서로 힘을 겨루고 있었다. 그러므로 삼한 시대라는 명칭은 이런 상황을 정확하게 반영할 수 있는 장점이 있다. 삼한 시대는 한반도 남부에만 해당된다는 비판이 있다. 하지만 역사학자들은 만주와 한반도 북부의 상황까지 포함시켜 부를 수 있는 새로운 명칭에 대해서 아직 합의를 보지 못하고 있다. 합의가 이뤄지기 전까지는 한반도 남부에만 해당하기는 하지만, 삼한 시대라는 명칭을 사용할 수밖에 없다.

(원삼국 시대다)기원전 108년 고조선이 멸망한 뒤, 여러 소국이 일어났다. 만주에는 부여와 고구려가 세워졌고, 한반도 북부의 동해안에는 동예와 옥저가 생겼다. 한반도 남부는 국가의 성장이 더뎠는데, 고조선 유민들이 이주하면서 마한과 진한, 변한이 세워졌다. 이들이 한강 이남 지역의 토착민을 정복하는 과정에서 80여 개의 소국으로 이뤄진 삼한이 성립되었다. 소국들은 왕이나 군장이 나라를 다스렸는데, 왕권이 아직 약했다. 그래서 왕 아래에 있는 군장들이 자기 지역을 독자적으로 다스렸고, 왕은 군장을 신하처럼 부리지 못했다. 하지만 이 시대를 원삼국 시대로 불러야 한다. 이 명칭이 만주와 한반도 전체의 상황을 표현할 수 있기 때문이다. 원삼국 시대는 '원초기의 삼국 시대'라는 뜻이다. 따라서 고구려와 신라, 백제가 아직 주도권을 확실하게 잡지는 못했지만, 삼국이 형성되던 시기라는 의미를 담을 수 있기 때문이다. 이 명칭은 고조선과 초기 삼국의 실체를 부정한다고 비판을 받는다. 그래도 고조선과 초기 삼국의 실체를 입증할 수 있는 자료가 부족하다는 점을 고려해야 한다. 이 시기의 역사를 전하는 『삼국사기』의 기록을 전적으로 신뢰할 수는 없기 때문이다.

(열국 시대다)기원전 108년 고조선이 멸망한 뒤, 여러 소국이 일어났다. 만주에는 부여와 고구려가 세워졌고, 한반도 북부의 동해안에는 동예와 옥저가 생겼다. 한반도 남부는 국가의 성장이 더뎠는데, 고조선 유민들이 이주하면서 마한과 진한, 변한이 세워졌다. 이들이 한강 이남 지역의 토착민을 정복하는 과정에서 80여 개의 소국으로 이뤄진 삼한이 성립되었다. 소국들은 왕이나 군장이 나라를 다스렸는데, 왕권이 아직 약했다. 그래서 왕 아래에 있는 군장들이 자기 지역을 독자적으로 다스렸고, 왕은 군장을 신하처럼 부리지 못했다. 그러나 이 시대를 열국 시대로 불러야 한다. 소국들 중에는 왕권을 갖춘 고대 국가가 여럿 있었기 때문이다. 소국들이 중앙 집권 체제를 갖추지 못한 점은 사실이다. 하지만 소국들을 왕권이 확립되지 못한 국가 이전의 단계로 볼 수는 없기 때문이다. 중세 유럽의 경우, 왕권이 약하고 봉건 영주들이 자기 영역을 다스리는 지방 분권 체제를 이루고 있었다. 그럼에도 이를 중앙 집권 체제와 구별되는 하나의 국가 형태로 본다. 이처럼 소국도 삼국 시대에 형성되는 중앙 집권 체제와 구별되는 또 다른 형태의 고대 국가로 볼 수 있는 것이다.

04 낙랑은 우리 역사인가

35쪽 생각 로그인

1. 예시 답안
한 무제가 고조선을 침략한 이유는, 교역의 독점과 정치·군사적 안정을 확보하기 위해서다. 고조선은 한반도와 한나라 사이에서 중계 무역을 통해 이익을 얻고 있었는데, 이를 지키기 위해 남쪽 정치 세력이 한나라와 직접 교역하지 못하게 차단했다. 또 고조선은 흉노와 손잡고 한나라의 영향력에서 벗어나 독립적인 세력을 형성하려고 했다. 이에 한 무제는 고조선을 굴복시켜 무역의 이익을 얻고 국경을 안정화하려는 목적에서 침략했다.

2. 예시 답안
낙랑군이 주변 족장들에게 벼슬을 준 까닭은 복종을 강요하기 위한 수단이었다. 벼슬을 받는 행위는 족장이 낙랑군의 권위를 인정하고 복종함을 의미했다. 벼슬을 받은 족장들은 권위를 상징하는 도장과 의복을 통해 자신의 정치적 권위를 강화하고, 이를 바탕으로 주변의 정치 세력을 이끌 수 있었다. 족장들은 낙랑군이 내린 벼슬을 통해 경제적 지원과 군사적 보호를 받으며, 지역 내에서 지배력을 확대할 수 있었다. 낙랑군은 간접 지배를 통해 안정적인 통치를 유지하고, 족장들은 정치적·경제적 이익을 챙겼다.

3. 예시 답안
지리적 위치와 방어의 어려움 때문이다. 이들 군현은 낙랑군에 비해 중심지에서 멀리 떨어져 있었고, 지형이 험준해서 한나라의 통제와 방어가 어려웠다. 또 옛 고조선 사람들의 강력한 저항과 지속적인 반발로 한나라의 지배력이 약화된 탓도 크다. 한반도가 한나라와 멀리 떨어져 있기 때문에 충분한 군사력 파견이 어려웠고, 결국 통치 기반이 약한 군현들이 통합 또는 폐지되었다.

36쪽 생각 로그인

4. 예시 답안
낙랑군이 멸망한 이유는 313년 고구려의 공격 때문이다. 그리고 한나라의 쇠퇴와 정치적 혼란으로 낙랑군에 대한 지원이 끊기면서 군사적·경제적 기반이 약화되었다. 공손씨가 대방군을 설치하여 낙랑군의 세력권이 축소되고 영향력이 감소하면서 내부 저항과 외부 위협에 취약해졌다.

5. 예시 답안
낙랑군을 한나라의 식민지로만 간주했기 때문이다. 낙랑군은 한나라의 식민지로 시작했으나, 시간이 흐르며 중국의 선진 문화를 만주와 한반도에 전달하는 역할을 했다. 이러한 사실을 인정하면 낙랑군을 단순한 식민지로만 보던 기존의 시각이 약화될 수 있었다. 또 일제 강점기 일본의 식민 사관을 극복하고 우리 민족의 독자적 역사를 강조하기 위해 낙랑군의 역할을 축소하거나 무시하려는 경향도 있었다.

6. 예시 답안
낙랑군이 우리 민족의 고대사에서 중요한 역할을 했다는 사실을 부정하고, 우리 민족이 독자적으로 역사를 발전시켜 왔다는 역사관을 강조하기 위함이다. 낙랑군이 대동강 유역에 있었다고 인정하면, 외세인 낙랑군이 한반도 고대사에서 중대한 역할을 했음을 부정하기 어려워진다. 따라서 이들은 낙랑군의 위치를 요하나 요서 지역으로 옮겨, 낙랑군의 역할을 축소하려는 경향을 보인 것이다. 그러나 이러한 주장의 문제점은 평양 일대에서 나온 수많은 낙랑 유적과 유물을 근거 없이 무시한다는 데 있다. 일제 강점기 이후 평양에서 발굴된 유물들은 낙랑군이 실제로 대동강 유역에 있었다는 강력한 증거가 된다. 이러한 유물을 일제가 조작했다거나, 고구려의 포로로 끌려온 중국인들이 남겼다는 주장에는 뚜렷한 고고학적 근거가 부족하다.

37쪽 한국사 논술
(우리 역사가 아니다) 한나라는 기원전 108년 고조선을 멸망시킨 뒤 이곳에 낙랑군 등 한사군을 설치했다. 교역의 이익을 얻고 자신에게 복종하지 않는 고조선을 꺾기 위함이었다. 대동강 유역에 자리 잡았던 낙랑군은 주변의 정치 세력이 국가로 성장하지 못하도록 통제했고, 교역의 거점 구실을 하며 경제적 번영을 누렸다. 시간이 지나면서 낙랑 지역에 살던 한나라 사람과 옛 고조선 사람은 서로 섞였다. 한나라 사람들은 옛 고조선의 문화를 받아들였고, 옛 고조선 사람들은 한나라의 문화를 받아들였다. 그 결과 낙랑인이라는 동질성을 갖게 되었다. 즉 이들은 귀틀무덤의 사례에 보듯, 한나라 문화와는 구별되는 독자적인 낙랑 문화를 이룬 것이다. 하지만 낙랑군은 우리 역사로 볼 수 없다. 낙랑군은 한나라 침략 세력이 만든 식민지였기 때문이다. 낙랑군에서는 한나라 사람들이 권력과 부를 독점하며 옛 고조선 사람들을 지배했다. 낙랑군이 만주와 한반도에서 독자적인 정치 세력이 성장하지 못하게 막은 점도 또 다른 이유가 된다. 고조선이 멸망한 뒤 낙랑군 때문에 만주와 한반도에서는 여러 정치 세력이 분열되어 있었고, 그 바람에 고대 국가의 출현이 늦어졌다. 한반도 고대사에서 낙랑군의 역할이 부정적으로 평가되는 이유다.

(우리 역사다) 한나라는 기원전 108년 고조선을 멸망시킨 뒤 이곳에 낙랑군 등 한사군을 설치했다. 교역의 이익을 얻고 자신에게 복종하지 않는 고조선을 꺾기 위함이었다. 대동강 유역에 자리 잡았던 낙랑군은 주변의 정치 세력이 국가로 성장하지 못하도록 통제했고, 교역의 거점 구실을 하며 경제적 번영을 누렸다. 시간이 지나면서 낙랑 지역에 살던 한나라 사람과 옛 고조선 사람은 서로 섞였다. 한나라 사람들은 옛 고조선의 문화를 받아들였고, 옛 고조선 사람들은 한나라의 문화를 받아들였다. 그 결과 낙랑인이라는 동질성을 갖게 되었다. 즉 이들은 귀틀무덤의 사례에 보듯, 한나라 문화와는 구별되는 독자적인 낙랑 문화를 이룬 것이다. 따라서 낙랑군은 우리 역사로 볼 수 있다. 낙랑이 중국의 선진 문화를 전파시켜 한반도에서 고대 국가가 발전하는 데 도움을 주었기 때문이다. 고구려와 백제의 성장은 낙랑에게서 한나라의 문화를 빠르게 받아들였기에 가능했다. 또 낙랑군은 교역을 통해 한반도와 만주 지역의 경제와 문화를 연결하는 중요한 매개체 역할을 했다. 낙랑 문화를 한나라의 문화로만 보아서는 안 된다는 점도 중요한 이유다. 낙랑 문화는 한나라와 옛 고조선의 문화가 혼합되어 독특하게 발전했기 때문이다.

05 신라 김씨 왕족은 우리 민족이 아니었나

43쪽 생각 로그인
1. 예시 답안

거서간	우두머리
차차웅	제사장
이사금	지혜로운 연장자
마립간	큰 우두머리(최고 지배자)

2. 예시 답안
신라의 왕권이 점점 더 강화되고 중앙 집권화가 이뤄지던 시기여서, 마립간들이 자신의 권위를 과시하기 위해서이다. 마립간들은 자신들의 정치적, 군사적 지도력을 상징적으로 드러내기 위해 거대한 무덤을 조성했다.

3. 예시 답안
경제적 이익을 얻을 수 있었기 때문이다. 전쟁에서 이기면 패한 나라에서 곡물과 귀금속, 특산품 등을 빼앗을 수 있었다. 또 전쟁에서 패한 나라의 아이와 여성을 데려다 노예로 삼을 수 있었다. 항복을 받으면 해마다 재물을 바치게 하기도 했다.

44쪽 생각 로그인
4. 예시 답안
문무왕의 비석에 자신의 조상이 흉노족의 왕자였다고 밝혔다. / 김씨 왕족이 묻힌 돌무지덧널무덤은 흉노족의 무덤 양식과 비슷하다. / 금관과 금제 귀걸이, 금제 허리띠 장식 등 돌무지덧널무덤에서 나온 유물이 흉노족의 무덤에서 나온 것과 비슷하다 등.

5. 예시 답안
우리 민족이 자기 힘으로 발전하지 못했다는 일제 식민 사학과 시각이 비슷하다는 문제점이 있다. 일제의 식민 사학 가운데 가장 중요한 것은 우리 민족이 자기 힘으로 역사를 발전시키지 못하고 외부 세력에 의존했다는 이론이다. 이러한 이론은 우리 민족이 자립 능력이 약하기 때문에 남의 지배를 받을 수밖에 없다고 본다. 김씨 왕족이 흉노족의 후예였다는 주장도 결국은 우리 민족이 남의 지배를 받았음을 뒷받침하는 사례로 악용될 수 있다.

45쪽 한국사 논술
(흉노족 무덤 양식 닮아) 박혁거세의 탄생과 왕위 즉위에 얽힌 신라의 건국 설화는 이주민이 토착민과 결합해 처음 나라를 세운 사실을 보여 준다. 초기의 신라는 박씨와 석씨가 번갈아가며 왕이 되었다. 처음에는 경주평야에 자리를 잡은 작은 나라였지만, 점차 울산과 동해안 방향으로 세력을 넓혔다. 이를 보여 주는 예가 석씨 집단의 등장이다. 내물왕 때부터 김씨가 왕위를 독차지하고, 왕의 호칭도 '최고 지배자'를 뜻하는 마립간으로 바꿨다. 또 마립간의 위세를 과시하기 위해 돌무지덧널무덤이라는 초대형 무덤을 만들었다. 마립간이 이끄는 신라는 낙동강 동쪽의 경북 일대를 지배하는 큰 나라로 성장했다. 따라서 김씨 왕족은 흉노족의 후예로 보인다. 문무왕의 비석에 자신의 조상이 흉노족의 왕자였다고 밝혀 놓은 데다, 김씨 왕족이 묻힌 돌무지덧널무덤이 흉노족의 무덤 양식과 비슷하기 때문이다. 무덤 양식은 전통 신앙과 연결되어 있기 때문에 쉽게 변하지 않는다. 이러한 맥락에서 무덤 양식의 유사성은 김씨 왕족이 흉노족과 연관되어 있었음을 의미한다. 유물의 유사성도 또 하나의 근거가 된다. 돌무지덧널무덤에서 금관과 금제 귀걸이, 금제 허리띠 장식 등의 유물이 나왔는데, 이는 흉노족의 무덤에서 나온 유물들과 비슷하다.

(외래문화 수용) 박혁거세의 탄생과 왕위 즉위에 얽힌 신라의 건국 설화는 이주민이 토착민과 결합해 처음 나라를 세운 사실을 보여 준다. 초기의 신라는 박씨와 석씨가 번갈아가며 왕이 되었다. 처음에는 경주평야에 자리를 잡은 작은 나라였지만, 점차 울산과 동해안 방향으로 세력을 넓혔다. 이를 보여 주는 예가 석씨 집단의 등장이다. 내물왕 때부터 김씨가 왕위를 독차지하고, 왕의 호칭도 '최고 지배자'를 뜻하는 마립간으로 바꿨다. 또 마립간의 위세를 과시하기 위해 돌무지덧널무덤이라는 초대형 무덤을 만들었다. 마립간이 이끄는 신라는 낙동강 동쪽의 경북 일대를 지배하는 큰 나라로 성장했다. 하지만 김씨 왕족은 흉노족의 후예로 볼 수 없다. 김씨 왕족의 무덤 양식과 유물이 흉노족의 것과 비슷한 까닭은 외래문화의 수용이라는 관점에서 봐야 한다. 문무왕의 비석에 조상이 흉노족이라 밝힌 사실도 그대로 믿어서는 안 된다. 과거에는 가문의 위상을 높이려고 조상이 중국에서 왔다고 주장하는 일이 흔했다. 또 김씨 왕족이 흉노족의 후예라는 의견은 식민 사학처럼 우리 민족의 자주성을 부정하려는 의도가 있다. 흉노족의 후예가 신라의 주역이 되었다는 주장은 우리 민족이 외부 세력에 의존했다는 시각을 보여 주기 때문이다.

06 신라 불교는 전제 왕권을 뒷받침했나

51쪽 생각 로그인

1. 예시 답안
삼국의 불교는 왕을 신성한 존재로 만들어 왕권을 강화하는 데 기여했다. '왕은 곧 부처'라는 사상을 통해 왕의 권위를 높이고, 백성을 통합하며 국가 안정을 도모했다. 또 호국 불교를 내세워 외세의 침략을 막으려 했고, 불교 교단을 통해 귀족 세력을 견제하며 중앙 집권 체제를 강화했다.

2. 예시 답안

화쟁 사상의 의미	불교 대중화의 방법
다양한 불교 교리와 사상들이 서로 대립하지만, 궁극적으로는 하나로 통합될 수 있다는 뜻이다.	'나무아미타불'이라는 여섯 글자만 정성껏 외면 누구나 극락에 갈 수 있다고 말했다. 또 부처님의 가르침을 쉽게 풀이한 노래를 지은 뒤 마을마다 돌아다니며 불렀다.

3. 예시 답안
(찬성) 원광이 '걸사표'를 지은 까닭은 국가의 존망이 걸린 위기 상황에서 불교의 이상을 잠시 양보한 현실적 선택이었다. 스님들은 왕의 권력 아래에 있었으며, 왕의 힘 없이는 부처님의 가르침을 펴기 어려웠다. 따라서 국가를 지키기 위해 외국 군대의 지원을 요청한 행위는 부처님의 가르침을 실현하기 위해 불가피했으므로, 비판 받을 일만은 아니다.

(반대) 원광이 '걸사표'를 지은 행위는 불교의 근본 가르침인 자비와 비폭력의 원칙을 어긴 행위다. 부처님은 모든 생명에게 차별 없이 자비를 베풀라고 했으며, 살생을 금지했다. 외국의 군대를 요청하는 행위는 살생을 부추기는 일이며, 전쟁을 통해 자기를 살리고 남을 해치는 짓이다. 따라서 자기 나라를 지키는 일이라고 해도 외국 군대의 요청은 부처님의 가르침에 어긋난다.

52쪽 생각 로그인

4. 예시 답안

전제 왕권을 뒷받침했다	전제 왕권을 뒷받침하지 않았다
불교 사상을 사회 현상으로 이해해야 한다.	불교 사상을 사회 현상이 아니라 종교 현상으로 봐야 한다.
의상의 생각이 어떠하냐보다는 왕이 화엄 사상을 어떻게 활용했느냐에 주목해야 한다.	'여럿이 곧 하나'라는 말은 서로 대립하는 세상 만물을 조화시키려던 사상으로 해석해야 한다.
'여럿이 곧 하나'라는 말은 백성이 왕에게 복종해야 한다는 뜻으로 해석해야 한다.	'여럿이 곧 하나'라는 말은 왕과 귀족, 백성이 서로 협력해야 한다는 뜻으로 해석해야 한다.

5. 예시 답안
화엄 사상의 의미를 정확히 이해하기 위해서는 의상의 본래 의도를 중요하게 고려해야 한다. 전제 왕권을 뒷받침했다는 의견은 '여럿이 곧 하나'라는 말을 왕에게 복종해야 한다는 뜻으로 해석하지만, 이는 의상의 생각을 왜곡한 해석이다. 의상은 이 표현을 왕과 귀족, 백성이 각자 독립된 존재가 아니라 상호 의존하며 협력해야 한다는 의미로 사용했다. 따라서 화엄 사상을 왕권 강화만을 위한 도구로 해석한다면 본래의 철학적 의미를 간과한 주장으로, 조화와 협력의 가르침을 강조한 의상의 뜻을 제대로 반영하지 못한 것이다.

53쪽 한국사 논술

(전제 왕권 뒷받침) 신라가 불교를 수용한 배경에는 왕권을 강화하기 위한 목적이 있었다. 신라가 중앙 집권 체제를 갖추는 과정에서 왕권 강화를 뒷받침하는 새로운 신앙과 사상이 필요했다. 불교는 백성에게 부처님을 섬기듯 왕을 섬기라고 요구했으므로, 왕의 권위를 높일 수 있었다. 또 불교가 들어오자 같은 신앙을 믿게 되어 백성의 마음을 한데 모을 수 있었다. 신라가 삼국을 통일한 뒤 원효와 의상은 불교 사상을 크게 발전시켰다. 원효는 화쟁 사상을 내세워 이론 대립을 일삼던 종파들을 조화시키려고 했다. 또 '나무아미타불'이라는 염불과 부처님의 가르침을 담은 노래를 보급해 불교의 대중화에도 이바지했다. 의상은 모든 존재가 서로 조화를 이룬다는 화엄 사상을 펼쳤다. 그리고 화엄 사상은 신라 통치 체제의 근간이 되었고, 왕권 강화를 위한 중요한 철학적 지주로 작용했다. 따라서 화엄 사상은 전제 왕권을 뒷받침했다고 볼 수 있다. 의상이 어떤 생각을 가지고 있었느냐보다는 왕이 화엄 사상을 어떻게 활용했느냐에 주목해야 한다. 이런 입장에서 볼 때, '여럿이 곧 하나'라는 말은 백성이 왕에게 복종해야 한다는 뜻으로 해석할 수 있다. 결국 화엄 사상은 왕의 권위를 최대한 높여 전제 왕권 확립에 도움을 주었다.

(백성 통합에 기여) 신라가 불교를 수용한 배경에는 왕권을 강화하기 위한 목적이 있었다. 신라가 중앙 집권 체제를 갖추는 과정에서 왕권 강화를 뒷받침하는 새로운 신앙과 사상이 필요했다. 불교는 백성에게 부처님을 섬기듯 왕을 섬기라고 요구했으므로, 왕의 권위를 높일 수 있었다. 또 불교가 들어오자 같은 신앙을 믿게 되어 백성의 마음을 한데 모을 수 있었다. 신라가 삼국을 통일한 뒤 원효와 의상은 불교 사상을 크게 발전시켰다. 원효는 화쟁 사상을 내세워 이론 대립을 일삼던 종파들을 조화시키려고 했다. 또 '나무아미타불'이라는 염불과 부처님의 가르침을 담은 노래를 보급해 불교의 대중화에도 이바지했다. 의상은 모든 존재가 서로 조화를 이룬다는 화엄 사상을 펼쳤다. 따라서 의상의 사상은 단순히 왕권 강화를 위한 수단이 아니라, 사회적 화합과 개인의 구제를 위한 철학으로 평가되어야 한다. 불교 사상을 사회적 또는 정치적 도구로 해석하는 것은 부적절하다. 의상이 강조한 '여럿이 곧 하나'라는 개념은 왕에게 복종하라는 의미가 아니라, 서로 대립하는 세상 만물이 조화를 이루고 협력해야 한다는 뜻이다. 이를 사회 현상과 연결할 때도, 왕과 귀족, 백성 서로 협력해야 한다는 의미로 해석하는 것이 더 타당하다.

07 첨성대는 천문대일까

59쪽 생각 로그인

1. 예시 답안
북두칠성이 인간 세상의 좋은 일과 나쁜 일, 날씨와 수명, 사후 세계 등을 다스리는 신령스러운 존재라고 여겼기 때문이다. 또 왕이 하늘의 뜻을 받들어 백성을 다스린다며 통치 권력을 정당화했고, 농업의 비중이 커지면서 계절의 변화를 알려 줄 달력이 필요했기 때문이다.

2. 예시 답안
일본 나라현의 기토라 고분에 그려진 천문도가 고구려의 별자리 관측을 반영한 점이다. 또 백제 천문학자들이 602년에 일본에 천문 서적을 가지고 가서 천문대를 세우는 데 도움을 준 사례가 있다.

3. 예시 답안
당시 사람들은 천체 현상이 왕의 정치 행위에 대한 하늘의 뜻을 반영한다고 믿었다. 왕이 정치를 잘하면 하늘이 복을 주고, 잘못하면 재앙을 내린다고 여겼기 때문에 천문 관측을 통해 하늘의 뜻을 파악하는 일이 중요했다. 천문도는 이러한 천체 관측 결과를 표준화한 것이며, 왕권의 정당성을 확보하는 데 활용되었다. 천문학은 또 천체의 변화에 맞춰 농사 계획을 세우는 데 필수적이었기 때문에 국가 경제 운영에도 중요한 역할을 했다.

60쪽 생각 로그인

4. 예시 답안

천문대다	정치적 상징물이다
『삼국유사』에 '별을 바라보는 시설'로 기록되어 있다.	첨성대는 여성의 상징인 우물처럼 생겼는데, 이는 선덕 여왕의 통치를 정당화하기 위한 것이었다.
첨성대 꼭대기에 혼천의 등의 관측기구를 설치하면, 천체 현상을 관측할 수 있다.	별로 높지 않아 별을 관측하는 시설로는 적합하지 않다.
『삼국사기』를 보면 선덕 여왕 이후 천체를 관측한 기록이 갑자기 늘어났다.	첨성대의 구조가 꼭대기로 올라가기에 불편하다.

5. 예시 답안

첨성대가 정치적 상징물이었다는 해석은 그 형태가 우물처럼 생긴 점에 뿌리를 두고 있다. 우물은 여성을 상징하며, 이는 선덕 여왕이 별의 탄생 예고를 받은 큰 인물임을 알리려는 정치적 목적이 있었다고 여겨진다. 선덕 여왕이 신라 최초의 여왕으로서 통치의 정당성을 하늘의 뜻과 연결을 지으려 했다는 점에서도 첨성대는 정치적 상징물로 볼 수 있다. 그러나 이를 천문대 역할과 완전히 분리할 수는 없다. 평소에는 별을 관측하지 않았을지라도, 첨성대는 제의 행사에서 천문대 역할을 했을 가능성이 크다. 특히 선덕 여왕이 1년에 한두 번 하늘에 제사를 지내며, 이때 천체를 관측해 왕권을 강화하는 도구로 사용했을 수 있다. 따라서 첨성대는 정치적 상징성과 천체 관측의 기능을 모두 갖춘 복합적 의미의 구조물로 해석될 수 있다.

61쪽 한국사 논술

(천문대다) 고조선 때 천문학이 발달한 까닭은 북두칠성이 인간 세상의 좋은 일과 나쁜 일, 날씨와 수명, 사후 세계 등을 다스린다고 여겼기 때문이다. 또 왕이 하늘의 뜻을 받들어 백성을 다스린다고 여겼으며, 제때 농사를 짓기 위해 계절의 변화를 알 필요가 있었던 점도 천문학이 발달한 까닭이다. 삼국 시대에는 천체 현상을 하늘이 왕의 정치 행위를 칭찬하거나 꾸짖는 것으로 해석했기 때문에 천문학이 발달했다. 정치를 잘하면 날씨가 좋아 풍년이 들고, 잘못하면 날씨가 나빠 흉년이 온다는 것이다. 따라서 신라의 선덕 여왕이 세운 첨성대는 천문대로 보아야 한다. 『삼국유사』에도 '별을 바라보는 시설'이라고 기록되어 있다. 첨성대는 한자로 '별을 바라보는 시설'을 뜻하므로, 별을 관측하던 천문대로 해석해야 마땅하다. 꼭대기에 혼천의 등 관측기구를 설치하면 천체 현상을 관측할 수 있으므로, 첨성대가 천문대 기능을 할 수 있다는 점도 중요하다. 또 『삼국사기』를 보면 선덕 여왕 이후 천체를 관측한 기록이 갑자기 늘어난 사실에도 주목해야 한다. 이는 첨성대에서 실제로 천체를 관측했기 때문에 나타난 결과이다. 첨성대는 선덕 여왕의 천문 관측을 상징적으로 보여 주는 과학 유산이다.

(정치적 상징물이다) 고조선 때 천문학이 발달한 까닭은 북두칠성이 인간 세상의 좋은 일과 나쁜 일, 날씨와 수명, 사후 세계 등을 다스린다고 여겼기 때문이다. 또 왕이 하늘의 뜻을 받들어 백성을 다스린다고 여겼으며, 제때 농사를 짓기 위해 계절의 변화를 알 필요가 있었던 점도 천문학이 발달한 까닭이다. 삼국 시대에는 천체 현상을 하늘이 왕의 정치 행위를 칭찬하거나 꾸짖는 것으로 해석했기 때문에 천문학이 발달했다. 정치를 잘하면 날씨가 좋아 풍년이 들고, 잘못하면 날씨가 나빠 흉년이 온다는 것이다. 하지만 신라의 선덕 여왕이 세운 첨성대는 정치적 상징물로 봐야 한다. 첨성대가 우물처럼 생겼다는 점에 주목할 필요가 있다. 우물은 여성을 상징하는데, 여성으로는 처음 왕이 된 선덕 여왕이 큰 인물임을 알리려는 목적에서 우물처럼 생긴 첨성대를 세웠다는 것이다. 또 첨성대가 별을 관측하는 시설로는 적합하지 않다는 사실도 중요하다. 첨성대는 별로 높지 않기 때문에 굳이 그런 곳에 올라가 별을 관측할 이유가 없었다. 첨성대의 구조가 꼭대기로 올라가기에 불편하다는 점도 천문대가 아니라 정치적 상징물로 해석하게 만드는 이유다. 따라서 첨성대는 정치적 의도가 담긴 상징물로 기능했을 가능성이 크다.

08 발해는 백두산 분화 때문에 멸망했을까

67쪽 생각 로그인

1. 예시 답안

발해 지배층의 다수가 고구려인이었고, 고구려의 유민들이 중심이 되어 세웠다. 또 고구려를 계승하려는 의지가 강해서 외교 문서에서도 '고려 국왕'이라는 호칭을 사용했다. 발해의 온돌, 기와, 석등, 무덤 양식에서 고구려 문화의 요소가 많다.

2. 예시 답안

발해를 발전시키려면 당나라의 선진 문물을 받아들여야 했기 때문이다. 발해는 당나라와 군사적으로 대결하면서 영토를 넓히고 안보를 강화했으나, 대결이 지속되면서 경제적 부담이 커졌다. 따라서 안보만 보장된다면 평화적 교류를 통해 당나라의 선진 문화를 수용하는 것이 국가 발전에 더 유리하다고 판단했다.

3. 예시 답안

중국 역사학자들이 발해를 당나라의 지방 정권으로 보고 중국사의 일부라는 주장은 잘못이다. 발해가 국호를 당나라에서 받았다는 주장과 책봉 사실을 근거로 하지만, 발해는 스스로 말갈이라는 국호를 사용한 적이 없으며, 당나라가 현실적 외교 판단으로 발해를 인정한 것이다. 책봉도 지방 정권의 의미가 아닌 왕조 간의 외교적 승인 행위였다. 따라서 발해는 독립된 국가였으며, 당나라의 지방 정권이 아니었으므로 중국사에 포함될 수 없다.

68쪽 생각 로그인

4. 예시 답안

역사학자들이 백두산 분화가 발해 멸망에 영향을 미쳤다는 주장을 받아들이지 않는 이유는 분화 시기와 발해 멸망 시점의 정확한 연관성이 입증되지 않았기 때문이다. 백두산의 대규모 분화는 10세기 전반에 일어난 것으로 추정되지만, 분화 시기가 911~946년(오차 ±8년)으로 불확실해 발해 멸망 시기와 일치하지 않을 수 있다. 또 발해 멸망에 대한 기록에서 자연재해의 영향이 명확히 언급되지 않았고, 대신 내분과 거란의 침입이 주요 원인으로 지목되기 때문에, 화산 폭발설을 받아들이기는 어렵다.

5. 예시 답안

발해가 멸망하기 직전 다수의 지배층과 주민이 고려로 망명한 이유는 백두산 분화와 연관이 있을 가능성이 크다. 대규모 화산 폭발이 일어나기 전에는 빈번한 지진과 소규모 분화가 발생하며, 자연재해와 이상 기후를 초래할 수 있다. 이러한 환경적 변화는 발해의 민심 동요를 불러일으켰고, 거란의 침입과 더불어 주민들이 불안을 느끼며 대규모 망명이 일어났을 것이다.

6. 예시 답안

백두산이 다시 분화할 경우 발생할 문제는 보건, 산업, 난민 분야에서 크게 나타날 수 있다. 보건 문제로는 화산재 때문에 호흡기 질환이 급증할 수 있는데, 이를 대비해 마스크와 공기 정화 장치의 보급이 필요하다. 긴급 의료 지원 체계도 구축해야 한다. 산업 분야에서는 전자 산업과 반도체 산업 등 정밀 산업이 화산재로 큰 타격을 받을 수 있다. 따라서 산업 시설 보호 장치를 설치하고 긴급 대응 매뉴얼을 마련해야 한다. 북한과 중국에서 대규모 난민 문제도 예상되는데, 대피소를 마련하고 정부 간 협력 체계를 구축해 이재민 지원과 재정착 프로그램을 준비해야 한다.

69쪽 한국사 논술

(내분 때문이다) 698년 발해의 건국은 고구려 유민이던 대조영에 의해 주도되었다. 따라서 발해는 우리 민족의 역사로 봐야 한다. 발해의 지배층은 주로 고구려인이었고, 피지배층은 말갈족이었다. 고구려를 계승하려는 의지가 강했고, 발해 문화에도 고구려 요소가 많았다. 무왕은 수군을 보내 당나라를 공격하며 영토를 크게 넓혔다. 문왕은 그 기반 위에서 당나라와 친선 관계를 맺고 선진 문물을 받아들여 국가 체제를 정비했다. 발해는 선왕 때 문화가 크게 발전해 전성기를 누렸으므로 '해동성국'이라 불렸다. 발해는 926년 거란에 별다른 저항도 하지 못하고 갑자기 멸망했다. 그런데 발해는 자국의 역사를 기록으로 남기지 못했다. 따라서 오늘날 발해의 멸망 원인을 정확하게 파악하기는 어렵다. 하지만 내분설이 가장 설득력이 있다. 내분설은 지배층의 사치와 부패에 고구려인과 말갈족 사이의 갈등이 더해져 멸망

했다는 학설이다. 거란의 역사책에는 발해의 민심이 흔들려 싸우지 않고 이겼다는 기록이 남아 있다. 이 기록은 발해 내부의 부패와 갈등이 심했을 가능성이 크다는 사실을 의미한다. 또 당시 발해의 지배층이 지나치게 사치스러운 생활을 유지하면서 백성의 불만이 고조되었다는 점도 내분설을 뒷받침하는 근거가 된다.

(백두산 분화 때문이다) 698년 발해의 건국은 고구려 유민이던 대조영에 의해 주도되었다. 따라서 발해는 우리 민족의 역사로 봐야 한다. 발해의 지배층은 주로 고구려인이었고, 피지배층은 말갈족이었다. 고구려를 계승하려는 의지가 강했고, 발해 문화에도 고구려 요소가 많았다. 무왕은 수군을 보내 당나라를 공격하며 영토를 크게 넓혔다. 문왕은 그 기반 위에서 당나라와 친선 관계를 맺고 선진 문물을 받아들여 국가 체제를 정비했다. 발해는 선왕 때 문화가 크게 발전해 전성기를 누렸으므로 '해동성국'이라 불렸다. 발해는 926년 거란에 별다른 저항도 하지 못하고 갑자기 멸망했다. 그런데 발해는 자국의 역사를 기록으로 남기지 못했다. 따라서 오늘날 발해의 멸망 원인을 정확하게 파악하기는 어렵다. 그럼에도 최근 제기된 백두산 분화설이 설득력이 있다. 발해가 갑작스럽게 항복한 까닭은 내분설만으로는 충분히 설명할 수 없다. 발해 멸망 시기에 백두산이 분화했는데, 그 규모가 지난 2000년 동안 인류 역사에서 가장 컸다고 한다. 따라서 백두산 분화는 막대한 인명 피해와 재산 손실을 주었을 것으로 추정된다. 또 백두산 분화는 그 이전부터 이상 기후와 자연재해를 발생시켜 민심의 동요를 일으켰을 가능성이 크다.

09 해상왕 장보고는 반역자였나

75쪽 생각 로그인

1. 예시 답안

완도를 중심으로 동아시아의 중요한 무역로를 장악해서 경제력을 키웠다. 이 바닷길은 중국, 신라, 일본을 연결하는 주요 무역로인데, 이를 활용해 당나라에서 책, 비단, 차 등을 수입해 일본에 파는 중개 무역을 해서 이익을 얻었다.

2. 예시 답안

자신의 왕위 계승에 장보고의 군사력과 경제력이 필요했기 때문이다. 장보고의 막강한 힘을 통해 왕위를 차지하려고 했는데, 왕위에 오른 후에도 장보고의 영향력이 도움이 될 것이라 계산해서 이러한 약속을 한 것이다.

3. 예시 답안

장보고는 신라의 골품제 때문에 신분이 낮아 능력이 뛰어나도 관직에 나갈 수 없었고, 출셋길이 막혔다. 신라의 골품제는 4두품 이상의 귀족에게만 관직 진출 자격을 주었는데, 장보고와 같은 인재들이 기회를 얻지 못했다. 장보고는 결국 출세를 위해 당나라로 건너갔으며, 신분을 가리지 않는 당나라에서 능력만으로 군대에서 성공할 수 있었다. 이는 신라의 골품제가 인재들을 제대로 활용하지 못하는 문제점을 드러낸다.

76쪽 생각 로그인

4. 예시 답안

반역자다	피해자다
장보고에 관한 『삼국사기』의 기록을 믿어야 한다.	장보고가 군사력을 동원해 역모를 꾀했다는 증거가 없다.
장보고가 자신의 공로에 걸맞은 대우를 해 주지 않는 중앙 정부에 반감을 품었다.	『삼국사기』의 기록이 중앙 정부의 입장에서 왜곡되었을 가능성이 크다.
장보고는 중앙 정부에 대항할 만큼 독자적인 군사력과 경제력을 갖추고 있었다.	중앙 정부가 장보고를 미리 제거하고 죄를 뒤집어씌웠을 가능성이 크다.

5. 예시 답안

장보고가 역모를 꾀했다는 『삼국사기』의 기록을 근거로 그를 반역자로 보는 의견은, 역사가 승자의 기록이라는 관점을 간과했다. 역사 기록은 종종 권력자들이 자신을 정당화하고, 패배자를 부정적으로 서술하는 수단으로 사용되었다. 권력 다툼에서 이긴 문성왕이 장보고를 제거한 뒤, 그를 반역자로 묘사했을 가능성도 있다. 실제로 『삼국사기』에는 장보고가 군사 행동을 일으켰다는 구체적인 증거가 없으며, 중앙 정부의 입장에서 기록을 왜곡했을 가능성도 존재한다. 따라서 장보고를 단순히 반역자로 보는 시각은 당시 권력자의 입장에 치우친 해석일 수 있다.

77쪽 한국사 논술

(역모를 꾀한 반역자) 장보고는 젊은 시절에 신라를 떠나 당나라로 건너갔다. 골품제 때문에 자신처럼 신분이 낮은 사람은 능력을 발휘할 수 없다고 생각했기 때문이었다. 장보고는 당나라 군대에 들어간 뒤 능력을 인정받아 장교로 근무했다. 하지만 당나라 해적들이 신라인을 잡아다 노예로 파는 모습을 보고 분개했다. 이를 막기 위해 귀국해서 청해진을 세우고 해적 소탕에 앞장섰다. 그런 뒤 중국과 신라, 일본을 연결하는 국제 무역을 주도하며 '해상왕'으로 이름을 떨쳤다. 하지만 신라의 왕권 다툼에 개입했다가 중앙 정부에서 보낸 자객에게 암살을 당하고 말았다. 따라서 장보고는 반역자로 보아야 한다. 『삼국사기』에 장보고가 역모를 꾀했다고 적혀 있기 때문이다. 『삼국사기』는 삼국 시대와 통일 신라 시대의 역사를 전하는 가장 중요한 기록이므로, 장보고에 관한 기록도 믿어야 한다. 장보고는 청해진을 기반으로 삼아 중앙 정부에 대항할 만큼 독자적인 군사력과 경제력도 갖추고 있었다. 또 왕위 계승 분쟁에 개입해 새로운 왕을 세우는 데 큰 공을 세웠는데도 이에 걸맞은 대우를 받지 못해서 중앙 정부에 반감을 품고 있었다. 이러한 상황은 장보고가 역모를 꾀했을 가능성이 크다는 사실을 알려 주는 증거가 된다.

(권력 다툼의 피해자) 장보고는 젊은 시절에 신라를 떠나 당나라로 건너갔다. 골품제 때문에 자신처럼 신분이 낮은 사람은 능력을 발휘할 수 없다고 생각했기 때문이었다. 장보고는 당나라 군대에 들어간 뒤 능력을 인정받아 장교로 근무했다. 하지만 당나라 해적들이 신라인을 잡아다 노예로 파는 모습을 보고 분개했다. 이를 막기 위해 귀국해서 청해진을 세우고 해적 소탕에 앞장섰다. 그런 뒤 중국과 신라, 일본을 연결하는 국제 무역을 주도하며 '해상왕'으로 이름을 떨쳤다. 하지만 신라의 왕권 다툼에 개입했다가 중앙 정부에서 보낸 자객에게 암살을 당하고 말았다. 하지만 장보고는 피해자로 봐야 한다. 장보고가 군사력을 동원해 역모를 꾀했다는 증거가 없기 때문이다. 『삼국사기』에는 장보고가 실제로 군사 행동을 했음을 입증하는 기록이 없다. 또 『삼국사기』의 기록이 중앙 정부의 입장에서 왜곡되었을 가능성도 존재한다. 권력 다툼에서 이긴 쪽은 자신에게 유리하게 역사를 기록하기 때문이다. 귀족들의 반대가 심한 장보고를 미리 제거하고 죄를 뒤집어씌웠을 가능성이 있다는 점도 고려해야 한다. 문성왕은 장보고의 군사력과 경제력에 두려움을 느꼈고, 반란을 일으키지 않아도 그를 제거해야 안심할 수 있었기 때문이다.

10 고려의 국교는 불교였을까

83쪽 생각 로그인

1. 예시 답안

국사와 왕사는 고려 시대 불교계를 대표하는 최고 지도자의 역할을 했다. 이들은 민심을 안정시키고, 국가 운영에 중요한 정책에 대해 왕에게 조언하는 역할을 했다. 둘 다 국가와 왕실의 정신적 지주로서 불교의 권위를 높이고 백성과 왕 사이의 소통을 도왔다.

2. 예시 답안

	의천	지눌
사상	교관겸수를 강조해 교종과 선종의 조화를 추구했다.	돈오점수 사상을 내세워, 갑작스러운 깨달음 후 꾸준한 수행을 강조했다.
방법	천태종을 창시해 교종을 중심으로 선종을 아우르려는 불교 통합 운동을 펼쳤다.	선종을 중심으로 교종을 포용하며 불교 개혁 운동을 전개했다.

3. 예시 답안

지눌은 고려 불교가 권력과 부를 추구하며 타락한 모습을 보였기 때문에 개혁 운동을 벌였다. 스님의 본분은 부처님의 가르침에 따라 수행하며 깨달음을 얻는 것인데, 세속적 욕망에 빠진 불교계는 깨달음에서 멀어지고 있었다. 지눌은 참된 스님이 되려면 타락한 불교를 정화하고, 수행과 노동을 통해 스님 본래의 자세로 돌아가야 한다고 보았다. 이를 통해 부패한 불교를 개혁하고, 깨달음에 이르는 참된 길로 인도하려고 했다.

84쪽 생각 로그인

4. 예시 답안

국교였다	국교가 아니었다
'훈요십조'에서 불교를 보호하고 숭상하도록 강조했으며, 국가 운영의 중요한 원리로 삼았다.	불교가 유일한 국가 종교가 아니었고, 전통 신앙과 도교, 풍수지리 등이 존중되었다.
고려는 국사와 왕사 제도를 통해 불교의 권위를 높이고, 불교 지도자들이 국가 정책에 영향력을 행사했다.	태조는 유교 경전을 통치의 거울로 삼으라고 강조했고, 국가의 법과 제도 운영에서도 유교가 중요한 역할을 했다.
연등회와 팔관회 등 불교 행사를 성대하게 연 것으로 보아 불교가 국가 차원에서 중요한 역할을 했으며, 국민의 정신적 통합을 이루는 기반이 되었다.	불교는 주로 국민의 정신적 수양을 위한 원리로 받아들여졌으며, 실제 국가 운영의 중요한 원리는 유교가 담당했다.

5. 예시 답안

고려에서 불교가 국가 운영의 중요한 원리였다는 의견은, 불교의 역할이 주로 정신적 영역에 한정되었다는 점에서 비판을 받을 수 있다. 국가 운영의 중요한 원리라면, 통치 이념으로서 법과 제도에 직접 관여해야 하지만, 실제로 고려의 통치 이념은 유교가 더 중요한 역할을 했다. 태조는 '훈요십조'에서 유교 경전을 통치의 거울로 삼으라고 유언을 남겼다. 최승로도 유교가 나라를 다스리는 근본이라고 강조했다. 불교는 국민의 정신적 통합과 수양을 담당했을 뿐, 국가 운영의 법적, 제도적 틀은 유교에 의존했다. 따라서 국가 통치에서 유교가 더 중요한 위치에 있었다는 점에서, 불교는 국가 운영의 원리로 보기 어렵다.

85쪽 한국사 논술

(불교가 나라 운영의 중심) 고려 태조는 유언으로 남긴 '훈요십조'에서 불교를 숭상하고 절을 보호하라고 당부했다. 광종은 승과를 함께 시행하고, 국사와 왕사 제도를 도입해 불교의 권위를 높였다. 고려 전기에 불교계는 교종과 선종으로 나뉘어 분열상이 심했다. 의천은 '교관겸수'를 내세워 교종을 중심으로 선종까지 아우르려고 했다. 고려 중기에 불교는 권력자와 결합하고 경제적 특혜를 받으며 타락했다. 지눌은 타락한 불교를 깨끗하게 만들자는 개혁 운동을 펼쳤다. 또 '돈오점수'를 내세우며 선종을 중심에 놓고 교종을 껴안으려 했다. 따라서 불교를 국교로 봐야 한다. 나라에서 불교를 숭상했기 때문이다. 역대 왕들은 태조의 유언에 따라 불교를 숭상하고 절을 보호했다. 대다수 국민도 불교를 믿었다. 또 불교는 신라 때부터 이어져 내려와 고려 왕실의 정신적 지주 역할을 했다. 그리고 왕실과 귀족, 백성이 모두 불교를 믿었으므로 불교는 국민을 정신적으로 통합시키는 기반이 되었다. 국사와 왕사 제도를 설치한 점도 불교가 국교였음을 뒷받침한다. 왕도 무릎을 꿇고 절을 할 만큼 국사와 왕사는 지극한 공경을 받았다. 이렇게 불교의 최고 지도자에게 높은 권위를 부여한 까닭은 불교를 국가 운영의 중요 원리로 삼았기 때문이다.

(다른 종교도 널리 믿어) 고려 태조는 유언으로 남긴 '훈요십조'에서 불교를 숭상하고 절을 보호하라고 당부했다. 광종은 승과를 함께 시행하고, 국사와 왕사 제도를 도입해 불교의 권위를 높였다. 고려 전기에 불교계는 교종과 선종으로 나뉘어 분열상이 심했다. 의천은 '교관겸수'를 내세워 교종을 중심으로 선종까지 아우르려고 했다. 고려 중기에 불교는 권력자와 결합하고 경제적 특혜를 받으며 타락했다. 지눌은 타락한 불교를 깨끗하게 만들자는 개혁 운동을 펼쳤다. 또 '돈오점수'를 내세우며 선종을 중심에 놓고 교종을 껴안으려 했다. 하지만 불교를 국교로 보아서는 안 된다. 고려에서는 불교 외에도 여러 종교와 신앙이 함께 존중을 받았기 때문이다. 고려 사람들은 불교만 믿은 것이 아니라, 전통 신앙과 풍수지리 사상도 널리 믿었다. 도교와 같은 신앙도 왕실과 귀족들 사이에서 유행했다. 또 불교를 국가 운영의 중요한 원리로 삼지도 않았다. 불교는 몸과 마음을 수련하는 원리로 받아들였으며, 불교의 역할은 정신적 영역에 한정되었다. 국가의 통치 이념으로는 유교가 불교보다 더 큰 역할을 했다. 이는 태조가 '훈요십조'에서 유교 경전을 통치의 거울로 삼으라는 유언을 남긴 사실을 통해서도 알 수 있다.

11 과거 제도는 평등한 기회 실현에 기여했나

91쪽 생각 로그인

1. 예시 답안

왕권을 강화하기 위해서였다. 고려 초기에는 개국 공신의 권력이 너무 강해 왕권을 위협했다. 이들을 견제하려면 왕에게 충성심이 깊은 새로운 관리들이 필요했다. 과거를 통해 선발된 인재들은 공신들과 달리 왕에게 충성하며 왕권 강화에 중요한 역할을 했다.

2. 예시 답안

	음서	과거
공통점	고구려·조선 시대에 관리를 뽑는 방법이었다.	
차이점	공신이나 고위직 관리의 자식 여부가 중요한 선발 기준이었다.	당사자의 능력이 중요한 선발 기준이었다.
더 공평한 제도와 그 이유	과거 제도가 더 공평하다고 생각한다. 음서가 가문의 배경에 따라 관직을 부여하는 특혜 제도인 반면, 과거는 개인의 실력과 학문적 능력을 평가하는 시험 제도이기 때문이다.	

3. 예시 답안

이 글에는 부자가 되고 편안하게 살려면 책을 부지런히 읽으라는 내용이 나온다. 책을 많이 읽으면 부귀를 누릴 수 있으니, 학문을 열심히 닦으라는 뜻이다. 이는 과거 제도가 출세의 통로가 된 점과 밀접한 관련이 있다. 과거에 합격하면, 부모의 사회적 지위가 높지 않아도 관직을 얻어 부와 권력을 누릴 수 있었기 때문이다. 따라서 이 글에서 권장하는 학문은 자신의 인격을 수양하는 학문이나 널리 세상을 이롭게 하는 학문이 아니라, 과거 준비에 필요한 문학과 경학을 뜻한다.

92쪽 생각 로그인

4. 예시 답안

긍정적 평가의 근거	부정적 평가의 근거
많은 사람에게 공평한 기회를 주었다.	가난한 양인은 과거 공부를 하기 어려웠으므로, 실제로는 공평한 기회가 되지 못했다.
유능한 인재를 관리로 뽑을 수 있었다.	문장력과 경전 이해 능력만으로는 유능한 인재를 뽑기 어려웠다.
관료제를 효과적으로 뒷받침했다.	다양한 학문의 발전을 막았다.

5. 예시 답안

과거제를 통해 유능한 인재를 선발할 수 있었다는 의견은 그 자체로 한계가 있다. 과거제는 주로 문장력과 유교 경전의 이해 능력을 평가하는 데 치중했기 때문에, 실제로 유능한 관리가 되기 위한 핵심 자질인 정책 수립 및 집행 능력, 국가와 백성을 사랑하는 마음을 충분히 평가하지 못했다. 문장력과 경전 이해 능력은 유능한 관리가 되기 위한 일부 조건에 불과했다. 따라서 관리로서의 자질을 평가하기에는 불완전했다. 결국 과거제는 국가 경영에 필요한 현실적인 문제 해결 능력과 지도력을 평가하기보다는 학문적 성취에만 집중하게 만들어 인재를 선발하는 방법으로는 근본적인 한계를 가졌다.

93쪽 한국사 논술

(평등한 기회 부여) 우리나라에서는 958년 고려 광종이 과거 제도를 처음 시행했다. 과거로 뽑힌 관리들은 음서로 뽑힌 관리보다 숫자가 적었지만 왕에게 충성을 다했다. 과거는 문장력과 경전 이해 능력을 평가해 관리를 뽑는 제도였다. 고려 시대는 문장력을 경전 이해 능력보다 더 중요하게 여겼다. 조선 시대에는 관리 선발 시험으로 과거제가 더 중요해졌다. 평가 방식도 문장력보다 경전 이해 능력을 더 중요하게 여기는 쪽으로 바뀌었다. 조선 후기에는 경쟁이 치열해지자 부정행위가 자주 일어났다. 하지만 과거 제도를 긍정적으로 평가해야 한다. 전체 인구의 절반 이상을 차지한 양인에게도 응시 기회를 주고, 능력 위주로 관리를 뽑은 점에 나타나듯, 많은 사람에게 평등한 기회를 주었기 때문이다. 신분에 관계없이 누구나 도전할 수 있는 기회를 제공했다는 점에서도 긍정적으로 평가할 수 있다. 유능한 인재를 관리로 선발할 수 있었다는 점도 긍정적이다. 과거의 핵심적인 평가 요소인 문장력과 경전 이해 능력은 전통 사회에서 관리의 업무에 중요한 요소였다. 관료제를 효과적으로 뒷받침한 사실도 좋게 평가할 수 있다. 관료제는 국정을 체계적으로 운영하는 기반이었는데, 과거는 관료제에 인적 자원을 공급하는 역할도 했다.

(부자들만 위한 시험) 우리나라에서는 958년 고려 광종이 과거 제도를 처음 시행했다. 과거로 뽑힌 관리들은 음서로 뽑힌 관리보다 숫자가 적었지만 왕에게 충성을 다했다. 과거는 문장력과 경전 이해 능력을 평가해 관리를 뽑는 제도였다. 고려 시대는 문장력을 경전 이해 능력보다 더 중요하게 여겼다. 조선 시대에는 관리 선발 시험으로 과거제가 더 중요해졌다. 평가 방식도 문장력보다 경전 이해 능력을 더 중요하게 여기는 쪽으로 바뀌었다. 조선 후기에는 경쟁이 치열해지자 부정행위가 자주 일어났다. 따라서 과거 제도를 부정적으로 보아야 마땅하다. 그리고 실제로는 모든 사람에게 평등한 기회를 주지도 않았다. 첩의 자식과 재혼한 여자의 자손은 응시 자격이 없었고, 대다수 가난한 양인도 응시할 기회를 얻지 못했다. 유능한 인재를 뽑는 시험도 아니었다. 훌륭한 관리가 되려면 나라와 백성을 사랑하는 마음과 좋은 정책을 세우고 집행할 수 있는 능력을 갖춰야 하는데, 과거로는 이러한 마음과 능력을 평가할 수 없었기 때문이다. 다양한 학문의 발달을 막은 점도 문제다. 나라가 발전하려면 다양한 학문이 골고루 발달해야 하는데, 과거에 막혀서 문학과 경학 외의 다른 학문이 발달하기 어려웠다.

12 서경 천도 운동은 자주 정신에서 나왔을까

99쪽 생각 로그인

1. 예시 답안

고구려 계승 세력	신라 계승 세력
고려 건국에 기여한 공신들이며, 대개 장군 출신으로 무예를 숭상했다. 이들은 고구려의 옛 땅을 기반으로 활동하며, 고구려의 영토 회복과 정통성 계승에 중점을 두었다. 북진 정책을 추진하며 평양을 서경으로 삼아 군사적 전통을 이어 갔다.	고려 중기에 형성된 문벌 귀족 중심의 지배 세력인데, 주로 신라의 유학적 전통과 관료 체제를 계승했다. 신라의 유교적 학문과 정통성을 중요하게 여겼고, 개경을 기반으로 정치적 안정과 기존 질서의 유지를 목표로 삼았다.

2. 예시 답안

고려가 중국의 영향에서 벗어나 자주적인 국가로서 독립성을 강조하기 위해서였다. 당시 왕의 칭호는 중국 황제에게 의존했기 때문에, '황제' 칭호를 통해 고려의 독립성을 확립하려고 했다. 이는 고구려의 계승 의식과 북진 정책을 통해 옛 영토를 되찾으려는 그의 자주적인 외교 정책과도 연관이 있었다.

3. 예시 답안

서희는 요나라 장군에게 고려라는 국호가 고구려의 계승을 의미한다고 주장하며, 고려는 고구려의 옛 땅에서 일어난 나라라고 반박했을 것이다. 그는 요나라가 차지한 고구려의 옛 땅도 고려의 영토라고 강조하며, 그 땅을 되찾아야 한다고 주장했을 가능성이 크다. 또 요나라의 공격 목적이 송나라와의 협공을 우려한 것임을 간파하고, 여진족이 교류를 방해한다고 설명하며 국교를 맺겠다는 약속을 했을 것이다.

100쪽 생각 로그인

4. 예시 답안

긍정적 시각의 근거	부정적 시각의 근거
서경 천도 운동은 진취적인 자주 의식을 표현했다.	금나라를 공격하겠다는 주장은 비현실적이었다.
정치 개혁을 추진해 왕의 권위를 높이고 민생을 안정시키려 했다.	서경 세력의 개혁 방향이 분명하지 않았으므로, 지배층 내부의 권력 다툼으로 봐야 한다.
서경 천도 운동의 사상적 기반이던 풍수지리설을 미신으로 봐서는 안 된다.	풍수지리설은 백성을 속이고 세상을 어지럽히는 미신이었다.

5. 예시 답안

신채호는 서경 세력을 자주 세력으로, 개경 세력을 사대주의 세력으로 규정했다. 서경 세력이 승리했더라면 고려가 중국에 굴복하지 않고 고구려의 옛 영토인 만주와 요동을 되찾을 수 있었을 것이라고 생각했다. 그러나 서경 세력의 패배로 우리 역사가 사대주의 세력에게 지배당하게 되었으며, 이는 역사의 흐름을 결정지은 중요한 전환점으로 보았다.

101쪽 한국사 논술

(진취적 자주 정신 표현) 서경 천도 운동의 원인은 고구려 계승 의식과 신라 계승 의식의 대립이다. 고려 중기에 개경의 문벌 귀족은 신라 계승 의식을 갖고 있었지만, 서경 세력은 고구려 계승 의식을 가지고 있었다. 문벌 귀족은 기존의 질서를 유지하며, 금나라를 큰 나라로 섬기려 했다. 반면에 서경 세력은 금나라를 공격해 고구려의 옛 땅을 되찾자고 주장했다. 서경 세력은 수도를 서경으로 옮기려던 시도가 성공하지 못하자, 1135년 반란을 일으켰다. 그러나 관군에게 진압을 당해 서경 천도 운동은 실패로 끝났다. 그래도 서경 천도 운동은 긍정적으로 보아야 한다. 이 운동이 진취적인 자주 의식을 표현했다는 점에 주목할 필요가 있다. 이러한 자주 의식은 금나라를 공격하자고 주장한 것이나, 왕의 칭호를 황제로 바꾸려 한 시도에 잘 나타난다. 정치 개혁을 추진하려고 한 점도 중요하다. 개혁 시도는 고려의 정치적 변화를 꾀하려 했다는 사실에서 긍정적인 평가를 받을 만하다. 부패한 문벌 귀족에 대항해 왕의 권위를 높이고 민생을 안정시키려고 했기 때문이다. 그리고 서경 천도 운동의 사상적 기반이던 풍수지리설을 미신으로 여겨서는 안 된다. 풍수지리설에는 자연과 조화를 이루며 살려던 전통적인 지혜가 담겨 있었다.

(내부 권력 다툼의 결과) 서경 천도 운동의 원인은 고구려 계승 의식과 신라 계승 의식의 대립이다. 고려 중기에 개경의 문벌 귀족은 신라 계승 의식을 갖고 있었지만, 서경 세력은 고구려 계승 의식을 가지고 있었다. 문벌 귀족은 기존의 질서를 유지하며, 금나라를 큰 나라로 섬기려 했다. 반면에 서경 세력은 금나라를 공격해 고구려의 옛 땅을 되찾자고 주장했다. 서경 세력은 수도를 서경으로 옮기려던 시도가 성공하지 못하자, 1135년 반란을 일으켰다. 그러나 관군에게 진압을 당해 서경 천도 운동은 실패로 끝났다. 따라서 서경 천도 운동은 부정적으로 보아야 한다. 금나라를 공격하겠다는 주장은 비현실적이었다는 사실에 주목해야 한다. 당시 금나라는 군사력이 막강했기 때문에 고려가 금나라를 이기기는 어려웠다. 서경 세력의 개혁 방향도 분명하지 않았으므로, 서경 천도 운동은 지배층 내부의 권력 다툼 성격이

강했다. 지배층 내부에서 권력을 잡지 못한 세력이 권력을 잡은 특권 세력을 몰아내려고 한 시도가 서경 천도 운동의 가장 중요한 발단이었다. 이 운동은 국가를 안정시키기보다는 혼란을 초래했다. 그리고 서경 천도 운동의 사상적 기반이던 풍수지리설은 백성을 속이고 세상을 어지럽히는 미신으로 간주해야 타당하다.

13 판소리는 서민만을 위한 예술이었나

107쪽 생각 로그인

1. 예시 답안

소리	소리꾼이 부르는 노래.
아니리	말로 풍경을 묘사하거나 장면 변화를 설명하는 사설.
발림	소리꾼이 상황에 맞춰 하는 몸짓.
추임새	고수나 구경꾼이 소리꾼의 흥을 돋우기 위해 '얼씨구', '좋다' 등 감탄사를 넣는 소리.

2. 예시 답안
전라도 무당이 굿판에서 부르던 노래들 가운데 이야기 구조를 지닌 것이 적지 않다. 무당들은 굿판에서 노래와 이야기를 섞고 몸짓을 곁들였는데, 이는 판소리의 소리, 아니리, 발림과 유사하다. 무당과 판소리 소리꾼 모두 목쉰 소리를 사용해 감정을 전달했다. 초기 소리꾼들이 무당 가계 출신이 많아 전승이 이어졌다는 점에서 판소리의 기원을 설명할 수 있다.

3. 예시 답안
판소리와 오페라는 모두 노래를 중심으로 이야기를 전개하는 음악극이다. 또 서사를 음악과 결합해 감정과 사건을 표현한다. 두 장르 모두 배우의 연기와 음악적 능력이 중요하며, 음악과 극이 결합된 종합 예술이라는 공통점이 있다. 그러나 판소리는 한 명의 소리꾼이 여러 인물을 맡아 혼자 이야기를 풀어 가는 '1인극' 형태인 데 비해, 오페라는 여러 배우가 각자의 배역을 맡아 다인극으로 진행된다. 판소리는 청중의 반응에 따라 즉흥적으로 공연에 변형을 줄 수 있는 특징이 있지만, 오페라는 고정된 대본과 악보에 따라 엄격하게 진행된다. 판소리는 무대와 객석이 분리되지 않고 관객이 추임새로 참여하는 데 비해, 오페라는 무대와 객석이 명확히 구분된 채 공연된다.

108쪽 생각 로그인

4. 예시 답안

찬성하는 의견	반대하는 의견
소리꾼 대다수가 하층민이나 무당 가계 출신의 서민이었다.	소리꾼이 부자와 양반, 권력자의 경제적 후원을 받았다.
관객도 주로 서민층이어서, 소리꾼과 구경꾼이 감정적으로 결합되어 있었다.	소리꾼과 구경꾼이 서민이었어도 후원자의 취향이 판소리의 성격에 더 큰 영향을 미쳤다.
서민이 겪는 삶의 고단함과 양반에 대한 풍자를 주제로 많이 다뤘다.	19세기부터 부자와 양반의 영향을 받아 지배층과 지배 체제에 대한 비판 의식이 무뎌졌다.

5. 예시 답안
신재효가 판소리 사설을 유교 윤리와 일치하도록 개작한 행위는 판소리의 서민적 성격을 약화시켰다. 판소리는 원래 서민 삶의 애환을 담고 양반을 풍자하는 내용이 중심이었다. 그러나 유교 윤리는 지배층의 질서를 강화하는 이념으로, 서민의 불만이나 양반에 대한 비판을 약화시키는 방향으로 작용했다. 신재효의 개작으로 판소리는 양반에 대한 풍자와 서민의 현실 비판이 줄고, 오히려 지배층의 이념을 강화하는 내용이 추가되면서 서민 예술의 입지를 흔들었다. 서민이 공감하던 판소리의 자유로운 즉흥성도 제한되어, 지배층의 취향에 맞춘 고정된 형식으로 변질되었다.

109쪽 한국사 논술

(서민의 예술) 판소리는 소리꾼과 고수, 구경꾼이 어우러져 펼치는 노래극이다. 판소리의 기원은 전라도의 무당들이 부르던 서사 무가에서 찾을 수 있다. 판소리는 17세기 후반부터 18세기 초반에 형성되기 시작해 18세기 후반에는 완성된 틀을 갖추었다. 판소리는 처음에 무당의 예능이었지만, 서민의 사랑을 받으면서 점차 독자적인 노래극으로 발전했다. 19세기에는 여러 명창이 나타나 판소리가 빠르게 발전했다. 예술적인 기교가 발전하면서 부자와 양반의 경제적 후원도 받았다. 이 과정에서 판소리의 내용이 부자와 양반의 입맛에 맞는 방향으로 바뀌었다. 판소리 사설에 서민이 이해하기 어려운 한문 문구가 많이 포함되었고, 유교 윤리에 맞지 않는 내용은 빠지게 되었다. 하지만 판소리는 서민 예술이었음이 분명하다. 소리꾼과 구경꾼이 모두 서민이었고, 서민이 만들고 즐겼기 때문이다. 소리꾼과 구경꾼은 비슷한 생활 환경을 공유했으므로 판소리를 통해 정서적으로 결합되어 있었다. 또 판소리가 다룬 주제 의식이 주로 서민이 겪은 삶의 고단함을 노래했으며, 양반을 풍자했다는 사실도 이를 뒷받침한다. 특히 춘향가와 같은 작품은 서민의 정서를 잘 반영한 대표적인 예로 꼽힌다.

(지배층과 함께 향유) 판소리는 소리꾼과 고수, 구경꾼이 어우러져 펼치는 노래극이다. 판소리의 기원은 전라도의 무당들이 부르던 서사 무가에서 찾을 수 있다. 판소리는 17세기 후반부터 18세기 초반에 형성되기 시작해 18세기 후반에는 완성된 틀을 갖추었다. 판소리는 처음에 무당의 예능이었지만, 서민의 사랑을 받으면서 점차 독자적인 노래극으로 발전했다. 19세기에는 여러 명창이 나타나 판소리가 빠르게 발전했다. 예술적인 기교가 발전하면서 부자와 양반의 경제적 후원도 받았다. 이 과정에서 판소리의 내용이 부자와 양반의 입맛에 맞는 방향으로 바뀌었다. 판소리 사설에 서민이 이해하기 어려운 한문 문구가 많이 포함되었고, 유교 윤리에 맞지 않는 내용은 빠지게 되었다. 따라서 판소리는 서민과 지배층이 함께 즐긴 예술로 봐야 마땅하다. 부자와 양반, 권력자의 경제적 후원을 받았고, 후원자의 취향이 판소리의 성격에 큰 영향을 미쳤기 때문이다. 판소리는 18세기까지는 지배층과 지배 체제에 대한 비판 의식이 나타났다. 그런데 19세기부터는 부자와 양반의 영향을 크게 받아 지배층과 지배 체제에 대한 비판 의식이 무뎌진 점도 판소리를 서민 예술로 보기 어렵게 만드는 요인이다.

14 실학은 근대적 사상이었나

115쪽 생각 로그인

1. 예시 답안
조선 사회는 17세기에 모내기 농법이 보급되며 농업 생산력이 크게 향상되었다. 이로 인해 같은 일손으로 더 넓은 땅을 경작할 수 있었고, 밭농사에서는 면화, 담배, 인삼 같은 상품 작물 재배가 가능해졌다. 그러나 이러한 변화는 농민들 사이의 빈부 격차를 심화시켰다. 일부 지주와 농민은 더 넓은 땅을 차지했지만, 많은 농민이 땅을 잃고 소작농이 되거나 농촌을 떠나게 되었다.

2. 예시 답안

균전론	국가가 모든 토지를 소유하고, 신분에 따라 차등을 둬 일정 면적의 토지를 나눠 주자는 주장.
한전론	농민에게 일정 면적의 토지를 대물림하게 한 뒤, 이를 매매하지 못하게 하자는 주장.
여전론	농민이 공동으로 경작하고 수확물도 공동으로 분배하게 하자는 주장.
정전론	가족 노동력을 기준으로 토지를 고르게 나눠 주자는 주장.

3. 예시 답안
실학자의 입장에서 성리학의 학문적 태도는 현실 문제를 외면하고 관념과 형식에만 치우쳤다고 비판할 수 있다. 성리학자들은 인간과 사물의 본성을

탐구하며 예의범절을 강조했으나, 이는 변화하는 사회의 문제를 해결하는 데 실질적인 도움을 주지 못했다. 관념에만 몰두하는 태도는 사회 현실을 바로 보지 못하게 하며, 예의범절을 중시하는 접근은 사회 문제에 적극 대응하지 못하게 만든다. 실학은 현실을 직시하고 실질적 개혁을 추구하는 학문적 태도를 강조했다.

116쪽 생각 로그인

4. 예시 답안

근대적 사상이다	근대적 사상이 아니다
경제적인 면에서 전통 사회를 떠받치는 기둥이었던 지주제를 해체하려고 했다.	군주 중심의 지배 질서를 부정하지 않았다.
농업을 중시하고 상공업을 천시한 전통적인 사고방식에서 벗어나 상공업의 발전을 추구했다.	신분제의 문제점을 인식하면서도 이를 없애야 한다고 주장하지 않았다.
중국 중심의 세계관에서 벗어나 우리 민족의 독자성을 중요하게 여겼다.	전통 사회에서는 국가가 모든 토지를 관리한다는 관념이 강했으므로, 전통적 지배 질서 안에서도 지주제의 개혁이 가능했다.

5. 예시 답안

실학을 근대적 사상으로 보는 입장은, 경제적으로 전통 사회를 지탱한 지주제를 해체하려고 시도했다는 점을 강조한다. 그러나 이러한 주장은 전통적 지배 질서 안에서도 지주제의 개혁이 가능했다는 점을 간과하고 있다. 전통 사회에서는 왕토 사상, 즉 국가가 모든 토지를 관리한다는 관념이 강하게 존재했다. 유형원의 균전론, 이익의 한전론, 정약용의 여전론과 정전론 등은 토지 소유를 평등하게 나누려는 개혁을 주장했지만, 근대적 사상에서 중시하는 개인의 자유로운 경제 활동과 재산권 보장은 하지 않았다. 따라서 실학의 토지 개혁론은 전통 사회의 틀 안에서 문제를 해결하려는 보수적 개혁으로, 이를 근대적 사상으로 평가하기에는 한계가 있다.

117쪽 한국사 논술

(지주제 해체 시도) 실학은 조선 후기의 사회 변화에 적극 대응하려고 시도한 새로운 학문이다. 실학자들 가운데 중농학파는 농민을 중심으로 농촌 문제를 해결하려고 했다. 유형원의 균전론과 이익의 한전론, 정약용의 여전론과 정전론 등은 세부적인 내용이 서로 다르지만, 농민에게 토지를 나눠 주어 그들의 경제생활을 안정시키려 했다는 점에서는 공통을 이룬다. 홍대용과 박지원, 박제가 등의 중상학파는 나라를 부강하게 만들려면 청나라의 앞선 문화를 받아들여야 한다고 주장했다. 이는 기술을 개발하고 상품의 유통을 원활하게 해 상공업을 발달시켜야 한다는 의견으로 나타났다. 따라서 실학은 근대적 사상으로 봐야 한다. 지주제는 경제적인 면에서 전통 사회를 떠받치는 기둥이었다. 실학은 이를 해체하려고 시도했으며, 근대 사회로 전환하는 밑바탕을 이룰 수 있었다. 농업을 중시하고 상공업을 천시한 전통적인 사고방식에서 벗어나 상공업의 발전을 추구한 점도 근대적 사상으로 볼 수 있는 근거이다. 또 전통 사회에서는 중국 중심의 세계관에 갇혀 있었는데, 실학자들은 우리 민족의 독자성을 중요하게 여겼다. 이를 통해 민족적 자부심을 고취하고 자주적인 문화를 형성하려고 노력한 것이다.

(전통 지배 질서 용인) 실학은 조선 후기의 사회 변화에 적극 대응하려고 시도한 새로운 학문이다. 실학자들 가운데 중농학파는 농민을 중심으로 농촌 문제를 해결하려고 했다. 유형원의 균전론과 이익의 한전론, 정약용의 여전론과 정전론 등은 세부적인 내용이 서로 다르지만, 농민에게 토지를 나눠 주어 그들의 경제생활을 안정시키려 했다는 점에서는 공통을 이룬다. 홍대용과 박지원, 박제가 등의 중상학파는 나라를 부강하게 만들려면 청나라의 앞선 문화를 받아들여야 한다고 주장했다. 이는 기술을 개발하고 상품의 유통을 원활하게 해 상공업을 발달시켜야 한다는 의견으로 나타났다. 그러나 실학은 근대적 사상으로 볼 수 없다. 전통 사회는 정치적인 면에서는 군주제를, 사회적인 면에서는 신분제를 각각 주축으로 삼았다. 실학은 군주 중심의 지배 질서를 부정하지 않았다. 또 신분제의 문제점을 인식하지 않은 것은 아니나 이를 없애야 한다고 주장하지도 않았다. 실학을 근대적 사상으로 보는 사람들은 토지 개혁론을 근거로 삼는다. 하지만 전통 사회에서는 국가가 모든 토지를 관리한다는 관념이 강했으므로, 전통적 지배 질서 안에서도 지주제의 개혁이 가능했다고 생각한 점을 무시해서는 안 된다.

15 천주교 박해는 국가 주권의 정당한 행사인가

123쪽 생각 로그인

1. 예시 답안

우리나라 천주교는 선교사들에 의해 전파된 것이 아니라, 평신도들이 자발적으로 교회를 세워 신앙을 형성한 점에서 독특하다. 특히 조선 사회에서 유교적 질서와 충돌하며 심한 박해를 받았고, 약 1만 명에 이르는 순교자가 나왔다. 이러한 자발성과 순교의 역사는 세계 천주교 역사에서도 독특한 사례로 평가된다.

2. 예시 답안

18세기 후반 조세 제도가 문란하고 신분제가 흔들렸으며, 유교적 세계관의 한계를 느꼈기 때문이다. 또 천주교가 서양의 뛰어난 과학 기술을 통해 새로운 사상과 학문적 틀을 제공한다고 보았다. 나아가 모든 사람이 천주 앞에서 평등하다는 교리와 사랑을 강조하는 가르침에 매력을 느꼈다.

3. 예시 답안

천주교 신자들이 신앙을 버리면 살려 주겠다는 제안을 거절하고 순교의 길을 택한 이유는, 신앙을 지키는 일이 그들에게 가장 중요한 가치라고 여겼기 때문이다. 그리고 정약종 등 많은 신자가 유교적 배경을 가지고 있었으며, 유교에서는 옳은 일을 위해 목숨을 바치는 일을 중요한 덕목으로 여겼다. 윤지충 사건 이후 일부는 교회를 떠났지만, 정약종과 같은 이들은 신앙을 끝까지 지키는 일이 도덕적 의무라고 믿었다. 그들에게 신앙을 포기하는 것은 단순한 생존의 문제가 아니었으며, 천주교 교리와 유교적 의무 사이에서 신앙을 지키는 선택이 옳다고 확신했다.

124쪽 생각 로그인

4. 예시 답안

주권의 정당한 행사	신앙의 자유 탄압
천주교가 조상의 제사를 거부하고 유교적 질서를 부정하는 행위를 국가 질서에 대한 위협으로 보았다. 또 천주교가 서양 세력과 연결되어 있다는 인식 때문에 서구의 침략적 의도를 방어하기 위해 박해를 국가 주권의 행사로 정당화했다.	조상의 제사 거부는 신앙적 양심의 문제여서, 이를 이유로 처형한다면 개인의 종교적 권리와 자유를 침해하는 행위로 여겨진다. 천주교 신자들은 자신의 믿음을 지키려 했고, 박해는 정당한 종교적 자유를 무시한 탄압으로 해석된다.

5. 예시 답안

윤지충이 신주를 불태우고 제사를 지내지 않은 행동은, 종교적 신앙을 잘못 해석해 전통을 외면한 문제점이 있다. 당시 그는 제사를 종교적 의미를 지닌 우상 숭배로 오해해서 이를 거부했다. 그런데 1939년 천주교는 제사에 종교적 의미가 없다고 선언했다. 제사가 단순히 조상에 대한 예를 표현하는 전통적 의식임을 인정한 것이다. 윤지충의 행동은 당시 천주교 신자들이 제사를 우상 숭배로 잘못 이해하고 있었음을 보여 주는 예이며, 전통과 종교적 신앙을 혼동한 결과로 볼 수 있다.

6. 예시 답안

(찬성) 황사영은 신유박해(1801) 당시 천주교 신자들이 받는 고통을 외부에 알리고 도움을 요청하려고 했다. 천주교를 지키기 위해서다. 그는 박해를 당하면서도 신앙을 버리지 않았고, 자신의 신앙을 지키기 위해 목숨을 바쳤다.

이러한 점에서 그의 신앙과 헌신은 복자 칭호를 받을 만한 가치가 있다.

(반대) 황사영이 쓴 백서에서 서양 군대를 동원해 조선을 지배하자는 내용은 천주교의 가르침과 어긋나는 부분이 있다. 무력을 통해 조선을 압박하려 한 그의 계획은 천주교의 평화와 사랑을 강조하는 교리와 상충되며, 조선의 주권을 위협하는 내용이었다. 따라서 복자 칭호를 주는 데 적합하지 않다.

125쪽 한국사 논술

(국가 주권 행사) 18세기 후반 조선 사회를 개혁하려던 학자들은, 천주교를 새로운 사상과 학문으로 받아들였다. 이들 가운데 이벽과 이승훈은 천주교를 신앙으로 받아들였다. 천주 앞에서는 모든 사람이 평등한 데다, 서로 사랑하라는 교리에 매력을 느꼈기 때문이다. 1784년 이승훈이 베이징에서 서양인 신부에게 영세를 받고 돌아온 뒤, 이벽은 이승훈에게서 영세를 받았다. 이것이 우리나라 천주교 역사의 시작이다. 우리나라의 천주교는 자발적 신앙 공동체로 출발했고, 여러 차례 박해를 받으면서 많은 순교자를 냈다는 점에서 독특하다. 하지만 천주교 박해는 당시의 상황에선 국가 주권의 정당한 행사로 봐야 한다. 천주교 신자들이 유교 국가인 조선의 기본 질서를 부정했기 때문이다. 유교는 효를 중시했으므로, 조상을 추모하기 위해 제사를 지내는 행위는 후손의 당연한 도리다. 천주교 신자들이 제사를 거부한 행위는 이러한 기본 질서를 부정한 것이다. 또 천주교 신자들은 서양 세력의 앞잡이가 되어 주권을 침탈하려고 했다. 황사영은 베이징의 서양인 신부에게 편지를 보내 서양의 군함과 군대를 파견해 조선 정부에 압력을 넣어 달라고 부탁했다. 따라서 천주교 박해는 국가의 주권을 지키기 위한 정당한 대응으로 봐야 한다.

(신앙의 자유 탄압) 18세기 후반 조선 사회를 개혁하려던 학자들은, 천주교를 새로운 사상과 학문으로 받아들였다. 이들 가운데 이벽과 이승훈은 천주교를 신앙으로 받아들였다. 천주 앞에서는 모든 사람이 평등한 데다, 서로 사랑하라는 교리에 매력을 느꼈기 때문이다. 1784년 이승훈이 베이징에서 서양인 신부에게 영세를 받고 돌아온 뒤, 이벽은 이승훈에게서 영세를 받았다. 이것이 우리나라 천주교 역사의 시작이다. 우리나라의 천주교는 자발적 신앙 공동체로 출발했고, 여러 차례 박해를 받으면서 많은 순교자를 냈다는 점에서 독특하다. 따라서 천주교 박해는 신앙의 자유에 대한 부당한 탄압으로 간주해야 한다. 당시 천주교 신자들이 제사를 지내지 않은 까닭은 제사가 종교적 의미를 띤 우상 숭배라고 오해했기 때문이다. 하지만 그러한 이유로 천주교 신자들을 학살한 행위를 정당화할 수는 없다. 유교만을 유일한 신앙으로 인정하는 것은 신앙의 자유를 부정했음을 뜻하기 때문이다. 황사영이 서양의 군함과 군대를 파견해 달라고 부탁한 점은 사랑과 평화를 가르치는 천주교의 정신에 어긋난다. 하지만 이는 가혹한 탄압 때문에 빚어진 일이었으며, 그들의 행동은 억압된 상황에서 신앙을 지키려 한 선택이었음을 알아야 한다.

16 동학 농민군은 혁명을 추구했는가

131쪽 생각 로그인

1. 예시 답안

	동학	천주교
공통점	동학과 천주교 모두 인간 존중과 평등 사상을 강조하며, 기존의 사회 질서에 도전했다. 조선 정부에 종교적·사상적 박해를 받았으며, 이 과정에서 수많은 순교자와 희생자를 배출했다.	
차이점	서양의 사상과 문화에 맞서 우리 민족의 전통을 지키려 했으며, 현세의 구원을 중시했다.	외래 종교로, 제사를 금지하는 등 조선의 전통 문화와 갈등을 일으켰다. 사후 세계와 영혼의 구원을 중시했다.

2. 예시 답안

동학 농민군에 맞서 자신들의 기득권과 이익을 지키기 위해서였다. 동학 농민군은 평민과 천민 등 피지배층의 이익을 대변하며, 양반이나 지주들과 대립했다. 특히 동학 농민군은 횡포를 부리는 양반과 관리들을 엄벌하고, 노비 문서를 불태워 노비를 해방시키는 등 신분제를 흔드는 활동을 했다. 따라서 양반과 지주는 자신들의 기득권을 보호하려고 민보군을 조직했다.

3. 예시 답안

"동학 지도자 여러분! 지금 조선은 일본의 침략 앞에 풍전등화처럼 위험합니다. 동학의 가르침은 우리 민족의 전통을 지키고, 인간을 하늘처럼 섬기는 사상에 뿌리를 두고 있습니다. 그런데 일본이 서양의 사상과 문화를 받아들인 뒤 조선을 위협하고 있습니다. 우리가 일본에 굴복한다면, 우리도 일본처럼 서양의 문화를 강제로 받아들여야 할 것입니다. 이는 동학의 가르침을 위협하는 상황입니다. 우리의 전통을 지키기 위해서는 지금이야말로 동학이 앞장서야 할 때입니다. 지도자들께서 이끌어 주신다면, 동학 신도와 백성은 힘을 모아 일본에 맞서 싸울 수 있을 것입니다. 우리 민족이 단결하여 침략을 물리치고, 동학의 사상을 지켜 나가는 길에 동학 교단이 앞장서 주시길 간절히 부탁드립니다."

132쪽 생각 로그인

4. 예시 답안

혁명이다	운동이다
신분제를 무너뜨리려는 혁명이었다. 노비 문서를 불태우며 신분 차별을 타파하고, 모든 사람이 평등한 사회를 추구했다.	기존 체제 안에서 개혁을 추구하는 운동이었다. 부패한 관리들을 몰아내고 백성의 삶을 안정시키는 개혁을 원했고, 전통적인 지배 질서 자체를 뒤엎으려는 목적은 없었다.
농민들에게 토지를 고르게 분배해 지주제를 붕괴시키려 했다는 점에서 사회 구조의 근본적인 변화를 목표로 했다.	왕을 중심으로 한 체제를 인정한 상태에서, 부정부패를 바로잡고 더 나은 사회를 만들려고 했다.

5. 예시 답안

동학 농민군의 봉기를 혁명으로 보는 입장은 정치 질서의 근본적 변화를 추구하지 않았다는 사실을 간과하는 문제점이 있다. 혁명으로 평가되려면 정치 질서를 근본적으로 바꾸려는 의도가 담겨 있어야 한다. 그러나 동학 농민군은 부정부패한 권력자들을 몰아내려고 했을 뿐, 스스로 권력을 잡아 새로운 체제를 만들려고 하지는 않았다. 그들은 전통적인 지배 질서를 유지한 채 백성의 삶을 안정시키는 개혁을 원했고, 여전히 왕을 중심으로 한 체제를 인정했다. 따라서 동학 농민군은 백성이 나라의 주인으로 설 수 있는 새로운 제도까지는 구상하지 못한 점에서 개혁 운동에 가깝다.

6 예시 답안

(찬성) '동학 농민군'으로 불러야 하는 이유는 동학사상이 농민군의 지도 이념과 조직 기반에서 중요한 역할을 했기 때문이다. 동학사상은 인간 존중과 평등을 추구하며, 전통적인 신분 질서를 무너뜨리고 새로운 사회를 지향하게 했다. 동학 교단이 조직 기반이 되어 고을 단위에서 벗어나 더 넓은 지역에서 농민들이 동학사상을 중심으로 단결할 수 있었다. 이러한 점에서 동학이 농민군의 봉기에 중요한 영향을 미쳤기 때문에 '동학 농민군'이라는 명칭이 적합하다.

(반대) '농민군'으로 불러야 하는 이유는 동학사상이 지도 이념으로 큰 역할을 하지 않았기 때문이다. 농민군은 유교 사상에 기반을 둔 '나랏일을 돕고 백성을 편안하게 한다'는 구호를 내세우며 봉기했다. 동학 교단이 농민군 조직의 기반이 되지도 않았다. 전봉준 등 동학 지도자들이 농민군을 이끌었지만, 이들은 동학 교단의 조직적인 지시에 의해 봉기한 것이 아니라 개인 자격으로 참여했다. 따라서 농민군의 봉기를 동학과 직접적으로 연관을 짓기는 어렵다.

133쪽 한국사 논술

(지배 체제 바꾸려던 혁명) 1894년 1월 전라도 고부의 동학 책임자이던 전봉

준과 농민들은 백성을 괴롭히던 고부 군수를 몰아냈다. 나라에서 파견한 조사관이 농민들에게 책임을 물으려 하자, 같은 해 3월 다시 봉기했다. 전봉준을 대장으로 삼은 농민군은 황토현에서 관군을 물리치고 전주를 점령했다. 전봉준은 전라도에 자치 기구인 집강소를 설치한 뒤 개혁에 나섰다. 일본이 조선의 내정에 간섭하자, 전봉준과 농민군은 일본에 맞서기 위해 9월 중순 다시 일어났다. 11월 초 동학 농민군은 공주의 우금치에서 일본군과 조선 정부군의 연합군에 맞서 싸웠지만 패하고 말았다. 따라서 동학 농민군의 봉기는 혁명으로 보아야 한다. 신분제와 지주제를 무너뜨리고 모든 사람이 평등한 새로운 사회 질서를 추구했기 때문이다. 조선 사회는 신분제와 지주제라는 두 개의 기둥 위에서 유지되고 있었다. 농민군은 횡포를 부리는 양반과 관리들을 벌주었을 뿐만 아니라, 노비 문서를 불태우고 노비를 해방시키려고 했다. 이는 신분제를 무너뜨리려 했음을 보여 준다. 또 농민군은 백성들에게 토지를 고르게 나눠 주고 농사를 짓게 하려고 시도했다. 이는 농사를 짓는 사람들에게 땅을 가지도록 했음을 뜻한다.

(지배 체제 고치려던 운동) 1894년 1월 전라도 고부의 동학 책임자이던 전봉준과 농민들은 백성을 괴롭히던 고부 군수를 몰아냈다. 나라에서 파견한 조사관이 농민들에게 책임을 물으려 하자, 같은 해 3월 다시 봉기했다. 전봉준을 대장으로 삼은 농민군은 황토현에서 관군을 물리치고 전주를 점령했다. 전봉준은 전라도에 자치 기구인 집강소를 설치한 뒤 개혁에 나섰다. 일본이 조선의 내정에 간섭하자, 전봉준과 농민군은 일본에 맞서기 위해 9월 중순 다시 일어났다. 11월 초 동학 농민군은 공주의 우금치에서 일본군과 조선 정부군의 연합군에 맞서 싸웠지만 패하고 말았다. 하지만 동학 농민군의 봉기는 운동으로 보아야 한다. 전통적인 지배 질서의 틀 안에서 백성의 삶을 안정시키는 개혁을 원했지, 기존의 정치 질서를 뒤엎으려는 시도를 하지는 않았기 때문이다. 혁명으로 평가를 받으려면 정치 질서의 근본적 변화를 추구해야 한다. 그런데 동학 농민군은 부정부패한 권세가들을 쫓아내려고 했을 뿐이며, 스스로 권력을 잡아 정부를 대체하려는 시도는 하지 않았다. 따라서 왕을 떠받들어야 한다는 생각에서 벗어나지 못한 채 백성이 직접 나라의 주인 노릇을 하는 새로운 정치 제도를 구상하지 못한 것이다.

17 갑오개혁은 근대적 개혁이었나

139쪽 생각 로그인

1. 예시 답안

정치	정부와 왕실 업무를 분리해서 의정부와 궁내부가 각각 담당하도록 했다. 과거제를 폐지하고, 실무 능력에 따라 관리를 임용하는 제도를 도입했다.
사회	신분제와 노비제를 철폐했다. 과부의 재혼을 허용하고, 조혼을 금지하는 등 사회적 불평등을 완화하려는 개혁을 시행했다.
경제	재정 관리를 중앙으로 통합하고, 세금을 화폐로 내도록 규정했다. 외국 화폐의 사용도 허용해 화폐 경제를 촉진하려고 했다. 토지 개혁을 하지 않아 농민의 불만이 지속되었다.

2. 예시 답안

일본은 조선을 중국의 영향력에서 벗어나게 함으로써 자국의 지배력을 강화하려 했다. 그런데 조선이 중국의 종속국으로 남아 있으면 일본이 마음대로 지배하기 어렵기 때문에, 일본은 청일 전쟁을 통해 조선을 중국의 간섭에서 떼어 내려고 했다. 이러한 배경에는 조선에 대한 일본의 영향력을 확립하고, 자국의 이익을 극대화하려는 전략이 숨겨져 있었다.

3. 예시 답안

"단발령을 거두어 주시기를 간절히 청원합니다. 단발령은 우리 백성을 불효자로 만드는 조치입니다. 신체와 머리카락은 부모에게 물려받은 것으로, 이를 훼손하지 않는 데서 효가 시작됩니다. 효를 다하는 길은 목숨을 잃을지언정 머리카락을 자를 수 없다는 믿음에 있습니다. 단발령은 우리 백성의 정체성을 무너뜨리고 오랑캐로 만드는 행위입니다. 머리카락을 길게 기르고 상투를 트는 관습은 우리의 고유한 전통이며, 이를 통해 우리 민족의 정체성을 지켜 왔습니다. 단발령이 시행되면 우리 백성은 오랑캐와 구별되지 않게 될 것입니다."

140쪽 생각 로그인

4. 예시 답안

긍정적 평가의 근거	부정적 평가의 근거
신분제와 노비제를 폐지하여 조선 사회의 법적 평등을 이루는 근대적 개혁을 단행했다.	일본의 강요와 압력으로 이뤄진 개혁이었기 때문에 자주적인 개혁으로 보기 어렵다.
갑오개혁을 통해 조선은 중국의 종속에서 벗어나 자주독립국임을 선언하는 계기가 되었다.	세금 화폐화와 외국 화폐의 사용 허용은 일본의 경제 침탈을 위한 기반을 제공했다.
내각이 주요 정책을 결정하고, 정부와 왕실의 업무를 분리해 왕권을 제한하는 근대적 국가 운영을 도모했다.	일본은 조선의 독립을 약속했으나, 내정에 간섭하며 그 약속을 어기고 지배력을 강화했다.

5. 예시 답안

조선 말기에는 극소수의 대지주가 대부분의 토지를 소유하고, 많은 농민은 적은 토지로 생계를 유지하거나 지주의 땅을 빌려 농사를 짓고 있었다. 이러한 상황에서 민생을 안정시키고 농민의 삶을 개선하려면, 토지 제도를 개혁해서 농민에게 고르게 나눠 주는 조치가 필요했다. 그러나 갑오개혁을 주도한 정치 세력은 지주의 이익을 대변했기 때문에 과감한 토지 개혁을 추진하지 않았다. 이는 농민의 기대를 저버렸고, 개혁의 한계를 드러낸 중요한 이유가 되었다.

141쪽 한국사 논술

(근대적 개혁이었다) 1894년 동학 농민 운동이 일어나자, 일본은 한반도에 대한 지배권을 확보하기 위해 청일 전쟁을 일으켰다. 그리고 고종을 협박하며 국정 개혁을 요구함에 따라 갑오개혁이 실시되었다. 제1차 갑오개혁은 정부의 업무와 왕실의 업무를 분리했으며, 과거제와 노비제를 폐지했다. 국가의 재정을 한 부서에서 관장하게 했으며, 세금을 화폐로 내고 외국 화폐도 함께 쓸 수 있도록 했다. 제2차 갑오개혁은 중국에 의존하던 관계를 끊었으며, 태양력을 도입하고 재판소도 설치했다. 제3차 갑오개혁은 단발령을 내려 머리를 짧게 자르도록 하는 내용이 핵심이었다. 따라서 갑오개혁은 긍정적으로 볼 수 있다. 신분제 폐지 등 근대적 개혁을 단행했기 때문이다. 신분제는 전통 사회의 대표적인 악습인데, 갑오개혁은 노비제를 폐지하고 양반과 평민의 차별을 금지했다. 중국의 간섭에서 벗어났다는 점에서도 중요하다. 우리나라는 오랫동안 중국의 종속국이었는데, 자주독립국임을 선언해 이러한 종속 관계를 끊었다. 왕권을 제한하고 왕실의 정치 참여를 억제하려한 시도도 긍정적 평가를 뒷받침한다. 갑오개혁은 내각이 중요한 정책을 결정하게 했으며, 정부 업무와 왕실 업무를 분리하도록 했다.

(외세에 의존했다) 1894년 동학 농민 운동이 일어나자, 일본은 한반도에 대한 지배권을 확보하기 위해 청일 전쟁을 일으켰다. 그리고 고종을 협박하며 국정 개혁을 요구함에 따라 갑오개혁이 실시되었다. 제1차 갑오개혁은 정부의 업무와 왕실의 업무를 분리했으며, 과거제와 노비제를 폐지했다. 국가의 재정을 한 부서에서 관장하게 했으며, 세금을 화폐로 내고 외국 화폐도 함께 쓸 수 있도록 했다. 제2차 갑오개혁은 중국에 의존하던 관계를 끊었으며, 태양력을 도입하고 재판소도 설치했다. 제3차 갑오개혁은 단발령을 내려 머리를 짧게 자르도록 하는 내용이 핵심이었다. 하지만 갑오개혁은 부정적으로 봐야 한다. 일본이라는 외세에 의존해 이뤄졌기 때문이다. 갑오개혁은 청일 전쟁을 일으켜 한반도를 지배하려던 일본의 침략 의도를 뒷받침하기 위해

실시되었다. 또 일본의 경제 침략을 위한 기반을 닦았다는 점도 부정적 요인이다. 세금을 화폐로 내고 외화를 사용할 수 있게 한 점이 이를 뒷받침한다. 토지 개혁을 실시하지 않은 것도 부정적으로 볼 수 있는 근거가 된다. 민생을 안정시키려면 토지 개혁이 필요했다. 하지만 갑오개혁은 토지 제도를 바꾸지 않았기 때문에 농민의 지지를 얻지 못했다.

18 독립 협회는 자주독립적이었나

147쪽 생각 로그인

1. 예시 답안
고종의 아관 파천 이후 조선은 러시아에 의존하는 외교 정책을 폈다. 러시아는 조선에 재정 고문과 군사 고문을 파견하며 내정에 간섭하기 시작했고, 이 때문에 외세의 영향력이 강화되었다. 러시아뿐만 아니라 미국과 일본도 조선에서 철도, 광산, 삼림 등 이권을 빼앗아 갔다. 결국 조선의 자주권을 더욱 약화시키는 결과를 낳았다.

2. 예시 답안
독립 협회의 활동 목표는 먼저 나라의 자주독립을 지키는 일로, 외세의 간섭을 막고 조선의 독립을 유지하려고 했다. 국민의 권리 확립도 있는데, 국민이 정치에 참여할 수 있도록 의회 설립을 주장했다. 부강한 나라를 만드는 일도 목표였다. 근대적 개혁을 통해 조선을 발전시키고 강한 국가로 만드는 것이다.

3. 예시 답안
의회 설립에 반대한 고종과 보수 정치 세력은 국민의 뜻을 국정에 반영하지 못하도록 막았다는 점에서 문제가 있다. 의회는 국민의 대표가 모여서 정책을 논의하고 법을 제정하는 기구여서, 이를 통해 국민의 의사가 국정에 반영될 수 있다. 그러나 고종과 보수 세력은 황제의 권력을 강화하고 독단적인 정치 운영을 유지하려고 했기 때문에 의회 설립을 반대했다. 결국 국민의 정치 참여와 민주적 의사 결정이 제한되었으며, 근대적 정치 제도를 도입하려는 노력이 좌절되었다.

148쪽 생각 로그인

4. 예시 답안

긍정적 평가의 근거	부정적 평가의 근거
독립문과 독립관을 세워 자주독립의 의지를 내외에 알리고, 러시아의 내정 간섭과 이권 침탈을 막으려고 했다.	러시아의 간섭을 견제하는 데는 적극적이었으나, 미국과 일본에는 우호적인 태도를 보여 자주독립에 한계가 있었다.
국민의 권리를 존중하는 정치를 요구하며, 중추원을 개편해 의회를 설립하고 국민이 정치에 참여할 수 있도록 노력했다.	외세의 정치·군사적 간섭에는 반대했지만, 미국과 일본의 경제적 이권 침탈에는 수용적인 태도를 보였다.
만민 공동회를 통해 일반 시민이 정치에 참여하고 사회 문제를 논의하며, 정치적 의식을 키울 수 있는 기회를 제공했다.	일반 시민을 계몽 대상으로 보고, 지식층이 시민을 깨우쳐야 한다고 생각하며 시민을 주권자로서 존중하지 않았다.

5. 예시 답안
독립 협회가 추구한 자주독립은 완전하지 못했다는 점에서 비판을 받을 수 있다. 당시 조선은 러시아뿐만 아니라 미국이나 일본의 경제적 침탈에도 직면해 있었다. 하지만 독립 협회는 러시아의 내정 간섭에는 반대하면서도 미국과 일본의 세력 확장에는 우호적인 태도를 보였다. 특히 외국의 자본과 상품을 받아들여야 한다는 시각에서 미국과 일본의 이권 침탈을 용인하거나 긍정적으로 봤다. 이는 자주독립을 철저히 추구하지 못한 한계로, 외세의 경제적 침탈에 대한 경계심이 부족했다는 비판을 받을 수 있다.

149쪽 한국사 논술

(자주독립에 앞장)1896년 고종이 러시아 공사관으로 피신한 뒤 러시아에 의존하는 외교 정책을 폈다. 이에 따라 러시아는 물론 미국과 일본까지 가세해 조선에서 많은 이권을 빼앗아 갔다. 서재필 등 개화파 관리와 지식층은 독립 협회를 만들어 독립문과 독립관을 짓는 등 나라의 자주독립을 지키는 일을 했다. 또 국민의 권리를 확립하고, 부강한 나라를 만드는 일도 목표로 내걸었다. 국민의 권리와 뜻을 존중하는 정치를 하기 위해 의회를 설립하자고 주장했다. 그리고 만민 공동회를 열어 정치와 사회 등 여러 문제를 놓고 토론을 벌였다. 따라서 독립 협회의 업적을 긍정적으로 평가해야 한다. 독립 협회는 자주독립을 지키기 위해 노력했다. 독립문과 독립관을 지어 자주독립의 의지를 널리 알렸고, 러시아의 내정 간섭과 이권 침탈에 항의해 이를 막아 내는 성과를 이뤘다. 근대적인 민주주의를 추구한 점도 긍정적으로 평가할 수 있다. 독립 협회는 국민의 권리를 존중하는 정치를 하기 위해 중추원을 개편해 의회를 설립하자고 제안했다. 그리고 만민 공동회를 통해 일반 시민이 정치의 주역으로 성장할 수 있게 이끈 점도 긍정적인 평가를 뒷받침한다. 결국 독립 협회는 조선 사회의 근대적 변화와 민주주의 확립에 중요한 발판을 마련했다.

(반쪽짜리 자주독립 추구)1896년 고종이 러시아 공사관으로 피신한 뒤 러시아에 의존하는 외교 정책을 폈다. 이에 따라 러시아는 물론 미국과 일본까지 가세해 조선에서 많은 이권을 빼앗아 갔다. 서재필 등 개화파 관리와 지식층은 독립 협회를 만들어 독립문과 독립관을 짓는 등 나라의 자주독립을 지키는 일을 했다. 또 국민의 권리를 확립하고, 부강한 나라를 만드는 일도 목표로 내걸었다. 국민의 권리와 뜻을 존중하는 정치를 하기 위해 의회를 설립하자고 주장했다. 그리고 만민 공동회를 열어 정치와 사회 등 여러 문제를 놓고 토론을 벌였다. 하지만 독립 협회의 업적은 부정적으로 평가해야 한다. 독립 협회는 자주독립에 철저하지 못한 한계가 있었다. 러시아를 견제하는 데는 적극적이었지만, 미국과 일본에는 우호적인 태도를 보인 것이다. 외세의 경제 침탈에 대한 비판 의식이 약한 점도 부정적인 평가를 뒷받침한다. 독립 협회의 지도자들은 경제 침탈이 근대화를 앞당긴다고 판단했으므로 미국과 일본의 이권 침탈에 반대하지 않았다. 일반 시민을 나라의 주권자로 간주하지 않은 점도 부정적인 평가를 뒷받침한다. 일반 시민은 어리석은 존재이므로 근대적 지식을 갖춘 지식층이 그들을 깨우쳐야 한다고 여겼다.

19 항일 의병 전쟁은 애국 전쟁인가

155쪽 생각 로그인

1. 예시 답안

1차 의병 전쟁	1895년 친일 정부의 단발령으로 유교적 전통을 지키려는 유학자와 국민의 반발이 커지면서 반일 감정이 폭발하여 의병이 일어났다.
2차 의병 전쟁	1905년 일본이 을사조약을 강제로 체결해 대한 제국의 외교권을 빼앗자, 이를 무효로 주장하며 유학자와 농민이 의병 전쟁을 일으켰다.

2. 예시 답안
위정척사 사상은 유학 중심의 전통적인 가치관과 신분제를 지키려는 사상이다. '바른 것을 지키고 잘못된 것을 물리친다'는 뜻이 담겨 있다. 의병 운동을 이끌던 유학자들은 유교적 가치관과 신분제를 수호하려 했으며, 서양의 사상과 종교, 제도를 배척해야 할 대상으로 보았다. 이 사상은 의병 전쟁에서 외세에 대한 저항의 정신적 기반이 되었다.

3. 예시 답안
1908년 서울 진공 작전은 실패했지만, 항일 의병 전쟁은 우리나라의 역사에서 뜨거운 애국심을 보여 준 중요한 사건이다. 당시 일본의 침략으로 나라를 빼앗기기 직전이었음에도, 의병들은 목숨을 걸고 조국을 지키려고 했다. 의병의 힘이 약해 일본군에게 맞설 수 없다는 사실을 알았지만, 그들은 앉아서 나라를 잃는 일을 용납하지 않고 끝까지 저항했다. 의병들의 애국정신은 나중에 독립 운동으로 이어져 우리 민족이 일제 강점기에 맞서 싸울 수 있는 힘이 되었다.

156쪽 생각 로그인

4. 예시 답안

긍정적 평가의 근거	부정적 평가의 근거
외세에 맞서 자주성을 지키려 한 애국 운동으로, 민족적 자존심과 저항 정신을 보여 주었다.	전통 질서와 신분제를 유지하려는 지배층의 기득권 수호 운동이라는 비판을 받았다.
일본의 침략에 맞서 무장 투쟁이라는 가장 적극적인 방식으로 저항하며, 조국을 지키려는 결의를 다졌다.	유학자와 전직 관리들이 의병 지도부를 형성하며, 사회 개혁보다는 기존 권력 구조를 지키려는 경향이 있었다.
유학자뿐 아니라 농민, 포수, 해산된 군인, 보부상 등 다양한 계층이 동참해 민족적 연대의 모습을 보여 줬다.	의병의 전투력이 부족해 일본군에 쉽게 패했으며, 실질적인 저항의 성과를 이루지 못한 한계가 있었다.

5. 예시 답안

의병 부대에 가담한 동학 농민군을 처형한 유학자 출신 의병장들은 일본의 침략에 맞서 싸워야 할 중요한 시점인 데도, 내부 갈등을 일으켜 전투력을 약화시켰다는 점에서 비판을 받을 수 있다. 나라를 지키기 위해서는 신분과 사상의 차이를 초월해 단결해야 했음에도, 유학자들은 전통 질서를 지키려는 목적 때문에 동학 농민군을 배척하고 처형했다. 이는 평민 출신 의병들의 사기를 꺾고, 의병 부대의 단결을 막아서 결국 일본군에 맞서 싸우는 능력을 약화시키는 결과를 낳았다.

157쪽 한국사 논술

(일제에 맞선 애국 전쟁) 일본은 청일 전쟁(1894~5)에서 승리한 뒤 한반도를 차지하려고 했다. 1895년 일본이 친일 정부를 내세워 상투를 자르라고 단발령을 내리자 반일 감정이 폭발했다. 이에 위정척사 사상을 믿는 유학자들을 중심으로 1차 의병 전쟁이 일어났다. 그리고 일본은 러일 전쟁(1904~5)에서 이긴 뒤 을사조약을 강제로 체결해 대한 제국의 외교권을 빼앗았다. 그러자 유학자와 전직 관리, 농민 등이 조약을 무효라고 주장하며 2차 의병 전쟁을 일으켰다. 의병 부대는 1908년 서울 진공 작전을 펼쳤지만, 일본군의 반격에 밀려 패하고 말았다. 그래도 항일 의병 전쟁은 위기에서 나라를 구하려 했다는 점에서 의미가 크다. 당시 우리나라는 집권 세력의 부패와 무능, 외세의 침략 때문에 풍전등화의 위기에 빠져 있었다. 가장 적극적인 투쟁 방식인 무장 투쟁을 펼쳤다는 점도 긍정적으로 평가할 수 있다. 의병들은 목숨을 걸고 일본군과 싸웠는데, 이는 일제 강점기에 독립군이 무장 투쟁을 벌이는 기반이 되었다. 유학자뿐 아니라 농민과 포수, 해산된 군인, 보부상 등 다양한 계층의 동참도 긍정적 평가를 뒷받침한다. 그들의 애국심과 헌신은 오늘날까지 존경을 받고 있다.

(기득권 지키려던 전쟁) 일본은 청일 전쟁(1894~5)에서 승리한 뒤 한반도를 차지하려고 했다. 1895년 일본이 친일 정부를 내세워 상투를 자르라고 단발령을 내리자 반일 감정이 폭발했다. 이에 위정척사 사상을 믿는 유학자들을 중심으로 1차 의병 전쟁이 일어났다. 그리고 일본은 러일 전쟁(1904~5)에서 이긴 뒤 을사조약을 강제로 체결해 대한 제국의 외교권을 빼앗았다. 그러자 유학자와 전직 관리, 농민 등이 조약을 무효라고 주장하며 2차 의병 전쟁을 일으켰다. 의병 부대는 1908년 서울 진공 작전을 펼쳤지만, 일본군의 반격에 밀려 패하고 말았다. 의병 전쟁을 벌이기는 했어도 지배층의 입장만 생각하고 전통 질서를 지키려 해서 결과가 좋지 않았다. 의병 전쟁의 지도자인 유학자들이 믿은 위정척사 사상의 본질이 유학 중심의 전통적 가치관과 신분제를 지키는 데 목적이 있었기 때문이다. 유학자와 전직 관리들이 의병의 지도부를 이룬 점도 부정적 평가를 뒷받침한다. 이들은 양반 출신 의병장을 모욕했다는 이유로 평민 출신 의병장을 처형하기도 했고, 의병에 참가한 동학 농민군 출신을 찾아내 죽이기도 했다. 전투력도 강하지 못해 일본군에게 쉽게 진압을 당한 사실도 부정적으로 보게 만든다.

20 대한 제국은 근대 국가였나

163쪽 생각 로그인

1. 예시 답안

정치	과거 제도를 폐지하고 내각제를 도입하여 중앙 권력을 재편성했다. 군국기무처를 설치해 개화파를 중심으로 개혁을 추진하면서 왕권을 약화시켰다.
경제	세금 금납화를 시행해 농민의 부담을 줄이고, 도량형 통일로 공정한 거래를 보장했다. 재정을 중앙 집중화해서 지방 관리들의 부정부패를 억제했다.
사회	신분제를 철폐하고, 조혼을 금지해 여성과 어린이의 권리를 보호했다. 과부의 재가를 허용하여 여성의 사회적 지위를 개선하고 평등을 확대했다.

2. 예시 답안

고종은 1895년 명성 황후가 시해된 을미사변 이후 신변의 위협을 느낀 나머지, 1896년 러시아 공사관으로 처소를 옮겨 일본의 영향에서 벗어나려고 했다. 하지만 이 과정에서 지나치게 러시아에 의존한 점이 문제였다. 조선은 자주독립 국가로서의 체면을 스스로 깎아내렸으며, 외세 의존은 조선의 주권을 약화시키고 외교적으로도 위신을 떨어뜨렸다. 결국 외세 의존 정책은 조선의 독립성을 훼손하는 결과를 초래했다.

3. 예시 답안

대한 제국이 지향한 통치 체제는 국민의 주권을 부정하고, 황제에게 무한한 권력을 부여한 전제 정치라는 점에서 개혁 세력이 추구한 근대 국가의 원리와 충돌한다. 개혁 세력은 서양의 정치사상을 받아들여 국가의 주권이 국민에게 있으며, 황제의 권력도 헌법과 의회 정치를 통해 제한되어야 한다고 보았다. 그러나 대한국 국제는 황제에게 무한한 군주권을 부여하고, 전제 정치의 영구적 지속을 명시함으로써 국민의 권리와 주권을 배제한 비민주적인 체제를 고수해 근대적 개혁을 저해했다.

164쪽 생각 로그인

4. 예시 답안

근대 국가로 볼 수 있다	근대 국가로 볼 수 없다
대한 제국은 외세의 압박 속에서도 자주독립을 강조하며 근대화를 시도했다.	'대한국 국제'에서 황제에게 무한한 군주권을 부여한 전제 정치 체제를 고수하는 바람에 근대 국가의 필수 요소를 배제했다.
토지 소유권을 명확히 하기 위해 지계를 발행하고, 철도, 전기, 해운 등의 근대적 인프라를 구축했다.	대한 제국의 보수적 주도 세력은 근대적 개혁을 추진하던 독립 협회의 의회 정치 요구와 국민 주권 주장을 받아들이지 않았다.
상공 학교, 외국어 학교, 의학교 등 근대적 교육 기관을 설립하여 기술 인재를 양성했다.	경제적, 기술적 발전을 외국의 자본과 기술에 의존해 자주성을 약화시켰다.

5. 예시 답안

독립 협회를 탄압한 보수 세력이 근대화에 관심이 없고 자기 이익만 챙겼다는 주장은 일면적일 수 있다. 홍종우와 같은 인물은 보수 세력이었지만, 대한 제국의 근대화를 위해 나름의 방법을 모색했다. 그는 조선의 전통 문화를 유지하면서도 서양 문명을 적절히 수용하려는 입장이었고, 황제를 중심으로 한 근대화를 주장했다. 독립 협회와 달리 전통과 서양 문명의 조화를 강조한 방식이었다. 따라서 보수 세력이 근대화에 무관심했다기보다는, 근대화의 방식과 방향성에서 차이를 보였을 뿐이다.

165쪽 한국사 논술

(근대 국가였다) 조선은 1894년 일본의 강요에 밀려 갑오개혁을 추진했다. 갑오개혁은 제도 개혁을 통해 유교 중심 사회를 근대 사회로 바꾸려 했다. 하지만 고종은 일본의 간섭이 심해지자 신변의 위협을 느끼고 1896년 러시아 공사관으로 처소를 옮겼다. 이듬해 덕수궁으로 돌아온 고종은, 황제 즉위식을 거행하고 대한 제국의 수립을 선포했다. 대한 제국은 통치 체제로는

전제 정치를 지향했다. 당시 독립 협회는 국민에게 국가의 주권이 있다는 정치사상을 받아들이고, 헌법 제정과 의회 정치 도입에 의해 황제의 권력을 제한하려 했다. 하지만 고종은 황제 중심의 통치 체제를 확립하기 위해 군대 통수권과 입법권, 행정권 등 모든 권한을 황제에게 집중시켰다. 그럼에도 대한 제국은 근대 국가의 성격을 지닌다. 외세의 간섭을 받지 않고 자주적으로 개혁을 추진했으며, 토지 소유권과 회사 등 근대 사회의 중요 제도를 도입한 점이 이를 뒷받침한다. 상공 학교와 의학교를 세우는 등 교육에도 힘썼다. 독립 협회를 지지하는 입장에서는 대한 제국이 보수적인 세력에 의해 주도되었다고 비판한다. 하지만 이는 방법의 차이에서 나왔을 뿐이며, 황제 중심의 근대화를 추진한 사실을 부정해서는 안 된다.

(전제 국가였다) 조선은 1894년 일본의 강요에 밀려 갑오개혁을 추진했다. 갑오개혁은 제도 개혁을 통해 유교 중심 사회를 근대 사회로 바꾸려 했다. 하지만 고종은 일본의 간섭이 심해지자 신변의 위협을 느끼고 1896년 러시아 공사관으로 처소를 옮겼다. 이듬해 덕수궁으로 돌아온 고종은, 황제 즉위식을 거행하고 대한 제국의 수립을 선포했다. 대한 제국은 통치 체제로는 전제 정치를 지향했다. 당시 독립 협회는 국민에게 국가의 주권이 있다는 정치사상을 받아들이고, 헌법 제정과 의회 정치 도입에 의해 황제의 권력을 제한하려 했다. 하지만 고종은 황제 중심의 통치 체제를 확립하기 위해 군대 통수권과 입법권, 행정권 등 모든 권한을 황제에게 집중시켰다. 따라서 대한 제국은 근대 국가로서의 성격을 지닌다고 보기 어렵다. 대한 제국의 통치 체제가 전제 정치였기 때문이다. 대한 제국이 근대 국가가 되려면 국민 주권의 원리를 부정해서는 안 된다. 황제가 국가를 대표하는 지위에 있음을 인정한다고 해도, 그 권력을 헌법과 의회 정치를 통해 제한할 필요가 있었다. 또 대한 제국을 이끌던 주도 세력이 보수적이었으며, 외세에 의존했다는 점도 근대 국가로 보기 어려운 까닭이다.

21 일제가 우리나라 근대화에 기여했나

171쪽 생각 로그인

1. 예시 답안

명분	일제는 토지세를 공정하고 합리적으로 부과하며, 근대적인 토지 소유권 제도를 확립하겠다는 명분을 내세웠다.
실질적인 목적	우리나라에서 생산된 쌀과 원료를 일본으로 더 많이 가져가기 위해 조선의 토지를 장악하고, 농업 생산을 일본의 경제적 이익에 맞게 재편하는 데 있었다.
사업 내용	토지 조사 사업은 조선 내 모든 토지의 소유권, 가격, 지형, 용도 등을 조사하여 기록하는 것이었다.
결과	신고하지 않거나 소유 관계가 불명확한 토지를 강제로 몰수해 동양 척식 회사와 일본인에게 헐값으로 넘겼다. 농민의 경작권이 인정되지 않았고, 지주의 권리만 보호되었다.

2. 예시 답안

회사령	우리 국민이 회사를 설립할 때 조선 총독부의 허가를 받도록 하여 기업 활동을 억눌렀다. 조선의 경제 발전이 제한되고, 우리나라는 일본의 공산품을 소비하는 시장으로 전락했다. 일본은 자국의 경제적 이익을 위해 조선의 자립적인 기업 활동을 막았다.
신고제	1920년에 신고제를 도입함으로써 일본인의 기업 활동이 크게 증가했다. 일본 자본이 조선에서 급성장했다. 우리 국민 중에서도 면방직과 고무 공업에 진출하는 일부 기업가가 나타났지만, 일본 기업과의 경쟁에서 불리한 위치에 있었다.

3. 예시 답안

일제의 산미 증식 계획은 1920년대 우리나라의 쌀 생산량을 크게 증가시켰으나, 그 이익의 대부분은 일본으로 돌아갔다. 1920년 쌀 생산량은 1270만 석에서 1928년 1730만 석으로 증가했다. 하지만 우리 국민의 쌀 소비량은 같은 기간에 1인당 0.63석에서 0.45석으로 감소했다. 일제가 증산된 쌀보다 더 많은 양을 일본으로 수출하면서 국내의 쌀 부족 현상이 심화되었기 때문이다. 그 결과 우리 백성은 쌀을 더 많이 생산했음에도 굶주림에 시달렸다.

172쪽 생각 로그인

4. 예시 답안

찬성하는 근거	반대하는 근거
일제 강점기에 연평균 4.2%의 경제 성장이 이루어졌는데, 이는 당시 조선 경제의 성장을 뒷받침하는 중요한 근거로 제시된다.	경제 성장이 이루어졌지만, 그 열매는 대부분 일본인에게 돌아갔다. 대다수 조선 국민은 그 혜택을 거의 받지 못했다.
농업의 비중이 줄고, 공업의 비중이 높아지는 등 조선의 산업 구조가 근대적으로 변화했다.	일제가 실시한 토지 조사 사업은 근대적 소유권을 확립한 것이 아니라, 지주를 강화하고 농민의 권리를 침해했다.
조선 총독부는 근대적인 소유권 제도를 확립하고 은행과 같은 금융 기관을 세워 자본주의 경제의 기반을 마련했다.	조선은 쌀과 원료를 일본에 값싸게 팔아야 했고, 반대로 일본에서 만든 공산품을 비싸게 구입해야 했다.

5. 예시 답안

일제 강점기에 우리나라의 인구가 증가한 까닭은 경제 발전 때문이 아니라, 의약 기술의 발달 덕분이었다. 20세기에 세계적으로 예방 접종과 같은 의학적 발전이 이루어지면서 유아 사망률이 크게 낮아졌고, 저개발국에서도 인구 증가의 주요 원인이 되었다. 우리나라에서도 예방 접종과 같은 의약 기술의 도입이 인구 증가에 기여했다. 일제의 경제적 통치 덕분이 아니었다는 말이다. 따라서 인구 증가를 근거로 일제의 통치가 우리 경제를 개선시켰다는 주장은 타당하지 않다.

173쪽 한국사 논술

(경제 발전에 기여) 일제의 중요한 농업 정책은 1910년대의 토지 조사 사업과 1920년대의 산미 증식 계획이다. 토지 조사 사업은 토지세를 공정하게 매기고, 근대적인 토지 소유권 제도를 확립한다는 명분을 내걸었다. 그런데 실제 목적은 우리나라에서 생산된 쌀을 일본으로 가져가기 위함이었다. 산미 증식 계획은 쌀 생산량을 크게 증가시켰다. 하지만 더 많은 쌀을 일본으로 가져갔으므로 쌀이 부족해 굶주리는 사람이 더 늘어났다. 일제는 1930년대에 전쟁 물자를 생산하기 위해 공업화 정책을 실시했다. 이에 따라 일본의 대기업이 우리나라에 진출했고, 중화학 공업이 빠르게 성장했다. 공업이 차지하는 비중도 크게 늘었지만 대다수 기업은 일본인이 소유했다. 그럼에도 일제가 우리나라의 근대화에 기여했다는 주장은 타당성이 있다. 우리나라의 경제는 일제 강점기에 연평균 4.2%라는 높은 성장을 이루었다. 또 농업 비중이 낮아지고 공업 비중이 높아지는 등 산업 구조가 근대적으로 바뀌었다. 이러한 변화는 조선 총독부가 자본주의 경제의 제도적 기반을 마련한 데 기반을 두었다. 특히 근대적인 소유권 제도를 확립하고, 은행과 같은 금융 기관을 세운 정책이 중요했다.

(식민지 수탈) 일제의 중요한 농업 정책은 1910년대의 토지 조사 사업과 1920년대의 산미 증식 계획이다. 토지 조사 사업은 토지세를 공정하게 매기고, 근대적인 토지 소유권 제도를 확립한다는 명분을 내걸었다. 그런데 실제 목적은 우리나라에서 생산된 쌀을 일본으로 가져가기 위함이었다. 산미 증식 계획은 쌀 생산량을 크게 증가시켰다. 하지만 더 많은 쌀을 일본으로 가져갔으므로 쌀이 부족해 굶주리는 사람이 더 늘어났다. 일제는 1930년대에 전쟁 물자를 생산하기 위해 공업화 정책을 실시했다. 이에 따라 일본의 대기업이 우리나라에 진출했고, 중화학 공업이 빠르게 성장했다. 공업이 차지하는 비중도 크게 늘었지만 대다수 기업은 일본인이 소유했다. 따라서 일제가 우리나라의 근대화에 기여했다는 주장은 옳지 않다. 우리나라를 일본에 종속시키는 식민지 경제 구조 때문이다. 우리 국민은 쌀과 원료를 일본에 헐값에 팔고, 일본에서 만든 공산품을 비싸게 샀다. 따라서 경제 성장의 열매는 일본인에게만 돌아갔고, 우리 국민은 거의 혜택을 받지 못했다. 또 토지 조

사 사업을 통해 지주제를 강화했으므로 일제가 자본주의 경제의 제도적 기반을 마련했다는 주장도 타당성이 없다.

22 3·1 운동 비폭력주의는 타협적인 태도였나

179쪽 생각 로그인

1. 예시 답안

무단 통치의 의미	무단 통치를 실시한 이유
헌병과 경찰, 군대를 앞세워 우리 민족을 무력으로 억압하며, 언론, 집회, 결사 등의 자유를 제한한 일제의 강압적 통치 방식이다.	일제는 을사조약 이후 겪은 항일 저항을 억제하고, 민족 운동의 재발을 방지하기 위해 강압적인 무단 통치를 실시했다.

2. 예시 답안
3·1 운동 이후 일제가 실시한 문화 정치는 겉으로는 언론, 출판, 결사, 집회의 자유를 일부 허용하고 헌병 경찰 제도를 보통 경찰로 바꾸는 등의 변화를 내세웠다. 하지만 이는 민족 운동을 통제하고 독립 운동을 억제하려는 술책이었다. 문화 정치는 친일파를 양성하기 위해 상류층 인사들에게 금전적 혜택과 사회적 지위를 제공하며, 민족 내부의 분열을 조장했다. 결국 단순한 통치 방식의 변화일 뿐, 억압적 통치를 지속한 정책이었다.

3. 예시 답안
3·1 운동의 역사적 의의는 우리 민족이 신분과 지역의 차이를 뛰어넘어 같은 민족이라는 동질감을 형성하는 계기가 되었다는 점이다. 전통 사회에서는 신분제와 지역 차별 의식이 강했지만, 3·1 운동을 통해 모든 계층과 지역의 사람들이 항일 운동에 함께 참여하면서 이러한 차별과 구별이 약해졌다. 3·1 운동은 독립 의지를 국제 사회에 알리고, 대한민국 임시 정부가 수립되는 밑거름이 된 중요한 사건이라는 평가도 받는다.

180쪽 생각 로그인

4. 예시 답안

옹호의 근거	비판의 근거
일제의 폭력성을 드러내는 용기 있는 저항이었다. 무장하지 않은 민중이 총칼을 앞에 두고 '독립 만세'를 외쳤다는 점에서 큰 의의를 지닌다.	일제의 무력에 맞서서 독립을 이룰 수 없는 무기력한 방식으로 평가되며, 이러한 점은 비폭력주의의 한계로 지적된다.
국제 사회의 공감을 이끌어 내는 효과적인 투쟁 방식이었다. 우리 민족의 힘만으로 독립하기 어려운 상황에서 국제 여론의 지지를 얻는 것이 필수적이었다.	일제에 타협적인 태도를 드러낸다는 비판을 받을 수 있다. 그리고 일제의 통치를 전면 부정하지 않고, 통치 방식의 개선만을 요구하는 주장으로 변질될 수 있었다.

5. 예시 답안
간디의 '사티아그라하'는 비폭력과 사랑의 원칙에 기초하여 모든 형태의 폭력을 거부한다. 이 관점에서 폭력 투쟁을 독립운동의 발전으로 보는 주장은 사티아그라하에 위배된다. 폭력을 수단으로 삼으면, 폭력의 수용이 일상화되고 또 다른 폭력으로 이어질 수 있다. 우리 민족이 일본의 폭력에 맞서 싸우는 행위는 정당할지라도, 독립을 위한 폭력을 정당화하는 일은 사랑과 평화의 정신을 훼손하게 된다. 따라서 폭력 투쟁을 독립운동의 일부로 여기면, 진정한 평화와 정의를 이루기 어렵다. 폭력의 사용은 단기적인 효과를 가져올지 몰라도, 궁극적으로는 우리의 목표와 완전히 반대되는 결과를 초래하게 된다.

181쪽 한국사 논술

(용기 있는 행위)일제는 1910년 대한 제국을 멸망시키고 무단 정치를 실시했다. 경찰과 헌병 등 군대의 힘으로 억눌렀지만, 우리 민족은 항일 투쟁을 멈추지 않았다. 1918년 미국 대통령 윌슨이 민족 자결주의를 내세우자, 우리 민족은 독립을 이룰 수 있다는 희망을 갖게 되었다. 이러한 분위기에서 1919년 3월 1일 종교 지도자들이 독립 선언서를 발표했다. 민족 대표들이 일제의 경찰에 잡혀간 뒤, 학생과 시민들은 서울 시내에서 만세 운동을 펼쳤다. 일제가 시위대를 잔인하게 탄압했으나 3·1 운동은 전국으로 퍼졌다. 종교인과 학생이 중심을 이루다가 점차 농민과 노동자, 중소 상인이 더 많이 참여했다. 이런 과정에서 처음에는 비폭력주의에 따라 평화적인 시위를 벌였지만, 나중엔 일제의 탄압에 폭력으로 대항했다. 그럼에도 비폭력주의는 긍정적으로 평가해야 한다. 일제의 폭력성을 맨몸으로 고발한 용기 있는 태도이기 때문이다. 비폭력주의는 폭력을 제외한 모든 수단을 사용해 악과 싸우는 것이다. 또 비폭력주의는 국제 사회의 공감을 이끌어 낼 수 있는 투쟁 방식이었다. 우리 민족은 힘이 약해 독립을 얻기 어려웠다. 독립을 이루려면 국제 사회의 지지를 받을 수 있는 투쟁 방식을 택할 필요가 있었다.

(타협적인 태도)일제는 1910년 대한 제국을 멸망시키고 무단 정치를 실시했다. 경찰과 헌병 등 군대의 힘으로 억눌렀지만, 우리 민족은 항일 투쟁을 멈추지 않았다. 1918년 미국 대통령 윌슨이 민족 자결주의를 내세우자, 우리 민족은 독립을 이룰 수 있다는 희망을 갖게 되었다. 이러한 분위기에서 1919년 3월 1일 종교 지도자들이 독립 선언서를 발표했다. 민족 대표들이 일제의 경찰에 잡혀간 뒤, 학생과 시민들은 서울 시내에서 만세 운동을 펼쳤다. 일제가 시위대를 잔인하게 탄압했으나 3·1 운동은 전국으로 퍼졌다. 종교인과 학생이 중심을 이루다가 점차 농민과 노동자, 중소 상인이 더 많이 참여했다. 이런 과정에서 처음에는 비폭력주의에 따라 평화적인 시위를 벌였지만, 나중엔 일제의 탄압에 폭력으로 대항했다. 따라서 비폭력주의는 부정적으로 평가해야 한다. 비폭력주의는 독립을 이룰 수 없는 무기력한 투쟁 방식이었기 때문이다. 일제의 탄압에 많은 사람이 죽거나 다치자, 폭력 투쟁으로 나갈 수밖에 없었다. 또 비폭력주의에는 일제에 대한 타협적인 태도가 잠재되어 있었다. 일제와 공존할 수 있다고 여겼으므로, 일제의 통치를 인정하고 통치 방식을 바꾸자는 방향으로 변질될 위험성이 있었기 때문이다.

23 물산 장려 운동을 어떻게 볼까

187쪽 생각 로그인

1. 예시 답안

배경	사회 진화론의 영향을 받은 지식인들은 독립을 이루려면 민족의 힘을 키워야 한다고 생각했다. 또 1920년 회사령이 폐지된 후 조선인 기업가들이 일본인 기업가들과 경쟁해야 하는 상황에 직면했다.
목적	우리 민족의 경제적 자립을 이루는 데 있었다. 이를 통해 조선의 민족 산업을 육성하고 경제력을 강화해서 일제의 경제적 지배에서 벗어나려는 의도였다.
방법	국산품 애용을 장려하는 강연회와 거리 행진을 통해 전개되었다. "내 살림 내 것으로!"라는 구호 아래, 전국적으로 국산품을 애용하고 민족 산업을 보호하려는 노력이 이어졌다.

2. 예시 답안
물산 장려 운동의 열기가 식은 원인은, 먼저 민족 산업을 육성하는 방법을 두고 지식인들 사이에 의견 대립이 발생했기 때문이다. 또 조선 총독부가 거리 행진을 금지하는 등 탄압했다. 국산품의 가격이 많이 오르면서 서민들이 경제적으로 어려움을 겪어 국산품 애용 운동에 대한 열의가 식은 원인도 있다.

3. 예시 답안
자급자족적 수공업 육성은 분업이 고도화되는 현대 산업 사회에 맞지 않는 한계가 있다. 수공업은 간단한 도구와 손을 사용해 생산 활동을 하는데, 농업 중심의 전통 사회에서는 가능했을지 몰라도 산업화·도시화된 사회에서는 효율성이 떨어진다. 수공업은 기계제 대공업보다 생산성이 크게 떨어지며, 수공업으로 만든 제품은 기계제 대공업의 제품과 경쟁하기 어렵다. 이 때문에 자급자족적 수공업은 현대 경제 체제에서 효과적이지 않다.

188쪽 생각 로그인

4. 예시 답안

긍정적 의견의 근거	부정적 의견의 근거
우리 민족의 경제적 권리를 지키기 위해 일제의 경제 침략에 맞서 싸웠으며, 국산품 애용을 통해 경제적 자립을 도모하려고 했다.	국산품의 가격을 올려 오히려 민중의 생활을 어렵게 했고, 결과적으로 기업가와 상인의 이익에만 기여했다.
조선인 기업의 성장을 도와 민족 자본의 형성과 발전에 기여했다. 이에 따라 조선 내 기업들이 일본 자본과 경쟁할 수 있는 기반을 마련했다.	이 운동의 주도 세력은 독립 운동보다 민족 자본 육성에 가치를 두고 일제와 타협적인 태도를 취해 독립 의지를 약화시켰다.
많은 민족 구성원이 거족적으로 참여한 운동으로, 조선 사회 전반에 민족적 자부심을 고취하고 경제적 독립을 위한 의지를 불러일으켰다.	운동이 진행되는 과정에서 국산품의 가격이 상승하면서 경제적 부담이 커지게 되어 대중적 기반을 잃고 열기가 식었다.

5. 예시 답안

물산 장려 운동을 주도한 세력은 독립운동 전에 먼저 우리 민족의 힘을 키워야 한다고 주장했다. 하지만 독립운동을 중요하게 여기는 입장에서 이들의 시각에는 문제가 있다. 경제적 자립이나 문화적 발전은 독립 없이는 제대로 이루어질 수 없다. 일제가 조선의 자립을 허용할 리 없기 때문이다. 우리 민족이 힘을 키우려는 시도는 결국 일제의 제약이라는 한계에 부딪힐 수밖에 없다. 게다가 경제적 발전에 우선 가치를 두면 일제와 타협하는 태도를 취하게 되어 독립운동의 동력을 잃고, 독립을 포기하는 결과를 낳을 수 있다.

189쪽 한국사 논술

(**일제의 경제 침략 저항**) 물산 장려 운동은 1920년 8월 평양에서 처음 시작되었다. 이 운동은 국산품을 애용해 민족 산업의 육성을 추구한 운동이었다. 1920년 일제가 회사령을 폐지하자, 면방직과 고무 공업 등에 진출하는 조선인 기업가들이 나타났다. 이들은 일본인 기업가들과 경쟁해 살아남아야 했고, 이를 위해서는 조선인들에게 국산품 애용을 호소할 필요가 있었다. 1923년 1월에는 조선 물산 장려회의 전국 조직이 만들어지고 물산 장려 운동이 전국 각지로 확산했다. 조선 물산 장려회는 "내 살림 내 것으로!"라는 구호 아래 강연회와 거리 행진을 하면서 대중 계몽 운동을 펼쳤다. 하지만 내부의 의견 차이와 일제의 탄압 등 때문에 운동의 열기가 식었다. 그럼에도 물산 장려 운동은 긍정적으로 보아야 한다. 우리 민족의 경제적 권리를 지키기 위해 일제의 경제 침략에 저항했기 때문이다. 민족 자본의 성장에 기여한 점도 중요하다. 물산 장려 운동은 국산품 애용을 통해 조선인 기업들이 일본인 기업과의 경쟁에서 살아남을 수 있도록 도왔다. 또 이 운동에는 중소 상공인뿐만 아니라, 많은 민족 구성원이 거족적으로 참여했다. 이에 따라 민족적 자부심을 고취시키고 경제적 독립의 중요성을 일깨우는 역할을 했다.

(**일제에 타협적 입장 취해**) 물산 장려 운동은 1920년 8월 평양에서 처음 시작되었다. 이 운동은 국산품을 애용해 민족 산업의 육성을 추구한 운동이었다. 1920년 일제가 회사령을 폐지하자, 면방직과 고무 공업 등에 진출하는 조선인 기업가들이 나타났다. 이들은 일본인 기업가들과 경쟁해 살아남아야 했고, 이를 위해서는 조선인들에게 국산품 애용을 호소할 필요가 있었다. 1923년 1월에는 조선 물산 장려회의 전국 조직이 만들어지고 물산 장려 운동이 전국 각지로 확산했다. 조선 물산 장려회는 "내 살림 내 것으로!"라는 구호 아래 강연회와 거리 행진을 하면서 대중 계몽 운동을 펼쳤다. 하지만 내부의 의견 차이와 일제의 탄압 등 때문에 운동의 열기가 식었다. 따라서 물산 장려 운동은 부정적으로 평가해야 한다. 물건의 가격을 올려 민중이 더 어렵게 살도록 만들었고, 기업가와 상인들의 이익을 챙기는 데만 기여했기 때문이다. 또 운동의 주도 세력이 일제에 타협적인 태도를 취했다는 점도 부정적이다. 이들은 우리 민족의 경제력을 키우는 것이 우선이라고 하면서 독립운동을 미래의 일로 미뤘다. 또 처음에는 많은 민족 구성원의 폭넓은 지지를 받았지만, 운동이 펼쳐지는 과정에서 민중의 지지도 잃었다.

24 농지 개혁은 실패했나 성공했나

195쪽 생각 로그인

1. 예시 답안

조선 후기에는 노비 대신 양인에게 소작 농사를 맡기면서 지주들의 토지 소유 면적이 크게 늘어났다. 양인 소작농은 노비보다 생산성이 높아 경제적 이익을 가져다주었다. 소를 이용한 농사와 모내기 농법의 보급, 비료 사용 등 농업 기술의 발전으로 양인 소작농의 효율성이 증가했고, 이를 통해 지주들이 더 많은 이익을 추구했다.

2. 예시 답안

좌익 세력	지주의 토지를 대가 없이 몰수해 농민에게 무상으로 분배하자고 주장했다. 토지의 공평한 분배를 통해 농민의 경제적 해방을 이루려고 했다.
중도파	지주의 토지를 대가를 주고 사들인 뒤, 농민에게 무상으로 분배하자고 주장했다. 일정한 보상을 통해 양측의 균형을 맞추려고 했다.
우익 세력	농지 개혁에 반대하는 사람이 많았으나, 일부는 지주의 토지를 대가를 주고 사들인 뒤 농민에게 땅값을 받고 나눠 주자고 주장했다.

3. 예시 답안

"농민의 생활을 개선하고 경제 발전을 이루기 위해 농지를 농민에게 나눠 줄 필요가 있습니다. 대다수의 농민이 자기 땅 없이 지주의 땅을 빌려 소작하며 빈곤과 굶주림에 시달렸기 때문에, 이들의 경제적 자립을 돕기 위해 농지를 분배해야 합니다. 농업 생산성을 높이기 위해서라도 농민이 자기 땅을 소유해야 의욕을 갖고 더 많은 생산을 도모할 수 있습니다. 땅에 묶인 자본을 공업 분야로 이동시키고 공산품 거래 시장의 기반을 마련하는 데에도 농지 개혁이 필요합니다."

196쪽 생각 로그인

4. 예시 답안

실패했다	성공했다
농지 개혁이 지주들에게 유리하게 진행되어, 많은 농민의 생활을 실질적으로 개선하지 못했다.	농지 개혁으로 3ha 이상의 넓은 농지를 소유한 지주들이 사라졌고, 지주제가 해체되었다.
1960년대까지 농업 생산성이 거의 향상되지 않았으며, 농지 개혁이 농업 발전에 기여하지 못했다.	대다수 농민이 자작농으로 전환되었고, 자신의 땅을 소유하게 되어 경제적 자립을 이루었다.
땅을 판 지주들이 자본가로 변신하지 못했고, 인플레이션 등으로 산업화에 기여할 수 있는 자본 형성이 어려웠다.	정부가 사들여 분배한 농지가 많지는 않았지만, 땅을 산 농민들이 경제적으로 이익을 보았다.

5. 예시 답안

농지 개혁은 이승만 대통령의 정치적 기반을 강화하는 데 중요한 역할을 했기 때문에 실패했다고 볼 수 없다. 농지 개혁을 통해 많은 소작농이 자기 땅을 소유하게 되면서, 농민들은 땅을 나눠 준 이승만 정부에 대해 긍정적인 인식을 갖게 되었다. 이를 통해 이승만은 국민 다수를 차지하던 농민 계층을 자신의 정치적 지지 기반으로 확보했다. 또 농지 개혁은 농민에 대한 좌익 세력의 영향력을 차단하는 데 기여했다. 실제로 6·25 전쟁 중 북한군이 남한을 점령했을 때 많은 농민이 북한군에 호응하지 않았다는 점에서, 농지 개혁은 이승만의 정치적 성공에 중요한 영향을 끼쳤다.

197쪽 한국사 논술

(**농민 생활 개선 못해**) 조선 후기부터 농업 기술의 발전에 따라 노비 대신 양인들이 지주의 토지를 빌려 소작 농사를 지었다. 이에 따라 지주가 소유한 토지 면적이 빠르게 늘었다. 일제 강점기에도 지주 중심의 농업 정책 때문에 농민들이 고통을 받았다. 해방이 되자 농지 개혁을 둘러싸고 좌익 세력과 우익 세력, 중도파가 서로 대립했다. 하지만 농민 생활의 개선과 농업 발전, 산업화를 위해서는 농지 개혁을 늦출 수 없었다. 대한민국 정부는 1949

년에 농지 개혁에 관한 법을 통과시키고, 이듬해 농지 개혁을 단행했다. 하지만 농지 개혁은 실패한 것으로 보아야 한다. 농지 개혁이 지주에게 유리하게 이뤄져 농민의 생활을 개선하지 못했기 때문이다. 정부가 사들인 농지는 분배 대상 토지의 절반에 그쳤고, 소작제를 완전히 없애지도 못했다. 당초 목표였던 농업 발전과 산업화에 기여하지 못한 점도 문제였다. 1960년대까지 농업 생산성이 거의 향상되지 않은 데서 나타나듯, 농지 개혁은 농업 발전을 촉진하는 결과를 낳지 못했다. 또 정부는 지주가 땅값으로 받은 지가 증권을 공업 분야에 투자하기를 기대했다. 하지만 높은 인플레이션이 발생해 지주들이 자본가로 변신하기 어려웠다.

(자작농 체제 굳어져) 조선 후기부터 농업 기술의 발전에 따라 노비 대신 양인들이 지주의 토지를 빌려 소작 농사를 지었다. 이에 따라 지주가 소유한 토지 면적이 빠르게 늘었다. 일제 강점기에도 지주 중심의 농업 정책 때문에 농민들이 고통을 받았다. 해방이 되자 농지 개혁을 둘러싸고 좌익 세력과 우익 세력, 중도파가 서로 대립했다. 하지만 농민 생활의 개선과 농업 발전, 산업화를 위해서는 농지 개혁을 늦출 수 없다. 대한민국 정부는 1949년에 농지 개혁에 관한 법을 통과시키고, 이듬해 농지 개혁을 단행했다. 따라서 농지 개혁은 성공했다고 봐야 한다. 농지 개혁 관련 법은 한 농가가 소유할 수 있는 농지의 상한선을 3ha로 제한했기 때문에 이보다 더 넓은 농지를 소유한 지주들은 설 자리를 잃었다. 대다수 농민이 땅을 소유하게 되었다는 점도 중요하다. 1951년에 소작농은 전체 농가의 3.9%에 불과했고 자작농이 80.7%에 이르렀다. 그리고 농지 개혁에 앞서 지주들이 농지를 헐값에 파는 바람에 정부가 사들여 분배한 농지가 많지는 않았다. 하지만 땅을 산 농민들이 이익을 본 점도 농지 개혁의 성과로 봐야 한다. 나중에는 농민의 경제적 자립이 가능해졌고, 농촌 경제가 안정되었다.

25 친일파 청산 계속되어야 할까

203쪽 생각 로그인

1. 예시 답안

친일파는 이완용과 송병준처럼 정치적 친일파로, 일제가 우리나라를 식민지로 만드는 과정에 앞장선 사람들이 있다. 일제 강점기에 고위 관리나 경찰, 장교로 근무하며 일제에 협력한 군사적·행정적 친일파도 있다. 일제의 식민 통치에 협력하며 경제적 이익을 본 사회 지도자와 기업가 등 경제적 친일파도 한 유형이다. 일제의 침략 전쟁에 가담해서 전쟁 동원에 협력한 군사적 친일파도 들 수 있다.

2. 예시 답안

이념 갈등 속에서 이승만 대통령이 친일파의 지원을 받았기 때문이다. 자본주의와 사회주의 세력이 대립하는 상황에서, 친일파는 자신들을 사회주의에 맞서 싸우는 애국자로 포장하며 반공을 강하게 외쳤다. 이승만 대통령은 반공을 위해 친일파에게 너그럽게 대했고, 그들의 정치 자금과 능력을 활용했다. 또 친일 경력이 있는 사람들을 고위 관료, 경찰 간부, 군 지휘관으로 등용하면서 청산이 이루어지지 못했다.

3. 예시 답안

"서정주 시인의 친일 행위는 일제의 강압과 국제 정세에 대한 무지 때문에 소극적으로 협력한 사례로 볼 수 있습니다. 그는 일제의 침략 전쟁에 나가 죽은 젊은이를 찬양하는 시를 썼지만, 자신의 생명과 안전을 지키기 위해 일제의 협력 요구에 순응한 결과입니다. 서정주 스스로도 잘못을 인정하며, 당시 일제의 지배가 오래갈 것으로 잘못 판단했다고 고백했습니다. 적극적으로 일제에 협력한 사람들과 달리, 그는 개인의 이익을 위해 친일 행위를 한 것이 아니므로 '완벽한 친일파'라고 비난하는 일은 지나치며, 그의 공적과 행위를 구분해 평가해야 할 필요가 있습니다."

204쪽 생각 로그인

4. 예시 답안

소극적인 의견	적극적인 의견
친일파의 다수는 일제 강점기에 민족 교육과 문화 발전 등에 기여했다.	민족정기를 바로 세우려면 친일파를 심판해야 한다.
해방 이후 나라 발전에 크게 기여한 사람들의 경우, 일부 흠이 있다고 삶 전체를 부정해서는 안 된다.	친일 행위의 책임을 묻지 않으면, 앞으로 나라가 위험할 때 매국노가 생기는 일을 막을 수 없다.
살기 위해 어쩔 수 없이 친일 행위를 한 사람이 많았다.	살기 위해 친일 행위를 했더라도 잘못된 행위는 책임을 물어야 한다.

5. 예시 답안

친일파 청산에 신중해야 한다는 의견은 결국 친일 행위를 정당화하는 논리에 불과하다. 민족 교육이나 나라 발전에 기여한 공로가 있다고 하더라도, 친일 행위 자체는 결코 용납될 수 없는 반민족적 행위이다. 친일 행위를 정당화하거나 일부 흠으로 간주하면, 미래에 국가가 위기에 처했을 때 또다시 매국노가 생기는 일을 막을 수 없다. 자신의 이익을 지키기 위해 민족을 배반하는 행위는 도덕적 차원에서 절대 용납될 수 없다. 친일 행위는 역사적, 도덕적 책임을 분명히 물어야 하며, 이를 소홀히 하면 민족의 정체성과 역사의식이 흔들릴 수 있다.

205쪽 한국사 논술

(그냥 넘기자) 친일파에는 네 가지 유형이 있다. 첫째 유형은 일제가 우리나라를 식민지로 만드는 과정에 앞장선 이완용과 송병준처럼 정치적 친일파다. 둘째는 일제 강점기에 고위 관리나 경찰, 장교로 근무한 군사적·행정적 친일파다. 셋째는 일제의 식민 통치에 협력한 사회 지도자와 기업가 등 경제적 친일파다. 넷째 유형은 일제의 침략 전쟁에 협력한 군사적 친일파다. 해방 이후 친일파를 청산하지 못한 까닭은 이승만 대통령이 친일파의 지원을 받았기 때문이다. 자본주의와 사회주의를 추구하는 세력이 대결하는 상황에서 친일파는 반공을 위해 투쟁하는 애국자로 행세했고, 이승만 대통령은 반공과 국가 운영을 위해 친일 경력이 있는 사람도 고위 관료나 경찰 간부, 군 지휘관으로 등용했다. 그런데 오늘날 관점에서 친일파를 적극 청산해야 한다는 의견에 반대한다. 친일파라고 비난 받는 사람들 중에는 일제 강점기에 민족 교육과 민족 문화의 진흥에 업적을 남긴 사람이 적지 않다. 박정희 대통령처럼 해방 이후에 나라 발전에 큰 업적을 남긴 사람도 있다. 이런 경우에는 친일 행위를 했다는 이유로 삶 전체를 부정해서는 안 된다. 또 살기 위해 어쩔 수 없이 친일 행위를 한 사람도 있었다는 점을 고려해야 한다.

(꼭 해야 한다) 친일파에는 네 가지 유형이 있다. 첫째 유형은 일제가 우리나라를 식민지로 만드는 과정에 앞장선 이완용과 송병준처럼 정치적 친일파다. 둘째는 일제 강점기에 고위 관리나 경찰, 장교로 근무한 군사적·행정적 친일파다. 셋째는 일제의 식민 통치에 협력한 사회 지도자와 기업가 등 경제적 친일파다. 넷째 유형은 일제의 침략 전쟁에 협력한 군사적 친일파다. 해방 이후 친일파를 청산하지 못한 까닭은 이승만 대통령이 친일파의 지원을 받았기 때문이다. 자본주의와 사회주의를 추구하는 세력이 대결하는 상황에서 친일파는 반공을 위해 투쟁하는 애국자로 행세했고, 이승만 대통령은 반공과 국가 운영을 위해 친일 경력이 있는 사람도 고위 관료나 경찰 간부, 군 지휘관으로 등용했다. 따라서 오늘날 관점에서도 친일파는 적극 청산할 필요가 있다. 민족정기를 바로 세우려면 친일파를 엄하게 심판해야 하기 때문이다. 친일 행위를 심판하지 못하면, 우리 민족의 정체성을 바로 세우고 민족적 자부심을 갖기도 어렵다. 친일 행위의 책임을 묻지 않으면, 앞으로 나라가 위험할 때 매국노들이 생기는 것을 막을 수 없다. 그리고 살기 위해 친일 행위를 했어도 잘못된 행위는 그에 합당한 책임을 물어야 한다.